Dessau – Wörlitz

Erhard Hirsch

Dessau-Wörlitz

Aufklärung und Frühklassik

Koehler & Amelang · Leipzig

Hirsch, Erhard:
Dessau — Wörlitz: Aufklärung und Frühklassik /
Erhard Hirsch. — 2. Aufl. — Leipzig: Koehler & Amelang, 1987. —
250 S. : 189 Abb. (z. T. farb.), 9 Ktn. ; 22 cm
ISBN 3-7338-0019-2

ISBN 3-7338-0019-2
2. Auflage 1987 · © 1985 by Koehler & Amelang, Leipzig
Lizenznummer 295/275/2915/87 · D 62/85 · LSV 0269 · Printed in the German Democratic Republic
Klischees von GG Völkerfreundschaft, Dresden und BS Rudi Arndt, Berlin · Gesetzt aus Didot-Antiqua,
gedruckt und gebunden von den Druckwerkstätten Stollberg
Zeichnungen Hans-Ulrich Herold · Gesamtgestaltung Joachim Kölbel
698 283 9
02880

Erdmannsdorff
Dem Baumeister
Dem Begründer des deutschen Klassizismus
Dem großen Humanisten

FRIEDRICH WILHELM VON ERDMANNSDORFF
GEBOREN ZU DRESDEN AM XVIII MAERZ MDCCXXXVI
GESTORBEN ZU DESSAU AM IX MAERZ MDCCC

WAS DIE NATUR MIT VERSCHWENDRISCHER HAND DEM GÜNSTLING GESPENDET
  BILDETE VATER UND FLEISS AUS UND SAMT DER HEIMAT DIE FREMDE.
FOLGEND DEM FÜRSTLICHEN FREÜNDE, DEN GLEICHE WISSLUST BESEELTE
  SAH IHN DREIMAL DIE BRITTISHE INSEL, HESPERIEN VIERMAL.
GATTE, VATER, FLOSS IHM DEN KÜNSTEN GEWEIHET DAS LEBEN
  GLEICH DEM STROME DAHIN, DER MIT GOLDE DIE UFER BEREICHERT.
ER, DER PALAESTE GEBAUT, BEWOHNT NUN DIES ENGE GEWOELBE,
  SCHMERZLICH VERMISST, BEWEINT VON IEDEM DER DENCKT UND EMPFINDET.
LORBER UMSCHATTE DIE GRUFT, VOR ALLEN GEBÜHRT IHR DIE EHRE.

Grabinschrift von August Rode

Wenn im folgenden Jahrhundert
eine Geschichte des verbesserten,
d. h. vereinfachten Geschmacks der Teutschen
mit unparteiischer Würdigung der Männer,
die dazu wirkten, geschrieben werden soll,
so wird der Name ERDMANNSDORFF
gewiß in der ersten Reihe zu lesen seyn

C. A. Boettiger, 1800

Inhalt

Vorwort

Von der «Zierde und dem Inbegriff des XVIII. Jahrhunderts», wie bereits der Zeitgenosse Christoph Martin Wieland das Aufklärungsphänomen Dessau-Wörlitz bezeichnet hat, soll in diesem Buch die Rede sein. Wer wüßte heute beim Hinweis auf den «Dessau-Wörlitzer Kulturkreis» mehr zu erinnern, als daß es den berühmten «Wörlitzer Park» gibt? Wobei schon das Wort «Park» fraglich wäre: Die Zeitgenossen sprachen nur von den «Wörlitzer Anlagen» als der höchsten Steigerung dessen, was es im «wohladministrierten und zugleich äußerlich geschmückten Lande» (Goethe), dem «Gartenreich», dieser ideologieträchtigen Schöpfung der Aufklärung mit ihren pädagogischen Intentionen, auf Schritt und Tritt zu schauen und zu bewundern gab.

Beste Kenner der Zeit wie Walter Rehm und Hermann August Korff bringen in ihren Standardwerken zu Winckelmann und Griechentum, zum Geist der Goethezeit keinen Hinweis auf die Dessau-Wörlitzer Frühklassik. Auch alle Arbeiten über das Kapitel «Germania et Italia» übersehen in der Aufzählung der berühmten deutschen Italienreisenden zumeist das Freundespaar Franz von Anhalt-Dessau und Friedrich Wilhelm von Erdmannsdorff, obwohl doch nirgends so viel und so handgreiflich wie hier die deutsche Italiensehnsucht in die Realität umgesetzt wurde; war doch drei Jahrzehnte nach der Reise von 1765/67, wie es der Archäologe Carl August Boettiger sieht, ganz Dessau «in italienischem Geschmack umbauet».

Dieser Dessau-Wörlitzer Kulturkreis – ein Begriff, der sich seit den zwanziger Jahren unseres Jahrhunderts in der Kulturgeschichte herausgebildet hat – soll mit all seinen aufgeklär-ten Leistungen, der bürgerlichen Bildungsreform (dem Philanthropismus), der Wiedererweckung der Leibesübungen, dem neugeschaffenen Klassizismus, dem «neuen» Gartenstil sowie auch der Neugotik vorgestellt werden, um nur die hervorstechendsten Merkmale der Dessauer Aufklärung aufzuzählen, die von langanhaltender Nachwirkung waren. Ein dem Geschichtsbewußtsein und der Kulturgeschichte verlorengegangenes Reich soll in das geistige Umfeld eingeordnet, seine humanistischen Leitlinien sollen aufgezeigt werden, um dieses progressive Erbe auch dem Gedankengut der Gegenwart nutzbar zu machen, ein Erbe von übernationalem Rang, das aber durch die Preußenlegende einerseits, durch Weimars alles überstrahlenden literarischen Ruhm andrerseits verschüttet und verdunkelt wurde, obwohl dem Dessauer Kreise doch für das Werden der deutschen Hochklassik große Bedeutung zukommt. Karl Marx wußte um die Mitte des 19. Jahrhunderts noch sehr wohl von den aufgeklärten Leistungen «des kleinen Musterstaats» (auch wenn diese Einschätzung nun, 1851, in einem Brief an Ebener, aus der Situation der gescheiterten Revolution von 1848 ironisch gegen den sich ausbreitenden Opportunismus gerichtet ist). Daß der Initiator dieser Dessauer Frühklassik, Fürst Leopold III. Friedrich Franz, «der Abgott Deutschlands» (so der revolutionäre Berliner Aufklärer Riem 1796), bereits 30 Jahre nach seinem Tod außerhalb Anhalts fast vergessen war und seine große Kulturleistung nun sogar seinem militaristischen Großvater, dem berühmt-berüchtigten «Alten Dessauer» mit zugeschrieben wurde, ist für das deutsche Geschichtsverständnis ebenso typisch wie symbolhaft und

Teil der für die reale politische Geschichte so verhängnisvollen Verherrlichung Friedrichs II. von Preußen.

Mit der Restaurationsepoche begann Preußens Absolutheitsanspruch zu wirken. «Man tut ihm zuviel Ehre», schreibt schon Ernst Moritz Arndt, «wenn man von Berlin das deutsche Licht und jedes edlere Streben ausgehen läßt. Nein, vom Süden und aus der Mitte Germaniens kam deutsche Kraft und jede edlere Bildung. Die Berliner … haben häufig die Ausrufer dessen gemacht, was anderswo getan und gemacht war. Es ist auch unmöglich, daß in einem so streng gehaltenen Soldatenstaate je das Genialische und Künstlerische aufblühe, was Lebensfröhlichkeit bei den Menschen will.»

Aber dem auf Preußen und seinen «Großen König» orientierten Geschichtsbild des 19. Jahrhunderts aus der Feder Rankes oder Treitschkes war und ist ein langes Nachleben beschert: Noch in neuesten Kunstgeschichten[1] kann man nachlesen, daß die Berliner Architektur den deutschen Klassizismus eingeleitet habe; von der Wiege des «neuen Stils» in Bau- und Gartenkunst ist nichts bekannt. In Wirklichkeit sperrte sich der «Große König», der angebliche Philosoph auf dem Throne, der dem Dessauer Mendelssohn die Aufnahme in die Akademie und sogar das Bürgerrecht in Berlin verweigerte, nicht nur gegen anhaltische Waren, sondern auch gegen den dessauischen Klassizismus und das Philanthropin, das seine «Landeskinder» laut Reskript nicht besuchen durften. Der später Friedrich II. zugeschriebene Deutsche Fürstenbund[2] war 1782 von Franz (in erster Linie gegen die Hegemonieansprüche Preußens!) ins Leben gerufen worden; angesichts der realen Machtverhältnisse konnte Franz nicht verhindern, daß Preußen ihn den eigenen Interessen dienstbar machte.

Und doch ist Franz und sein Kreis, ist Anhalt-Dessau und der Dessauer Reformkreis der eigentliche Gegenspieler, der Hauptopponent gegen die militaristische Herausforderung: In dieser Exponiertheit haben die aufgeklärten Zeitgenossen Franz dem Preußenkönig konfrontiert, war er doch ganz bewußt schon als Siebzehnjähriger vor Prag aus der preußischen Armee ausgetreten, um sich voll dem friedlichen Aufbauwerk in dem ihm zugefallenen kleinen Feudalstaat (von knapp 700 Quadratkilometern und rund 35 000 Einwohnern) zu widmen, getreu den Lehren der großen und kleinen aufgeklärten Schriftsteller und Publizisten. Und diese ihrerseits verfolgten sein Lebenswerk mit ständig wachsender Aufmerksamkeit und quittierten seine Regierungserlasse wie seine Kunstschöpfungen mit der größten Hochachtung; so warben sie in ihren Publikationsorganen für den Dessauer Weg der Reformen und stellten sie als das bei Deutschlands Rückstand in der gesellschaftlichen Entwicklung derzeit Mögliche vor. Mit diesem gewissermaßen neuen Fürstenspiegel wird den anderen Potentaten (in einer Dessauer Jugendzeitschrift kann in diesem Zusammenhang sogar von «Tirannen und fürstlichen Schlafmützen» geschrieben werden!) ein Leitbild gegeben, indem Franz von den großen zeitgenössischen Historikern wie Johannes Müller und Gustav Adolf Harald Stenzel nicht nur als der «Friedensfürst» (welche Blasphemie in christlichen Ohren war das eigentlich!), sondern auch – ethisch gesehen – als der «Deutsche Aristides» gepriesen wird. Das System konnte freilich nur in einem so kleinen Ländchen funktionieren, was die Zeitgenossen vielfach übersehen.

Tatsächlich zeigt aber die aufgeklärte Propaganda in ihrem nicht endenwollenden Enthusiasmus bei der Berichterstattung über alles «Dessauische», daß Fürst Franz, der «Vater Franz», vor und neben Joseph II. eine Schlüsselfigur für das Verständnis des «aufgeklärten Absolutismus» und seines Erfolges in Deutschland ist. Der Historiker von heute mag darin die negative Seite des Dessauer Reformwerks sehen. Für die Zeitgenossen war die hier praktizierte Aufklärung der reale Humanismus ihrer Gegenwart; er bedeutete Verbesserung des Lebensniveaus auf einer pädagogischen Ebene – die «Pädagogische Provinz» Goethischer Prägung kann von hier ihren Ausgang haben, und von der Dessauer «Pädagogischen Kolonie» spricht schon ein Zeitgenosse; der so verstandene Humanismus bedeutete zudem auf ökonomischer Basis eine allgemeine Hebung des Lebensstandards. Dies und die unglaubliche Anhebung des Bildungsstandes stellen Anhalt-Dessau über alle gleichzeitigen Bestrebungen in verschiedenen «gut» regierten vergleichbaren Kleinstaaten, die aber schon Nachfolge des Dessauer Weges waren.

In der Tat hat der Dessauer Reformweg und sein Nimbus nicht unwesentlich dazu beigetragen, das Überschlagen des revolutionären Funkens aus Frankreich zu verhindern zu einer Zeit, da auch in Deutschland sich eine revolutionäre Situation vorbereitete: Gerade in den neunziger Jahren des 18. Jahrhunderts, zur Zeit der Bauernaufstände in Sachsen, stand Anhalt-Dessau auf dem Höhepunkt seines europäischen Ruhms und schien ein Modell zu liefern, die überholten, unerträglich gewordenen gesellschaftlichen Zustände durch Reformen, durch eine «Revolution von oben» also, zu bessern und ohne die blutige Revolution in Frankreich auszukommen, deren Greuel nach dem «Königsmord» besonders hochgespielt wurden. Hier schien die Weiche gestellt, die ins Wanken geratenen Verhältnisse des Feudalregimes durch «Humanisierung» wieder zu festigen.

In der Misere des politischen Despotismus hat Anhalt-Dessau den abstrakt gebliebenen Humanismus der Goethezeit, hat es die bescheideneren Forderungen der deutschen Aufklärer weitgehend in die Realität umgesetzt. Es verkörperte den führenden Literaten den größtmöglichen Fortschritt und zeigte im Vergleich zu den expansionslüsternen deutschen Großstaaten, die sich gerade Polen geteilt und dafür jede Reichsinteressen längst verraten hatten, den andern, den «vernünftigen», einen bürgerlichen Weg. Anhalt-Dessau, «Irenopolis» («Friedensstadt») ist somit für die Zeitgenossen der Exponent des «andern» Deutschland gewesen.

Und es waren gerade viele Berliner der jüngeren Generation, die sich für Dessau engagierten, in einigen Fällen sogar übersiedelten und zu Wahl-Dessauern wurden. Dem Berliner Friedrich Ludwig Jahn, dem Turnvater, verdanken wir die Überlieferung von der sprichwörtlich gewordenen Dessauer Verwaltung: «Er war ein Dessauer», schreibt er über einen progressiv gesinnten preußischen Beamten, «kein Schweriner, wie man damals Männer des Fortschritts und des Schlendergangs unterschied.»

Von diesem – im miserabel regierten Deutschland um so greller abstechenden – Phänomen des Dessau-Wörlitzer Kulturkreises und seinen progressiven Vorstößen soll die Rede sein, wo man doch nach dem Aufklärer Franz Volkmar Reinhard vorgelebt und «verstanden hätte, die Erde in einen Schauplatz vernünftiger Menschen zu verwandeln.»

Einleitung

Mit der Entwicklung der zentralistisch regierten westeuropäischen Länder zu Nationalstaaten und mit der Herausbildung Hollands zur «kapitalistischen Musternation des 17. Jahrhunderts» (Marx), dann Englands mit seinen beiden bürgerlichen Revolutionen hatte das Bürgertum sich zum erstenmal gegen die Feudalgesellschaft erfolgreich behauptet. Aber selbst im absolutistischen Frankreich erkämpfte sich das erstarkende Bürgertum und seine Vorhut, die Schriftsteller und namentlich die Philosophen und die Enzyklopädisten, Positionen, an die im zersplitterten Heiligen Römischen Reich deutscher Nation noch lange nicht zu denken war.

Gleichwohl begann sich auch hier bürgerliches Emanzipationsstreben zu regen, zum Teil im Gefolge der «Niederländischen Bewegung», dann unter dem Einfluß der westeuropäischen Philosophie und Literatur, besonders der sogenannten englischen «Moralischen Wochenschriften». Die deutsche Frühaufklärung begann vor allem im Umkreis der Universität Leipzig und der neugegründeten Universitäten Halle (1694) und Göttingen (1737) zu wirken. In Leipzig wurden die Engländer fleißig gelesen, ein groß Teil der Moralischen Wochenschriften unter anderen durch Gottsched und seine Ehefrau übersetzt und dieser Strom bald auch ins nahe Dessau geleitet.

Die deutsche Frühaufklärung war ein Produkt der Universitätsgelehrten und blieb in ihrem philosophisch-wissenschaftlichen Gehalt auch weitgehend in den Mauern der Hohen Schulen und Akademien. Die einzelnen Philosophenschulen, die sich seit der Spätrenaissance in Europa herausgebildet hatten, haben trotz ihrer oft völlig gegensätzlichen theoretischen Positionen und dementsprechender Gelehrtenfehden alle der bürgerlichen Entwicklung genutzt, indem sich ihre vornehmsten Vertreter immer in ihrer Grundposition gegen die Feudalgesellschaft einig waren.

Die deutschen Philosophen taten sich schwerer. Es mangelt ihnen an großen Systemen. Und sie hatten es auch schwerer: Ein typischer Vertreter von hohem Niveau, Christian Wolff, der aufgeklärtes Denken und moralisches Wollen in einer idealpolizeistaatlichen Ordnung lehrte, hatte ein sehr bezeichnendes Lebensschicksal: Von den halleschen Pietisten angefeindet und vom Soldatenkönig seines Lehramtes entsetzt, wurde er erst von Friedrich II. nach Halle zurückberufen. Freilich war Friedrich dann der selbstherrlichste unter den deutschen Potentaten, der, wie Lessings bissige Einschätzung lautete, einzig in Fragen der Religion gleichgültig war. Kant, der edelste Vertreter der deutschen aufgeklärten Philosophie, hat Königsberg nie verlassen. Seine philosophischen Hauptwerke erschienen zu spät, als daß sie noch auf Dessau-Wörlitz einwirken konnten; er hat sich aber seinerseits für Dessau sehr interessiert, zumal der Dessauer Kreis seinen Gedanken Zum ewigen Frieden sehr entgegenkam. Namentlich für die Dessauer pädagogische Reform hat er sich persönlich engagiert.[3]

Der einzige international bedeutende Philosoph der deutschen Frühaufklärung war Leibniz, den Heinrich Heine als den geistigen Sohn Descartes' neben seine Brüder, den Materialisten Locke und den Pantheisten Spinoza, stellt. Aber er ist der idealistische Erbe und unternimmt den Versuch der Aussöhnung von cartesianischem

Milde fluss

Renaissanceschloß in Dessau, 1710 (nach Abriß des Nordflügels):
Johannbau von Ludwig Binder, 1530 / Ost- und Südflügel von Rochus von Lynar und Peter Niuron, 1577–1583

Materialismus und deutschem Protestantismus. Im Gegensatz zu der im Westen bereits erreichten rationalistischen Position versucht er den Ausgleich mit religiösen Vorstellungen, die in einer «prästabilierten Harmonie» und der vollkommensten aller Welten, in der «Theodizee», gipfeln. Über diesen Standpunkt sind die deutschen Philosophen, die vor Kant nie wieder die Höhe jenes Denkgebäudes erreichten, nicht hinausgekommen. An der Religion wie an der gottgewollten Herrschaft feudaler Obrigkeiten wurde, von Ausnahmen wie Edelmann, Moser und Schubart abgesehen, kaum ernsthaft gerüttelt.

Da das religiöse Element mit der Ratio verwoben wird, findet der Pantheismus fruchtbaren Boden. Und es ist nicht immer deutlich zu erkennen, ob er – Heine nennt ihn die verborgene Religion Deutschlands – in der idealistischen Spielart oder als «höflicher Atheismus» (Schopenhauer) verstanden wird. Nur die ganz Großen der zweiten Hälfte des 18. Jahrhunderts (Lessing, Herder, Goethe) entwickeln ihre Welt-

sicht am materialistischen Spinozismus. Weniger philosophisch ausgerichtete Köpfe – und unsere Dessauer sind keine abstrakten Denker – können immerhin über das Gemüt mit erhabenem Schauer die Allnatur Gottes in der göttlichen Natur fühlen und in ihren eignen Werken Modelle göttlichen Schöpfertums in «Inseln» paradiesischer Gartenlandschaften erleben, die sie dann auch selbst schaffen, um darin richtungweisend zu werden.

«Das Schöne und das Gute sind ein und dasselbe», hatten sie bei ihrem Englandstudium von Shaftesbury gehört. Das moralisch Gute wird von ihnen noch als das aufgeklärt «Gemeinnützige» zusätzlich interpretiert – «das Nützliche mit dem Schönen» wird der erklärte Grundsatz der Dessauer. Ihre landeskulturelle Leistung bauen sie zu einer «pädagogischen Provinz» großer Dimension aus und steuern so einen einmalig gebliebenen Beitrag «aufgeklärter» und «humanistischer Gartenkunst» zur europäischen Kulturgeschichte des 18. Jahrhunderts bei.

11

Einmalig ist dieser pädagogische Effekt, wenn man Anhalt-Dessau in Relation zu kulturellen Zentren der Zeit betrachtet und an dem mißt, was anderswo auf volkserzieherischem Sektor erreicht wurde: Weimar besaß in seinen Mauern die größten Schriftsteller der Nation, aber auf den Dörfern und in der Stadt selbst herrschte nach Friedrich Christian Laukhards Worten die dickste Finsternis. Die Berliner Akademie zählte zwar schon seit ihrer Gründung (1700) die erhabensten Geister Europas zu ihren Mitgliedern, drang aber weder in die Breite noch in die Tiefe, und sie war zu Friedrichs Zeit ganz dessen Privatdomäne geworden. Noch war der elementare Kampf gegen Vorurteile und Aberglauben keineswegs durchgestanden, vielfach noch gar nicht an die Basis gedrungen. Allerorten rückständiges Denken und religiöse Intoleranz. Bedenken wir, daß einer der geistigen Väter der Halleschen Universität, Christian Thomasius, noch gegen Hexenverbrennungen auftreten mußte, die dann auch erst um die Jahrhundertwende – und das in lutherischen Ländern! – ihr Ende fanden.

Ebenso zwiespältig wie die philosophische und staatsrechtliche Situation zeigen sich die feudalstaatlichen Obrigkeiten. Die «alten Mächte» versuchten aus dem Kampf der Gegensätze aller gegen alle für ihre Herrschaft zu profitieren, während wirtschaftlich modern denkende unter dem Einfluß des holländischen Beispiels und der merkantilistischen wie später der physiokratischen Wirtschaftslehren zu einem Ausgleich der Parteien zu kommen trachteten, indem sie wenigstens religiöse Toleranz zu üben suchten. Sie hatten erkannt, daß in einem geeinten Wirtschaftsganzen mit dem erklärten «Volkswohl» auch ihre eignen Belange im Sinne aufgeklärten Wirtschaftsdenkens nicht zu kurz kamen und nur so die Staatswirtschaft und -finanzen gedeihen konnten. Anhalt-Dessau gehörte seit seiner dynastischen Verbindung mit Holland zu den letzteren, wenn auch das Regiment Leopolds I., des Alten Dessauers, in seiner rigorosen Agrarpolitik einen Rückfall in finsterste absolutistische Praktiken bedeutete.[4]

Das Zeitalter der Aufklärung war die Zeit eines gewaltigen ökonomischen und wissenschaftlich-technischen Aufschwungs auf Grund großartiger Entdeckungen und Erfindungen auf dem Gebiet der Physik und der Chemie. Die Einführung des mechanischen Webstuhls und der aus der Notwendigkeit geborene Übergang von der Holzfeuerung zur Kohleförderung, die Nutzung der Dampfkraft bewirkten die erste industrielle Revolution. Man lernte das Eisen konstruktiv zu nutzen (zuerst im Brückenbau). Von England übernommen, wurde der industrielle Fortschritt erstmals für Deutschland in Anhalt-Dessau wenigstens in einigen Exponaten veranschaulicht, wie Dessau dann auch wesentlichen Anteil hat an der Propagierung der «englischen Wirtschaft» und damit an der Revolution der Landwirtschaft auf dem Kontinent, der wir ein eignes Kapitel widmen werden.

Unter dem Einfluß des französischen Hochabsolutismus hatten die deutschen Duodezfürsten sich jeder möglichst ein Klein-Versailles geschaffen. Jetzt begann sich unter der Einwirkung der neuen Staatslehren und des direkten Vorbildes des englischen Kompromisses zwischen dem wirtschaftlich denkenden Adel und dem Finanzbürgertum die für Deutschlands rückständige Entwicklung typische Spätphase des Absolutismus, der sogenannte aufgeklärte Absolutismus, zu entwickeln. Seine philosophische Fundierung entnahm er der gerade in Deutschland erstarkenden Popularphilosophie, die in oft recht flacher Manier das ihr brauchbar Erscheinende aus den vorhandenen europäischen Systemen exzerpierte und wesentlich bescheidenere Forderungen an die bestehenden

Niederländisches Barockschloß Oranienbaum von Cornelis Ryckwaert, 1683–1696

Feudalgewalten akzentuierte, als es in der westeuropäischen Publizistik der Fall war.

Einen gravierenden Faktor dieser Moralphilosophie bildet die Überschätzung der Erziehung, der allgemeine Erziehungsoptimismus der Aufklärung in Deutschland, der in der Erwartung gipfelt, daß es genüge, die Fürsten und Kronprinzen besser zu unterrichten und zu erziehen, um sie zu einer auf das Volkswohl ausgerichteten Regierung zu verpflichten. Einer der typischsten Vertreter dieser Richtung war Johann Bernhard Basedow, dessen frühestes «philosophisches» Hauptwerk, die «Philosophie für alle Stände» (1758), bereits diesen Gedanken ausführt. Folgerichtig ist dann eines seiner wichtigsten pädagogischen Werke der «Agathokrator oder von der Erziehung künftiger Regenten» (1771); und ebenso folgerichtig wurde der Popularphilosoph, der sich nichts Geringeres als die Veränderung der Welt durch Erziehung vorgenommen hatte, noch im gleichen Jahr – gegen den Widerstand der Geistlichkeit – ins aufgeklärte Fürstentum Anhalt-Dessau berufen, wo er in der ersten Zeit nachweislich auch Anteil an der Abfassung von Regierungserlassen gehabt hat.

Ein «Weltbürgertum» sollte entstehen, frei von Kriegen und Unterdrückung, ein geläutertes Geschlecht von «Menschenfreunden» oder doch wenigstens eine «bessere Nachkommenschaft» (Georg Forster): In verschwommenen Volksbeglückungsgedanken reichen sich Aufklärung und Empfindsamkeit oft und gerade in Dessau die Hand. Durch weise Lenkung soll der noch unreife Bürger zur Eudämonie, zur inneren Glückseligkeit, geführt werden, bis er aus sich selbst heraus zu ihr fähig wird. Nichts ist typischer für diese Gedanken als das Hochgefühl, das Basedow empfindet, da er seinen Sohn Josias mit geschultertem Spaten zur Feldarbeit

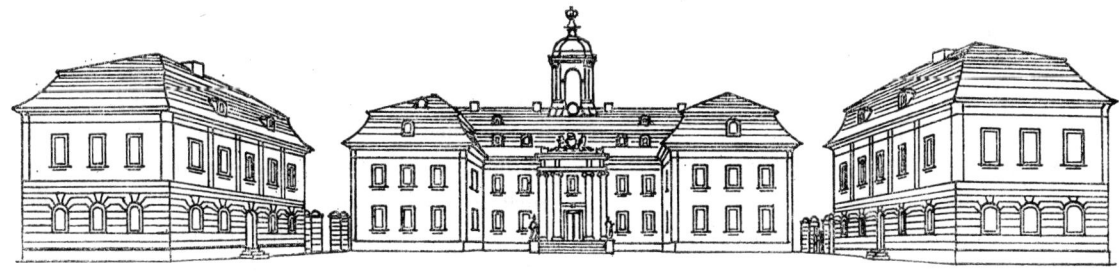

Rokokoschloß Mosigkau, sächsisch, von Christian Friedrich Damm, 1752–1757

13

gehen sieht; und bezeichnend für das Normierungsdenken ist die von Berenhorsts Bruder Karl überlieferte Reflexion, es müsse jeder einmal in seinem Leben sein Brot selbst gebaut haben, ehe er überhaupt Brot zu essen verdiene.

Franz ist der Exponent jener Phase des aufgeklärten Absolutismus, die wir nach einer Definition des englischen Historikers Bruford die «benevolente» nennen; sie könnte, gerade unter diesem Dessauer Aspekt, auch die «philanthropische» heißen. Als die Fürsten merkten, daß die glänzende Fassade benevolenter Regierung nicht genügte, als endlich die Französische Revolution sie der Illusion des gewaltlosen Weges beraubte, kam es in den meisten Fürstentümern unter der «Jakobinerriecherei» erneut zur Repression und nach dem Zwischenspiel Napoleonischer Herrschaft zur Restauration mit den berüchtigten Karlsbader Beschlüssen und ihrer nun einsetzenden «Demagogenriecherei».

Zur Ehre Anhalt-Dessaus und seines Regiments, das der Aufklärung treu blieb und nicht einmal eine Zensurstelle einrichtete, sei auf das Zeugnis eines untadligen, revolutionär gesinnten Mannes, Carl Wilhelm Kolbe, verwiesen, eines der erwähnten «Wahl-Dessauer», daß auch im Jahre 1795 «hier der politische Despotismus seine Krallen noch nicht entblößt» habe. Diese Kontinuität in der Innenpolitik läßt sich nachweislich bis zu Franzens Tod verfolgen: Erst unter seinem Nachfolger ist die progressive Schulpolitik endgültig abgebaut, indem nun die Kinder niederer Stände, die bis dahin die Hauptschule besuchen durften, von dieser zur Universitätsreife führenden Einrichtung verwiesen wurden.

Daß Dessau in jener Epoche auf der Höhe der Zeit stand, ist nicht zuletzt an der Herausbildung des bürgerlichen Klassizismus ablesbar.

Die gesellschaftliche Entwicklung vom Barock zum Klassizismus läßt sich an Anhalt-Dessaus Landschlössern besonders schön verfolgen: *Oranienbaum,* ein holländisch geprägtes Bauwerk mit einem absolutistisch geschlossenen Ehrenhof, bei dem die Kavaliershäuser gerade den ersten Schritt zur Ablösung getan haben, sich aber noch der Front der Seitenflügel einordnen; *Mosigkau,* wo sich die Kavaliershäuser bereits losgelöst und verselbständigt haben. Ganz anders *Wörlitz:* Nichts von feudaler Pose; dieser vom englischen Palladianismus geprägte Bau, der nichts mehr von ständischer Gliederung erkennen läßt, ist ein völliges Novum für den Kontinent, ist bereits die Verbürgerlichung höfischer Kultur. Nicht zu Unrecht hat man «Schloß» Wörlitz – die Dessauer sprachen nur vom «Neuen Haus» – mit einer englischen Fabrikantenvilla verglichen.

Seite 13

Seite 13

Einband, Tafel VII

Aus der philosophisch-literarischen Bewegung heraus – Ausdruck der englischen bürgerlichen Entwicklung – war auf den Britischen Inseln zuerst die Natur wiederentdeckt worden, was man als bewußte Opposition gegen den kontinentalen französisch-höfischen Stil, gegen den «barocken Ungeschmack» der «Gartenschneider» empfand. Dabei hatte die «Gartenrevolution» zunächst eine ganz simple ökonomische Ursache, die Ausweitung der Schafzucht, für welche entsprechende Weideländereien mit schattenspendenden Solitärbäumen gebraucht wurden. Mit der Übernahme des «landschaftlichen» Stils durch die Dessauer machte der Dessau-Wörlitzer Kulturkreis abermals Epoche, und wenn ein britischer Diplomat im Dessauer Gartenreich sich voller Erstaunen in England wähnte, so ist dies von ästhetischer Seite, aber auch und vor allem aus ökonomischer Sicht die höchste Anerkennung, die den Dessauer Intentionen zuteil werden konnte.

So hatte hier im «kleinen Musterstaat» nach

der landwirtschaftlichen Revolution und der pädagogischen Reform auch die aufgeklärte Philosophie im Gartenreich und seinen Bauten sinnfällig Ausdruck gefunden, wie es der revolutionäre Zeitgenosse Wilhelm Ludwig Wehrlin bereits 1791 in die bewundernden Worte faßte: «Was für ein anziehender Ort ist dieses Dessau. Niemals haben sich Philosophie und Künste auf einem kleinen Raum vereinigt ...» Wir entnehmen dieser Äußerung Wehrlins, daß die «denkenden Reisenden» auch den philosophischen Gehalt der Dessauer Schöpfungen voll verstanden und propagandistisch aufgegriffen haben.

«Vater Franz», Erdmannsdorff
und der Kreis der Dessauer Reformer

Von den Dessauern, die dieses von zahlreichen Besuchern und Hospitanten bewunderte «Mekka» des Fortschritts (van Kempen) schufen, sollen zunächst die Männer vorgestellt werden, die der junge Fürst als künftigen Mitarbeiterstab vorsah und die er deshalb auf seine Reisen, vor allem nach England, mitnahm.

Tafel 1 Leopold III. Friedrich *Franz* (1740–1817), Fürst und (ab 1807) Herzog von Anhalt-Dessau, trat 1758 die Regierung an. Er hatte bereits 1751, mit elf Jahren, seine Eltern verloren; so war der Knabe nicht so sehr nach höfischer Schablone als vielmehr in der bürgerlichen Geisteshaltung seiner modern gebildeten hugenottischen Hofmeister aufgewachsen. Er wäre, hätte sein Großvater, der «Alte Dessauer», länger gelebt, in vierter Generation der militärischen Tradition seiner Familie gefolgt, preußischer Feldmarschall zu werden. Aber spätestens vor Prag 1757 kam dem frühgereiften Jüngling die Ernüchterung und zugleich der Mut «auszubrechen». Und dieser Mann wurde ein erstaunlicher Regent, der nicht in unser landläufiges Klischee vom Ausbeuter-Fürsten passen will. Gewiß, er lebte als der einzige Großgrundbesitzer seines Landes nicht schlecht, doch ist selten in der langen Periode der Feudalherrschaft so viel von dem vom Volk erarbeiteten Gewinn an das Land, an das Volk zurückgeflossen wie unter seinem philanthropischen Regiment.

Überschaut man seine künstlerischen Werke, die der Volksbildung im weitesten Sinne dienen sollten, liest man die Akten seiner humanen Regierungsentscheidungen und betrachtet man ihn gar in dem Strahlennimbus, den die aufgeklärten Zeitgenossen aufrichteten, so möchte man schon Willy Andreas' summarischer Einschätzung, «eine der liebenswertesten Gestalten des Jahrhunderts», zustimmen.

Ein junger sächsischer Adliger, Friedrich Wilhelm von Erdmannsdorff, der in Wittenberg Philosophie, Geschichte und Mathematik studierte, machte bei einem Besuch in Dessau dem Hof seine obligate Aufwartung. Sein einnehmendes Wesen gewann sofort das Herz des jungen Erbprinzen, der gerade zu seinem 16. Geburtstag auf Urlaub in Dessau war. Erdmannsdorff, aus dem durch den Siebenjährigen Krieg leidgeprüften Dresden, wo er bereits mit Oeser und Winckelmann verkehrt hatte, mag in der

15

Folge Franz zusätzlich in seinem Entschluß bestärkt haben, aus dem Krieg auszuscheiden. Diese für die deutsche Kulturgeschichte bedeutsame Begegnung der beiden jungen Leute ist auch die Sternstunde des Dessau-Wörlitzer Kulturkreises geworden.

Zunächst freilich hatte Franz' Austritt aus der Armee im Oktober 1757 schlimme politische Folgen in Form von kriegerischen Repressalien. Friedrich II. betrachtete nun Anhalt, auf dessen Neutralitätserklärung er geschrieben hatte: «Ihre Neutralität wird ihnen bekommen wie denen Hunden das Gras fressen», als Feindstaat und belegte es mit schweren Kontributionen. Das war Preußens Dank dafür, daß das Haus Anhalt-Dessau ihm in drei Generationen ein halb Dutzend tüchtiger Feldmarschälle und eine Reihe weiterer Offiziere und Adjutanten gestellt hatte. Noch im Alter äußert Franz verbittert, er habe stets mehr Angst vor Friedrich gehabt als vor Napoleon, weil dieser Vernunftgründen zugänglich war, der Unmensch Friedrich (wie Wieland ihn nennt) dagegen nie von dem abging, was er sich einmal in den Kopf gesetzt hatte. Daß Franz einen Teil der Kontributionen mit seinem Familiensilber bezahlte sowie dadurch, daß er die Zahlung der Apanagen an seine Verwandten aussetzte, brachte ihm weitere lebhafte Sympathien der Aufklärer ein.

Die anschließenden Studienreisen nach Italien, der Schweiz, Frankreich und Holland und die vier Englandreisen, von denen noch die Rede sein wird, wurden in der deutschen Öffentlichkeit gleichfalls sehr aufmerksam verfolgt, erhoben sie sich doch von Anbeginn über die üblichen Kavalierstouren der Zeit. Winckelmann bescheinigt seinem Meisterschüler in Rom, er habe «hier keinen Augenblick verlohren zugebracht, so und nicht anders, als wenn er den strengsten Aufseher über sich gehabt hätte» ... «dem ärmsten Mahler, welcher nach Rom

kömmt, kann derselbe ein Beyspiel seyn, jeden Augenblick zu nützen. Er gieng in die geringsten mythologischen Kleinigkeiten hinein und erhob sich bis zum Erhabenen der Kunst.» Franz hat sich später selbst einmal charakterisiert: «Wahre Künstler und Gelehrte treibt schon der Geist, der sie nicht ruhen läßt.» Den Aufklärer charakterisiert seine Wertschätzung Franklins und seine große Vorliebe für Lessing.

Abgesehen von diplomatischen Reisen – in Sachen des Fürstenbundes bis nach England – und Freundschaftsbesuchen zu den «Guten unter uns», wie er es sah, das heißt an die befreundeten Fürstenhöfe aufgeklärter Regenten, sowie Inspektionsreisen auf die ausgedehnten ostpreußischen Güter, lief sein Leben gleichmäßig dahin in angestrengter Arbeit: mit Regierungsgeschäften, mit einer Landeskultur größten Stils, mit pädagogischen und wissenschaftlichen Studien sowie künstlerischen Werken. Seine Interessen waren weit gespannt: von klassischen Studien über die englische und die vaterländische Geschichte – Klopstock verhandelte mit ihm über die Errichtung eines Hermann-Denkmals – bis zur Vorliebe für die «nationale» Baukunst, die sich in seinen bedeutenden neugotischen Schöpfungen niederschlug. Sie reichen von Antikensammlungen und der Liebe zur altdeutschen Kunst und zu gotischen Glasscheiben bis zur Sammlung von Volksliedern. Und selbstverständlich verfolgte er auch nach seinen Studienreisen weiter die Literatur der Ökonomie, worunter man damals in erster Linie die Landwirtschaft verstand, und überhaupt die Wirtschaftslehren seiner Zeit und brachte einen bedeutenden Fundus davon in seinen Bibliotheken im Dessauer und Wörlitzer Schloß sowie in der Gartenbibliothek zusammen.

1

Leopold Friedrich Franz, Fürst von Anhalt-Dessau («Vater Franz»). Gemälde

16

2
Johann Bernhard Basedow. Kupferstich

3
Christian Hinrich Wolke. Kupferstich
5
Carl Gottfried Neuendorf. Kupferstich

4
Joachim Heinrich Campe. Lithographie
6
Gerhard Ulrich Anton Vieth. Kupferstich

7
Prinz Johann Georg (Hans Jürge) von Anhalt-Dessau. Gemälde
9
Johann Wilhelm Walkhoff. Schattenriß

8
Friedrich Wilhelm Rust. Kupferstich
10
August Rode. Schattenriß

11
Georg Christoph Hesekiel. Miniatur
13
Wilhelm Müller. Zeichnung

12
Carlo Ignazio Pozzi. Stahlstich
14
Friedrich Matthisson. Gemälde

15
Luise, Fürstin von Anhalt-Dessau. Gemälde

16
Dessau, Schloßhof zur Franzzeit. Lithographie

17
Dessau, Schloß
und Gestänge
von Südosten
18
Dessau,
Großer Markt:
Hofkammer, von
Gabriel Bagguereth,
1708/1709 /
Drei Kronen, 1556,
und Goldener Ring,
1611 /
«Buden», von
Cornelis Ryckwaert,
1694/1695,
und Marienkirche,
Turmabschluß
von Ludwig Binder,
1554

19
Dessau, Johannbau
des Stadtschlosses,
Treppe,
von Ludwig Binder,
1531

20
Dessau,
Luisen-Rotunde
in der Südostecke
des Stadtschlosses,
1768

21
Dessau, Stadtschloß,
Festsaal
nach Osten, 1767
22
Dessau, Stadtschloß,
Festsaal
nach Westen

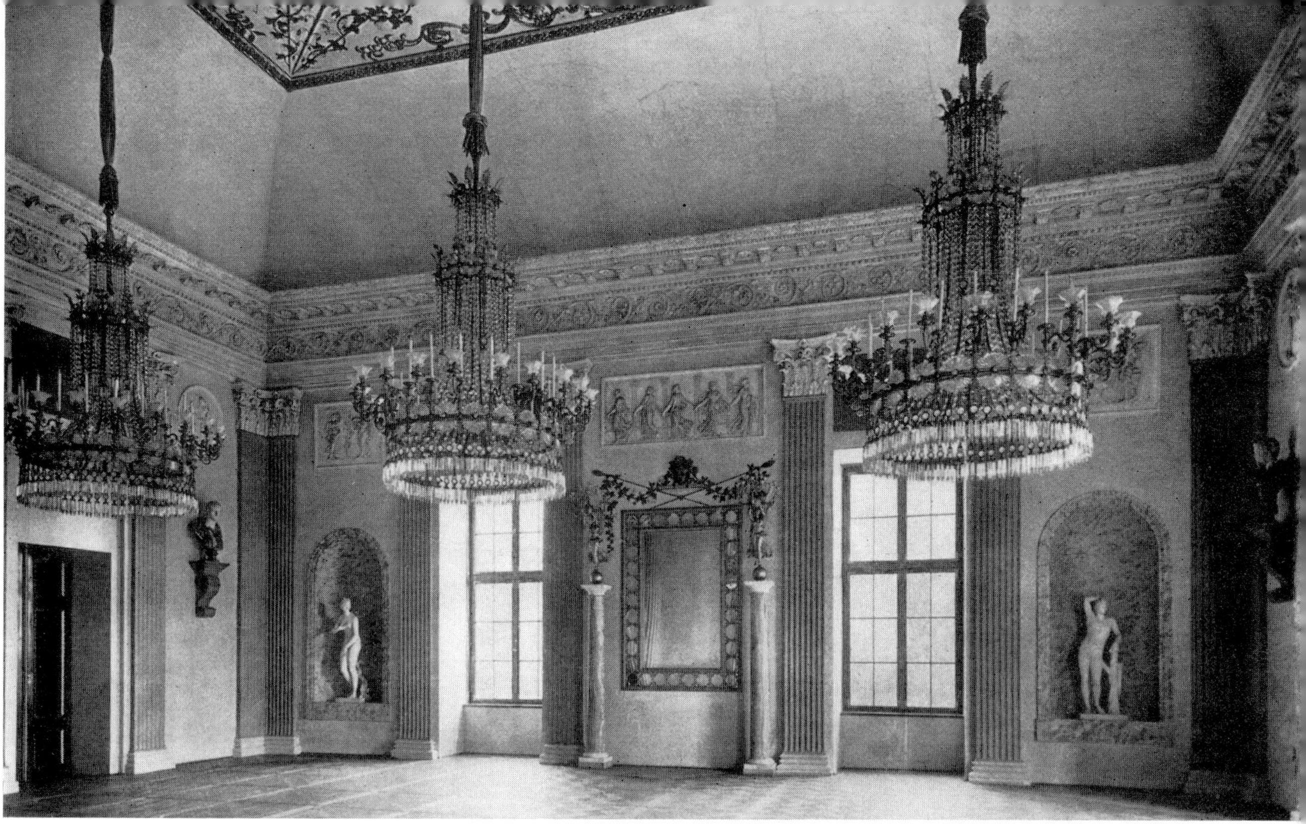

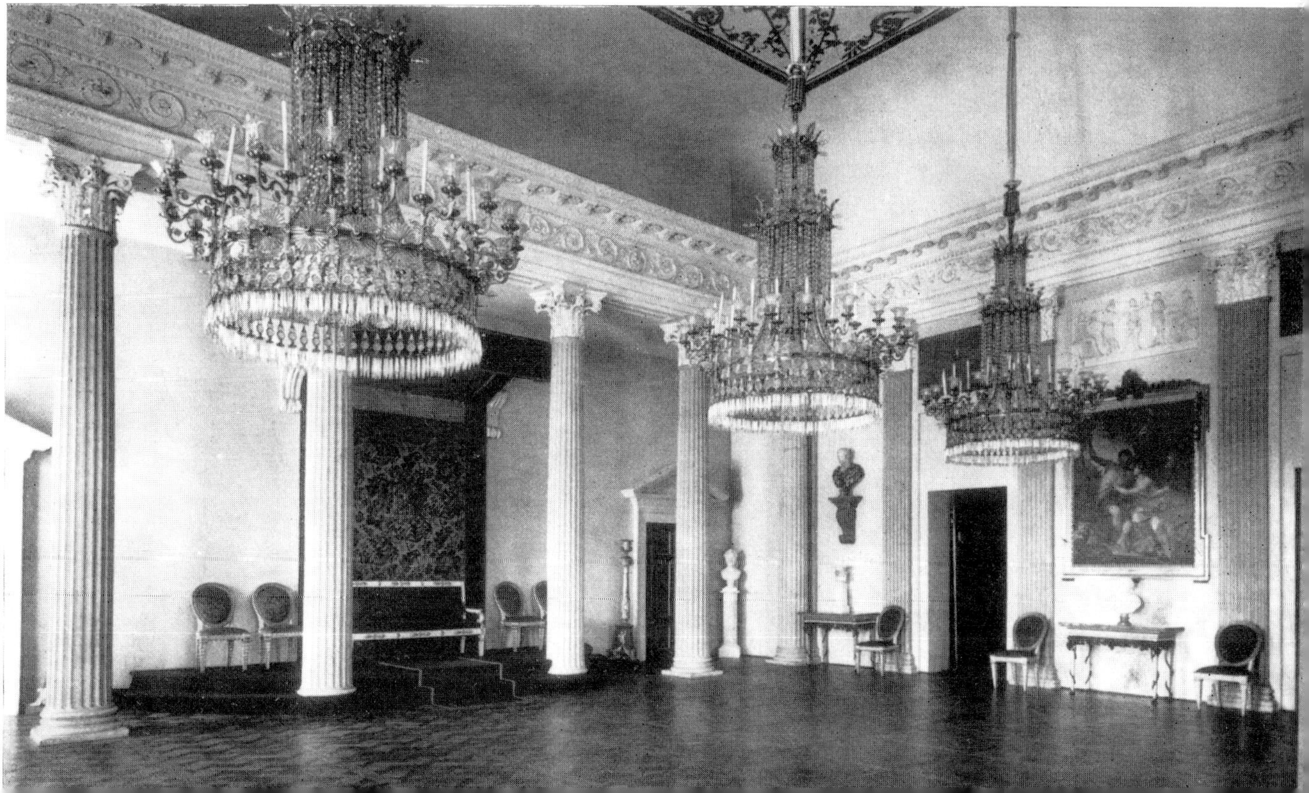

23
Dessauer Bürgerhäuser:
Drei Kronen / Goldener Ring / Buchhandlung der Gelehrten, 1574 /
Superintendentur 1760–1763
24
Dessau, Kalandhaus, von Peter Niuron, 1570er Jahre

Seine persönliche Ausstrahlungskraft tat ein übriges, ihn nach dem bereits zitierten Wort Riems wie seines zeitgenössischen Biographen zum «Abgott» seiner Zeitgenossen werden zu lassen. «Er hatte sich zu einer gleichen Achtung (wie Winckelmann) emporgeschwungen ... alle Zeitschriften stimmten zu seinem Ruhme überein», berichtet Goethe bei Beleuchtung seines Zeitalters in «Dichtung und Wahrheit». «Er lebt in seinem Lande wie ein Vater unter seinen Kindern», schreibt Gustav Adolf Harald Stenzel kurz vor Franz' Tod. Für jeden war er «accessibel» (jeder hatte jederzeit Zutritt zu ihm) im Gegensatz zu den «lichtscheuen Großen», wie von Aufklärern oft hervorgehoben wird.

Natürlich bedarf das strahlende äußere Bild einer Relativierung. Der für die Kulturgeschichte des werdenden Klassizismus wie des Romantizismus so bedeutende Künstler auf dem Thron – eine Vorwegnahme der Kunst-Könige des 19. Jahrhunderts in Bayern und Preußen und ihrer grandiosen Bauleidenschaft – ist im ausgehenden 18. Jahrhundert in politischer Hinsicht als die Zentralfigur des kleinstaatlichen aufgeklärten Absolutismus von gewaltiger Wirkung und Ausstrahlung gewesen. Wieland wünscht 1774 seinem fürstlichen Zögling Carl August «nichts als das Glück, ein paar Jahre von einem Fürsten, wie Franz von Dessau, zu lernen, unter seinen Augen zu leben, sein Beispiel vor den seinigen zu haben ...»: Und gewiß sind die vielen Elogen zum Ruhme des Dessauers, die in der Folge in der aufgeklärten Publizistik gedruckt Verbreitung finden, noch absichtlich überhöht, indem man einen realen Modellfall zum neuzeitlichen Fürstenspiegel aufs Panier hebt.

Aber auch Franz hatte seine zum Teil herkunftsbedingten moralischen Schwächen, die sich mit zunehmendem Alter noch stärker herauskehrten und die keineswegs verschwiegen werden sollen. Unentschlossenheit – von wohlwollenden Kritikern als «Langmut» und Philanthropie gedeutet – und der ererbte Jähzorn andrerseits treten schon während seiner besten Jahre hin und wieder hervor. Die nachrevolutionäre Phase läßt diese Unentschlossenheit in Resignation bis zur Lethargie umschlagen.

Rode, der seinen Dienstherrn am längsten und aus nächster Nähe kannte, wettert in der Verbitterung über ein ihm 1813 vom Erbprinzen widerfahrenes, aber von Franz mit Stillschweigen geduldetes und offiziell nicht zurückgenommenes Unrecht: «Die alte Barbarei, die unter Schnurrbart (gemeint ist der «Alte Dessauer») herrschte, ist bereits mehr als halb wieder eingetreten». In seinem Jähzorn und seiner Schürzenjägerei werde «der alte Despot» immer unberechenbarer, «so ruppig wie hier der Herzog lebt kein Edelmann auf'm Lande», der Hof und Dessau würden «ganz unschmackhaft». Urplötzlich ist dann eine Aussöhnung erfolgt, und Rode wäre nicht Rode, würde er nicht diesem über lange Jahrzehnte so aufgeklärten Regenten bei seinem Tode wenige Jahre später Gerechtigkeit widerfahren lassen. 1817 vertraut er seinem Freunde Knebel an: «Ja, er ist nicht mehr, unser mit Recht lange verehrter alter Herzog! Das Ländchen, das er so herrlich angebaut, das er bis zum letzten Augenblicke seines Lebens nicht aufgehört hat zu verschönern, ist nun das Besitztum eines Jünglings ... Indessen auch der Verstorbene fing ja mit Unerfahrenheit an, und wie weit hat er es nicht gebracht! Bis zu seinem Jubiläum (1808) war er ein Muster der Regenten. Die wenigen Jahre vor seinem Ende kommen nicht in Betrachtung. Wir sind Menschen. Auch hat schwerlich das Ausland von seinen Schwächen etwas erfahren. Dort wie bei der Nachwelt, so wie bei jedem billig Denkenden strahlt er in Glorie.» Das deckt sich mit Friedrich von Raumers, des Historikers, Bemerkung zum gleichen Anlaß: «Er hatte Fehler, aber wie viel Treffliches er geleistet hat, zeigt am deutlichsten die Vergleichung mit andern Fürsten und andern Staaten.»

Nie konnte unter seiner Regentschaft der politische Despotismus seine Krallen entblößen – so Kolbe 1795, wie wir bereits zitierten –, und ein so unverdächtiger Zeuge wie der jüngere Zeitgenosse G. A. H. Stenzel, aufrechter Demokrat und späterer Paulskirchen-Delegierter, schildert die elementar sich äußernde Freude der Zerbster, daß gerade sie 1797 bei der Erbteilung durch Los (!) an Dessau gefallen waren. Der große Historiker bescheinigt Franz – wie übrigens auch der so verärgerte Rebmann – eine vorzügliche Regierung, auch daß bei seinen zahlreichen Amouren im Gegensatz zur Mätressenwirtschaft andrer Höfe «weiblicher Einfluß in wichtigen Regierungsangelegenheiten nicht bemerkt worden ist».

Franz regierte 59 Jahre. Er war von großer Statur, auf allen Porträts beeindrucken die großen braunen «Oranieraugen». Claus Back schildert ihn nach dem Maron-Bild: «Hochliegende, nach außen abfallende Augenbrauen und ein kleiner Mund, der wie zum Pfeifen gespitzt schien. Beides gab dem Gesicht einen gutmütigen, ständig erstaunten Ausdruck.»

Ein-band

Der historische Abstand gestattet uns heute, diesen herausragenden Vertreter des Feudaladels nüchtern einzuschätzen und vor allem seine kulturellen Leistungen zu würdigen. Dem «Dessauer Weg» freilich war keine Dauer beschieden, auch wenn viele Zeitgenossen – und nicht nur Kleinbürger – sich lange der Illusion hingaben, der kleinstaatliche Reformkurs könne eine Alternative zu den revolutionären Forderungen sein, die nun auch in Deutschland unüberhörbar wurden. Das 19. Jahrhundert verlangte gesellschaftliche Veränderungen in größeren Dimensionen. Hierin sind auch die Ursa-

chen zu sehen, daß der Meteor Dessau-Wörlitz so schnell wieder versank. Als für die bürgerliche Aufklärung engagierter Herrscher hat Franz Außerordentliches geleistet, doch war es ihm trotz seines Reformwillens nicht möglich, seine Standesgrenzen zu überschreiten. Erst recht stand er radikalen demokratischen Bestrebungen feindlich gegenüber bis zur Unterdrückung. Das sollte sich unter anderm in der Affäre des Buchhändlers Vollmer und des «Erzjakobiners» Rebmann zeigen, deren Verlag er wegen Verbreitung Robespierrescher Reden schließen ließ. Und doch hat er als einer der ganz Wenigen das Ideal der Philosophie vom aufgeklärten Monarchen fünf Jahrzehnte hindurch bewußt und aufrichtig zu leben versucht.

Sein «Herzensfreund» war der vier Jahre ältere Friedrich Wilhelm *von Erdmannsdorff* *Tafel* I (1736–1800). Franz erkannte bereits bei der ersten Begegnung, daß dieser gebildete Sachse der geeignetste Berater und Helfer für seine aufgeklärten Pläne werden könnte. Da Franz während des Siebenjährigen Krieges sein Land nicht verlassen wollte, schickte er Erdmannsdorff einstweilen als Sendboten an Winckelmann voraus, dessen Dresdner Programmschriften einen so tiefen Eindruck auf ihn gemacht hatten, daß der Schusterssohn aus Stendal mit seiner Theorie von der Nachahmung der Alten lebenslang der Apostel des fürstlichen Kunstwollens wurde. Erdmannsdorff erreichte das Ziel seines Auftrages nicht, er blieb in Oberitalien stecken, indem er sich in Florenz mit der «anbetungswürdigen», skandalumwitterten Dichterin Maria Maddalena Morelli-Fernandes (1727–1800) verweilte, die in der Arcadia den Namen Corilla Olimpia führte. Er machte erhebliche Schulden und versetzte sogar eine kostbare Dante-Ausgabe, die er Winckelmann bringen sollte. Ein längerer Aufenthalt in Venedig, für das er zeitlebens eine Vorliebe behielt, wirkte

Dessau, Arbeits- und Armenhaus, 1766–1770

sich auf die Wörlitzer Schöpfung aus (Gondelpartie, Kanalfront des Gotischen Hauses).

Gleich nach dem Hubertusburger Frieden im Februar 1763 – Erdmannsdorff war gerade heimgekehrt – reisten die beiden Freunde zum erstenmal nach England, wo sie anderthalb Jahre blieben. Nach der Rückkehr entstand Erdmannsdorffs erster Bau in Dessau, noch ganz tastend: Zwar in der Dessauer barocken Tradition stehend, zeigt das Olbergsche Haus schon die für Erdmannsdorff typische Dreiergliederung (vergleiche die Raststätten Heidekrug und Elbzollhaus oder Poststraße 11/12). Noch verwendet er das Doppelwalmdach, das dann auch sein erster Großbau, das Armenhaus (1766) und sogar noch einer der Vorentwürfe für das Wörlitzer Schloß aufweist, ehe er sich dort zu einer Leistung von europäischem Rang durchringt. Im Jahr der Rückkehr aus England entstand auch ein Gartengebäude in Wörlitz als erstes Beispiel des «Stils der Reiseeindrücke», womit er und Franz sogleich pädagogische Intentionen verfolgten. Es heißt noch heute der «Englische Sitz», denn es ist aus dem geliebten Vorbild, Stourhead in Wiltshire, übernommen.

Tafel 27
Seite 162, Tafel 28

Tafel 105

Im Herbst 1765 reiste Erdmannsdorff mit Franz über Augsburg, wo er das klassische Ebenmaß von Elias Holls Rathausbau bewunderte, über Tirol, Venedig, Vicenza (er sah hier die Originalbauten Andrea Palladios, deren englische Umsetzungen er bereits kennengelernt hatte) nach Rom zu Winckelmann. Im Sommer 1766 ging es weiter über Frankreich erneut nach England, nach Schottland und wegen der Webereien auch nach Irland. 1767/68 erfolgte der klassizistische Neuausbau des Festsaals und der Luisen-Rotunde im Dessauer Schloß. Am 5. April 1769 konnte der Grundstein zum Wörlitzer Schloß gelegt werden, das nach vierjähriger Bauzeit am 22. März 1773 eingeweiht wurde. Erdmannsdorff war während des Baus zu weiteren Studien ein drittes Mal in Italien. Nach einer erneuten Englandreise 1775, wobei die Dessauer in Paris Rousseau und in London die Weltumsegler Reinhold und Georg Forster trafen, bereiste Erdmannsdorff noch ein viertes Mal 1789/90 als Begleiter des Braunschweigischen Erbprinzen Italien, wo er, auf der Höhe seines Ruhmes stehend, nach Erledigung seines Auftrags sich lange Zeit den Freunden in der deutschen Künstlerkolonie widmete und täglichen Umgang mit Hackert, A. Kauffmann, Rehberg, Reiffenstein, Riedesel, Hirt, Zoëga und anderen bedeutenden Männern der Winckelmann-Nachfolge hatte (1771 auch mit Mengs). Auch traf er Anna Amalia von Weimar und führte sie durch Pompeji.[5] Für Friedrich Wilhelm II. von Preußen tätigte er Antikenankäufe.[6]

Tafel 21, 22, 20

Erdmannsdorff hat trotz verlockender Aufträge und Berufungen dem Dessauer Kreis die Treue gehalten, war aber gleich nach dem Tode Friedrichs II. einem zeitlich begrenzten Ruf nach Potsdam und Berlin nachgekommen. Er sollte nun – nicht ohne symbolträchtige Ironie, die er selbst empfand – das Wohn- und Sterbezimmer Friedrichs II. neugestalten und schuf im Berliner Schloß die Privatwohnung Friedrich Wilhelms II., die «Königskammern», sieben Säle, die, gewissermaßen im Wettbewerb mit Karl von Gontard und Gotthard Langhans entstanden, zum Erstaunen der Berliner das Modernste waren, was es damals (nach Johann Friedrich August Tischbein) dort zu sehen gab. Erst durch Erdmannsdorff wurde Langhans zum Klassizisten, dem dann mit dem Brandenburger Tor ein großer Wurf gelang, auch wenn dieser keine Gnade vor dem Dessauer Klassizisten Rode fand. Unter Erdmannsdorffs Leitung arbeiteten Johann Gottfried Schadow und der junge Friedrich Gilly bei der Ausgestaltung der Königskammern mit. Der bedeutendste «Wahl-Dessauer» Erdmannsdorff hat aber seine zweieinhalb Berliner Jahre mehrmals als «Verbannung» bezeichnet und freute sich, «zu unsern Auen» zurückzukehren. Es war mehr als Heimweh: Die hinterlassenen Briefe sprechen für sich, was den geistigen Gegensatz Dessau-Berlin betrifft.

Erdmannsdorff starb zu Dessau am 9. März 1800 an der Schwindsucht und wurde auf dem von ihm geschaffenen und nach ihm benannten historischen Friedhof beigesetzt. Nur vierzehn Jahre war er mit Eleonore Wilhelmine von Ahlimb, einer Hofdame der Fürstin, verheiratet. Sie entstammte uckermärkischem Adel, 1743 zu Tilsit geboren; sie verstarb 1795. Der sehr glücklichen Ehe mit seiner «Willy» entsprangen zwei Töchter, von denen er entzückende Kinderbilder zeichnete. Sie waren noch minderjährig, als Erdmannsdorff starb. Durch Einheirat ihrer Nachkommenschaft in die Linie Schwarzburg-Rudolstadt vereinigten sich seine Nachfahren mit denen des Fürsten Franz.

Erdmannsdorff war einer der feinsinnigsten Charaktere der Aufklärung. Sein Haus in Dessau «glich einer Akademie», jedem Besucher teilte er bereitwillig aus seinen Erfahrungen und Bibliotheksschätzen mit, jeder ist von der einfühlsamen Menschlichkeit dieser zweiten Hauptperson des Dessauer Kreises angerührt.

Wörlitz, Ionischer Saal (Sommersaal), 1770/71

Dessau, Palais Branconi, 1798

«Wer ihm Herz im Auge sah, / der mocht ihn zum Freunde haben», reimt Gleim unbeholfen in einem Nachrufgedicht. Bei seinem Einfluß auf allen Gebieten wurde Erdmannsdorff von vielen Reisenden für den Ersten Minister des Landes angesehen. In Wirklichkeit hat er, obwohl besoldet, niemals offiziell ein öffentliches Amt bekleidet, was für seine antik-philosophische Haltung typisch ist. Selten aber hat ein Berater seinem Fürsten mehr genutzt als er, der seine Hauptaufgabe darin sah zu verhindern, daß der Regent «wieder in die Reihe gemeiner Fürsten zurücksinke».[6]

Tafel VII, Einband Erdmannsdorff hatte sein Engagement am Dessauer Hof als Dilettant angetreten. Bereits 1773, mit Schloß Wörlitz, seinem dritten Bau, wurde er der Begründer des kontinentalen Klassizismus – möglicherweise sogar mit Rückwirkung auf England, da auch die Briten bei ihren Deutschlandreisen nun stets Dessau-Wör-

litz ihre Reverenz erwiesen. Bei aller Klarheit der klassizistisch-bürgerlichen Form und Funktionalität hat der gebürtige Dresdner bei den Innenräumen stets etwas von der Grazie des Rokoko gerettet, wodurch sich seine Schöpfungen so vorteilhaft vom Spätklassizismus abheben. *Tafel 123–126*

Dennoch hat er selbst im Laufe seiner eignen Entwicklung durch die Bauten der neunziger Jahre, seines letzten Lebensjahrzehnts, die spätklassizistische Phase noch eingeleitet. Es sei verwiesen auf die strenger werdenden Fassadengliederungen und die Blendbogenarchitekturen, wie sie das Stallmeisterhaus Muldstraße 24 (1792), das Bibliotheksgebäude Wallstraße 10 und die letzten Bürgerhäuser, Schloßstraße 9 (alle zerstört) und, immer einfacher werdend, das Haus Bose (Wilhelms-Palais, heute Pionierhaus) zeigen. Eine herbe Strenge kündigt sich aber auch schon in der Nordfront des Fremdenhauses und weiteren (nicht ausgeführten) Ent- *Tafel 32* *Tafel 33, 30* *Tafel 34* *Tafel 59*

33

würfen zum Georgium frühzeitig an und wird zum Programm. Das Stallmeisterhaus ist eine klassizistische Umsetzung holländisch-dessauischer Bauweise.[21] Auch das Palais Branconi *Seite* 33 steht in dieser Tradition. Imposant, mit den Rosseführer-Reliefs (ein bewußtes Rom-Zitat) versetzt, sind die Blendbögen zur Monumental-*Tafel* 35 architektur an der Reitbahn (1793) gesteigert, das Schema eines römischen Triumphbogens aufnehmend.

Ebenso monumental – wie die Imponierar-chitektur von Festungsportalen – präsentiert

Dessau, Marstall, Durchgang zum Lustgarten, 1791

sich der daran anschließende Marstall mit dem Durchgang zum Lustgarten: Ein weiter Weg der Entwicklung vom Sommersaal in Wörlitz *Seite* 32 (1770), dem heiteren Nachklang des Dresdner Barock-Klassizismus, der aber mit seinem reichen musealen Bildprogramm, auch mit den von Baalbek kopierten Nischen im Innern doch – wie das Schloß – ganz der Winckelmannschen Nachahmungstheorie verpflichtet ist.

Eine reiche Nachfolge fanden die Muldbrük-*Tafel* 71, 72, *Seite* 165kenhäuser (in Braunschweig, in Weimar, in Anhalt-Köthen, im preußischen Spätklassizismus); Goethe besichtigte die Brücke 1797 gleich nach ihrer Erbauung. Die Krone der Ausgewogenheit der Fassaden sind aber das Palais Waldersee *Tafel* 29 (heute Stadtbibliothek, ungetreu restauriert) und vor allem das Haus Beringer (Schloßstraße *Tafel* 31, 33 3) und das Haus Ponigkau (Bibliothek, Wallstraße 10), beide zerstört, Erdmannsdorffs reifste Leistungen und sein Vermächtnis zugleich. Von seinem vielbewunderten «Neuen Begräb-*Tafel* 36nisplatz», ebenso auch von seinen Theaterbauten, wird noch die Rede sein.

Georg Heinrich *von Berenhorst* (1733–1814) war die dritte Hauptperson auf der großen Italien-England-Reise; er nahm als Erzieher des Prinzen Hans Jürge an ihr teil. Beide reisten hernach in England getrennt von Franz und Erdmannsdorff und kehrten auch zusammen auf den Kontinent zurück, da sie ihr Französisch aufbessern wollten. In Paris fanden sie sogar Eingang in den exklusiven Zirkel der Aufklärer bei Madame Geoffrin.

Berenhorst war ein natürlicher Sohn des «Alten Dessauers», also der Oheim von Franz und Hans Jürge. Die Mutter war die Schulzentochter Sophie Eleonore Söldnerin, die später mit dem charaktervollen Amtsrat Johann August Rode verheiratet wurde: Dieser Ehe entstammte August Rode (siehe unten), der somit ein Halbbruder der Berenhorsts war.

G. H. von Berenhorst wurde nach dem Willen seines Vaters in einer «trübseligen Erziehung» für den Offiziersstand vorbereitet. 1748 Lieutenant im Regiment Anhalt zu Halle, wurde er 1757 dem Generalstab des Prinzen Heinrich zugeteilt, wo er erstmals in einen gebildeten Kreis kam. Von dort 1759 als Adjutant Friedrichs II. abkommandiert, hatte er im Hauptquartier die Statistik zu führen, wobei ihm Friedrich bei Strafe des Kopfes verbot, etwas über die hohen Verlustziffern verlauten zu lassen. In der Schlacht bei Torgau rettete er Friedrich das Leben; gerade deshalb wurde er unmittelbar danach aus der preußischen Armee ausgestoßen («kassiert»), weil der König es nicht verwinden konnte, daß Berenhorst Zeuge einer sehr unheldischen Pose geworden war.

Tafel 26 Nach Dessau zurückgekehrt, wurde Berenhorst Kammerherr und Schloßhauptmann. Er nutzte jetzt als Autodidakt die Zeit und wurde zum Vertrauten des Fürsten Franz, der den gut belesenen Mann zum Erzieher seines jüngeren Bruders Hans Jürge bestellte und später auch zum Vorsteher des Erzieherkollegiums seines eignen Sohnes berief, wo Berenhorst wiederum mit ausgezeichneten Gelehrten, unter anderen mit Gustav Hugo und Philipp Buttmann, längere Zeit im geistigen Austausch stehen konnte. Nebenher hatte er sich bereits literarisch betätigt, beachtliche Rezensionen geschrieben (so zu Goethes Stella und Götz von Berlichingen). 1777 wurde er Hofmarschall und Vorsteher des gesamten fürstlichen Hauswesens, auch Präsident der Rechenkammer. Dadurch war er der ranghöchste Beamte des Fürstentums. 1790 ging er in den Ruhestand, um sich nur noch literarischen Studien zu widmen. Er redigierte selbst zwei Zeitschriften und lieferte vielbeachtete Aufsätze für Archenholtz' Minerva und Schlözers Staatsanzeigen sowie für die Hallesche Literaturzeitung.

Was ihn aber eigentlich berühmt und für unsere Betrachtung und Deutung des Dessauer Kreises so wichtig macht, das waren seine «Betrachtungen über die Kriegskunst» (1797 bis 1799), durch die er zum «militärischen Verbündeten der Philosophen», das heißt der Aufklärer wurde. Durch seine skeptizistische Betrachtungsweise wollte er den Herrschern das Kriegführen überhaupt verleiden. Die scharfe Abrechnung mit der menschenverachtenden Kriegführung Friedrichs II., des «Totengräbers», die Berenhorst aus eigner Anschauung in dessen Generalstab kennengelernt hatte, ist für die preußische Militärgeschichtsschreibung ein Trauma geworden. Scharnhorst stand mit Berenhorst in Briefwechsel; selbstverständlich kannte Clausewitz Berenhorst. Aber sosehr seine Nachfolger alle von ihm abhängen – zum Beispiel wird aus dem Erlebnis der Französischen Revolution der Gedanke des Volksheeres, von C. F. Bahrdt vorgedacht, bei Berenhorst erstmals diskutiert –: Sie waren einfach gezwungen, seinen Namen zu verschweigen.

Und bis heute ist Berenhorst nicht in seiner vollen Bedeutung für die Militärtheorie und -geschichte erkannt und aufgerückt. Da er sehr wohl wußte, welchen Wirbelsturm er bei der allgemeinen Glorifizierung, die Friedrich II. nach seinem Tode erfuhr, entfachen würde, gab er sein Werk anonym heraus. Durch die Unvorsichtigkeit des Dessauer Buchbinders wurde er aber gleich mit Erscheinen des Buches als Autor bekannt. Die Kritik fiel sofort über ihn her, wie sie auch Rode bei der Veröffentlichung von Erdmannsdorffs Berliner Briefen scharf zur Ordnung rief. Berenhorst ließ hierauf verlauten, daß er unter diesen Umständen nicht willens sei, seine «Betrachtungen» fortzusetzen, um sich nicht die Ruhe seines Alters durch das Gekläff der Unbelehrbaren stören zu lassen. Nun aber forderte die Partei der Aufklärer öffentlich von ihm die Fortsetzung des Werks. Berenhorst brachte es denn auch zum Abschluß und trug 1805 noch einschlägige «Aphorismen» nach, die zur deutschen Einheit gegen den drohenden Einfall Napoleons aufriefen.

Den Feudalmächten mit ihren «bezahlten Sklavenheeren» stellt er das Volksheer entgegen, das auf die Dauer jedem noch so hochgerüsteten Aggressor gewachsen sein müßte: «Hundert muthige Soldaten, hinter ihnen die doppelte Anzahl zweckmäßig bewaffneter, von Zorn entflammter, nothdürftig abgerichteter Bauern, ich möchte sie sehen gegen Verheerer jeder Art ein Stück Land vertheidigen, auf welchem sie alle Fußsteige, Schliche zwischen Bergen, wie durch Waldungen, Bäche, Teiche und Sümpfe kennen.»

Die Entwicklung Berenhorsts vom höfischmilitaristischen Junker zum aufgeklärten Skeptiker und Kritiker der Friderizianischen Ära wird noch brisanter, wenn man bedenkt, daß er ein Sohn des Alten Dessauers war; er distanzierte sich also praktisch auch vom eignen Vater. Als er mit seinem Neffen Franz 1765 auf dem Schlachtfeld von Cassano steht, fällt im Tagebuch kein Wort über Leopold, der hier 1705 unter Prinz Eugen gekämpft hatte. Statt dessen bedauern Sohn und Enkel die Opfer, deren bemooste Gebeine noch 60 Jahre nach Leopolds Sieg «stumm die Barbarei ihrer Souveräne anklagten, die sie so muthwilliger Weise dahin geführt».

Offenbar hatte Franz frühzeitig die schriftstellerische Begabung Berenhorsts erkannt, als er ihm die Führung des Reiseprotokolls übertrug. Das Original, mit Briefen durchsetzt, von Berenhorst erst 1775 zusammengestellt, ist 1945 im Askaniermuseum verbrannt. Die vor dem Kriege hergestellte Abschrift ist erst kürzlich wieder aufgetaucht und harrt noch der Auswertung und Veröffentlichung.[7]

Johann Georg (Hans Jürge), Prinz von Anhalt-Dessau (1748–1811), wäre beinahe regierender Fürst geworden, wenn nämlich Franz seine Absicht ausgeführt hätte, mit seiner bürgerlichen Geliebten Sophie Eleonore Hoffmeier unter Verzicht auf den Thron nach England zu gehen und dort das philosophische Leben eines englischen Landadligen zu führen. Friedrich II., der nach der bissigen Bemerkung eines aufgeklärten Ökonomen nach dem Siebenjährigen Krieg «die Hut und Trift» in den anhaltischen und sächsischen Fürstentümern hatte, erhob jedoch Einspruch und hatte auch gleich eine preußische Prinzessin zur Hand, die Fürstin Luise.

Der Zögling Berenhorsts, der auf Friedrichs eindringliche Vorstellungen zur Verbesserung der anhaltisch-preußischen Beziehungen zunächst Preußen für eine militärische Laufbahn überlassen wurde, hat am 5. Februar 1779 bei Brix in der einzigen nennenswerten militärischen Aktion des Bayrischen Erbfolgekrieges die Vorhut angeführt. Bald darauf aber beantragte auch er zur großen Verwunderung des Königs seine Entlassung, um bereits im folgenden Jahr mit einer Friedenstat im Dessauer Kreis sein Debüt zu geben: der Anlage des nach ihm benannten Georgiums, womit er die landeskultivatorischen Bestrebungen seines regierenden Bruders unterstützte und dem bis dahin vernachlässigten Westteil des Fürstentums ein mit Wörlitz durchaus konkurrenzfähiges wichtiges Teilstück des «Gartenreichs» hinzufügte.

In seinem kleinen Hofstaat unterhielt er regen Austausch mit den Gelehrten und Literaten der Zeit. Hinzu kamen viele Reisende, wie Goethe und Georg Forster, oder regierende Fürsten, die dem Dessauer Reformkurs verbunden waren, wie Ernst II. von Gotha. Er selbst war durch Berenhorsts Führung auch im französischen Kulturkreis wohlbewandert, reiste mit Gustav Hugo durch Deutschland und verbrachte aus gesundheitlichen Gründen und sicher auch in diplomatischer Mission sein letztes Lebensjahrzehnt in Wien. Sein Park wurde wegen größerer «Natürlichkeit» von vielen Zeitgenossen über Wörlitz gestellt. Die Sammlungen seines Stadtpalais und die des Georgenhauses waren – wie die übrigen im Fürstentum – jedermann zugänglich, dazu auch die kleineren, kupferstichgezierten Gartenkabinette im Park, auf dem Roten Bogen und im Vasenhaus.

Seite 181, Tafel 56

Auch Hans Jürges Lebenslauf ist typisch für ein Leben unter dem Einfluß der aufgeklärten Philosophie: Winckelmann erkennt schon in dem Siebzehnjährigen eine Geisteshaltung, die ihn der Renaissanceverbürgerlichung zuordnet: «ein Bild der ächten deutschen Redlichkeit und des alten Schlags, ehe wir Bastarde und Affen wurden». Der kritische Merck schätzte ihn hoch, da er «jedem Menschen das Herz mitnimmt».

Tafel 15

Henriette Wilhelmine *Luise,* Fürstin von Anhalt-Dessau, geborene Prinzessin von Brandenburg-Schwedt (1750–1811), war auch eine Enkelin des Alten Dessauers und somit eine Cousine des Fürsten Franz. Um ihre Hand hatte Peter von Biron, der Herzog von Kurland, angehalten, doch war er von Friedrich II. abgewiesen worden. Durch Luises Freundschaft mit Elisa von der Recke, deren Schwester den Herzog von Kurland heiratete, ergaben sich aber später doch noch Beziehungen zum Mitauer Hof. Als Franz mit seiner Jugendgeliebten nach England gehen wollte, intervenierte Friedrich II. und präsentierte ihm Luise, die Franz 1767 heiratete. Die Ehe konnte unter diesen Vorzeichen auf die Dauer nicht glücklich werden, auch wenn sich der für Schönheit empfängliche Franz anfangs für die Königliche Hoheit begeisterte. In London, so berichtet er, blieb man auf der Straße stehen und schaute dem schönsten Paar Europas nach. Und seinem Freunde Winckelmann rät er, bald nach Dessau

zu kommen und an seinem Glück Anteil zu nehmen: «Sie ist schöner als alle alten Köpfe, und in ihrem Charakter, der stets das Vorzüglichste ist, übersteigt sie jedes Ideal.» «Ich ehre diese Frau», sagte Alexander von Humboldt, «besonders darin, daß sie, trotz ihres Fürstenranges, sich doch immer eine genialische, ihres hohen Geistes würdige Existenz zu verschaffen wußte.» Luise, «eine geistreiche und entschlossene Dame» (Crome), künstlerisch hochbegabt, wurde allein schon durch Klavier- und Theaterspiel der klassizistischen Dessauer Kultur förderlich; sie wirkte sogar durch Zeichnungen nach Franz' Angaben bei der Ausgestaltung der Wörlitzer Innenräume mit. Im Gegensatz zu den letzten Endes materialistisch-atheistisch eingestellten Aufklärern verkörpert sie jedoch die ganz andere Wesenheit des Zeitalters, die religiös-empfindsame Komponente. Ihre Briefe und Tagebücher durchzieht lebenslang «eine fast immer während Klage, der fast ununterbrochene Ausdruck von Leid und Schmerz; fortwährend unbefriedigt, suchend und nicht findend, verdunkelte sie durch unfruchtbare Selbstpeinigung den reichen Glanz, den das Leben um sie breitete» (Hosäus).

In der literarischen Welt spielte sie eine nicht unbedeutende Rolle durch ihre vielseitigen freundschaftlichen Beziehungen, zum Beispiel zu Friederike Brun, zu Jenny Möser/Voigts[8], zu Sprickmann und deren Kreis und zu Elisa von der Recke, in deren Gesellschaft sie gar in Verdacht gerät, «demokratisch» zu sein und mit der Französischen Revolution zu sympathisieren (1793 warnt Frau von Stein in Weimar ausdrücklich vor dem Umgang mit ihr). Neben vielen anderen Autoren und Künstlern pflegte sie regen Kontakt mit Johann Caspar Lavater, dem Zürcher schwärmerischen Genieapostel auf religiösem Gebiet, und mit dem Demokraten Johann Friedrich Reichardt[9], dem in Berlin entlassenen Kapellmeister und Komponisten, dem sie 30 000 Taler zu Ankauf und Anlage eines Gartens («Reichardts Garten») in Halle-Giebichenstein schenkte – um sich dann auch wieder in hysterischen Anwandlungen brüsk von beiden abzuwenden.

Tafel 14 Überall auf ihren Reisen beachtet – zwei Jahrzehnte war der damals hochgeschätzte Dichter Matthisson ihr Reisebegleiter –, erregte sie durch ihr generöses Auftreten, wie zum Beispiel durch ihr Fest in den Ruinen des Palatin mit der deutschen Künstlerkolonie (anwesend waren Fernow, Hartmann, Hirt, Uhden, Zoëga und andere) 1795 großes Aufsehen; doch hatte sie sich dem Dessauer Kreis durch ihre längere Abwesenheit selbst entzogen, auch den Drehbergspielen, deren Schirmherrin sie einst gewesen.

Zwischen dem Fürstenpaar gab es eine Trennung ohne Scheidung: Luise wollte weiterhin regierende Fürstin bleiben. Sie willigte daher in ein Verhältnis ein, das der berühmte Arzt Johann Georg Zimmermann angeraten, Lavater und Goethe gutgeheißen und bei dem sie selbst die Person bestimmte. Franz lebte nun in einer Art morganatischer Nebenehe mit der Tochter eines seiner Gärtner, Luise Schoch, die er als Frau von Beringer adeln ließ und von der er drei Söhne hatte. Die Nähe des Zusammenlebens brachte freilich Luise neue Kränkungen. Franzens Freund und Bewunderer Carl August lebte dieses Verhältnis in Weimar mit der Jagemann/von Heygendorf Stück für Stück nach. In Dessau sollte es eine Krisis in den Beziehungen zwischen Franz und dem untadeligen Erdmannsdorff heraufbeschwören; in Weimar entstanden Spannungen zwischen Carl August und Goethe.

Nach den Enttäuschungen eines langen Lebens besserte sich das Verhältnis beider Ehegatten zueinander. 1774 hatte Franz Luise je-

nen Garten geschenkt, der sein intimster Besitz war: Hier im «Vogelherd» hatte er als Erbprinz im Sommer gewohnt und studiert. Als das Georgium im Entstehen war, erhielt diese Gartenschöpfung 1781 den Namen Luisium. Nach dem Tode der Herzogin zog Franz sich wieder auf Schloß Luisium zurück und überwachte von dort aus seinen letzten Bau, das Mausoleum für Luise.

Georg Karl *von Raumer* (1755–1822) war der Vater der berühmt gewordenen Romantikerbrüder, von denen Friedrich, der Historiker der Staufenkaiser, und der Mineraloge und Erziehungswissenschaftler Karl Georg die bekanntesten sind. Sie wurden in Wörlitz geboren, wo ihr Vater in enger Verbindung mit Franz 20 Jahre lang das Mustergut des Fürstentums *Seite* 163 verwaltete, das nach den Holzhausenschen aufsehenerregenden Unternehmungen in Gröbzig das vielbesuchte und gepriesene Ideal der Ökonomen wurde. Seine erste Ausbildung hatte Raumer auf den riesigen ostpreußischen Gütern des Fürstenhauses längs des Pregels erhalten. Dann nahm Franz ihn mit auf die Englandreise von 1775, und Raumer verblieb noch ein ganzes Jahr zu weiteren Studien dort.

Nicht minder bedeutend wurde Raumer für die Ökonomie des Landes, als er 1796 in Nachfolge Berenhorsts zum Kammerdirektor nach Dessau berufen wurde. Friedrich von Raumers Bericht der rührenden Szene kurz vor Franz' Tode ist bezeichnend für die freundschaftlichen Beziehungen zwischen Georg Karl von Raumer und ihm: «Als der Vater zuletzt bei ihm war, wollte er ihm die Hand küssen; der Herzog aber litt es nicht, sondern sagte: ‹er solle seinen Kopf an den des Herzogs legen, und so wollten sie von einander Abschied nehmen›. Die beiden alten Männer haben dabei geweint, wie die Kinder, und dann sich gefaßt wie Männer.»

August *Rode* (1751–1837, 1803 geadelt), *Tafel* 10

Friedrich Wilhelm Rust, Arioso aus der Festmusik zur Einweihung des Wörlitzer Schlosses, 1773

dem Halbbruder der Berenhorsts (siehe S. 34), war eine Rolle bei Hofe gewissermaßen schon in die Wiege gelegt. Nach Jurastudium in Halle und Leipzig wurde er Hofmeister der Söhne des Fürsten, des Grafen Waldersee und später des Erbprinzen Friedrich (1769–1814), in der Zwischenzeit wirkte er am Philanthropin, für das er auch Kinderschauspiele schrieb. 1785 war er mit Franz und dem Erbprinzen in England. 1787 wurde ihm die Führung der Privatkorrespondenz des Fürsten und das Kabinettprotokoll übertragen. 1795 wurde er zum Ka-

binettsrat ernannt, 1807 zum Geheimen Kabinettsrat und war im auswärtigen Dienst (Paris), 1810 wurde er Wirklicher Geheimer Rat. 1813 erhielt er überraschend seine Entlassung, worin er das Werk des Erbprinzen sah (siehe S. 29). Unter Franz' Nachfolger (dem Enkel) wurde er wieder in kulturellen Fragen herangezogen; er ordnete die Bibliotheken, die 1818 vereinigt wurden, und legte damit den Grundstock zur Anhaltischen Landesbibliothek.

Berühmt wurde Rode, der auch Goethe zu seinen Gästen zählte, durch seine Übersetzung des Vitruv, die nach Goethe in keiner Bibliothek fehlen dürfte. Kongenial und vom Niveau der Heineschen Petronübersetzung ist seine Übertragung des Goldenen Esels von Apulejus. Neben anderen Arbeiten sind vor allem seine geistreichen, mehrfach aufgelegten vier Führer durch das Dessau-Wörlitzer Gartenreich zu nennen, die wir bei den engen freundschaftlichen Beziehungen des Autors zu dessen Schöpfern als ihr Sprachrohr anzusehen haben und die in ihrer literarischen Qualität zugleich ein bedeutendes Dokument für den Geist der Goethezeit darstellen.

Franz Johann Georg Graf *von Waldersee* (1763–1825), der illegitime Sproß aus Franzens Jugendliebe (siehe unter Hans Jürge; sein Enkel Alfred machte als Oberkommandierender der alliierten Interventionstruppen im Boxeraufstand «Weltgeschichte»), hatte die künstlerische Begabung seines Vaters geerbt. Goethes Leipziger Studienfreund Ernst Wolfgang Behrisch wurde auf Gellerts Empfehlung zum Erzieher Waldersees berufen, daher verfolgte Goethe auch später dessen Entwicklungsgang. Basedow wollte den Schüler des Philanthropins zum Schulminister des Landes heranbilden. Doch nach ökonomischer Tätigkeit in Breslau wurde er 1790, nach Basedows Tod, als Geheimer Finanzrat nach Dessau zurückberufen, wo er vielerlei Ämter bekleidete: 1793 Oberaufseher der Medizinalkommission, 1796 Präsident der unter Erdmannsdorffs künstlerischer Leitung stehenden Chalkographischen Gesellschaft, zugleich deren Verwaltungs- und Kassendirektor. 1813/14 war er in diplomatischer Mission Verbindungsmann zu den Alliierten, 1818 Oberhofmeister des neuen Herzogs.

Tafel 29 Sein Haus war einer der geselligen Mittelpunkte wie das Rodes, Rusts oder Oliviers. Hier wurde besonders in Krisenzeiten, als das Theater geschlossen werden mußte, ebenso wie im Hause des Erbprinzen viel Theater gespielt. Von seinen literarischen Arbeiten ist zu Unrecht – nur wegen des Genres – auch sein überaus schönes Lehrgedicht «Der Jäger» (1805) vergessen, das noch 1869 in einer Prachtausgabe zum drittenmal aufgelegt wurde.

Friedrich Wilhelm *Rust* (1739–1796), geboren in Wörlitz, war dort Franz' gleichaltriger Spielgefährte. Während des Jurastudiums in Halle entdeckte Rust seine eigentliche, musikalische Begabung; er erregte als Schüler Friedemann Bachs bereits dort Aufsehen und studierte dann auch Klavier bei Philipp Emanuel Bach und Violine bei F. Benda. Franz nahm ihn zu weiterer Ausbildung mit auf die große Italienreise, um später das ganze Konzertleben und die Anfänge des Opernwesens in seine Hände legen zu können. Rust war der erste, der Goethesche Lieder vertonte, er wird von diesem ein «großer Meister» genannt. Nachweislich (durch die Vermittlung seines Sohnes Karl in Wien) hat er Beethovensche Klavierkompositionen beeinflußt. Er stellte an sich selbst höchste Ansprüche und hat wohl aus diesem Grunde nur sehr wenige seiner Kompositionen publiziert. Zu allen Anlässen des Hofes (zum Beispiel zur Einweihung des Wörlitzer Schlosses 1773) lieferte er die Festmusiken. Seine bedeutendste *Seite* 39 Leistung ist auf musikerzieherischem Gebiet zu sehen. Wöchentlich gab er Konzerte im Philanthropin, und er gab den Anstoß zur Pflege der Hausmusik in vielen Familien. Aus dem bis dahin völlig amusischen Dessau schuf er eine durch und durch musikalische Stadt.[10] Das Orchester hat Rust zu einem der besten Klangkörper der Zeit entwickelt, eine solide Grundlage für das bis heute besonders in der Oper bedeutende Dessauer Theater. Ihm wollen wir unten ein eigenes Kapitel widmen.

I

Friedrich Wilhelm von Erdmannsdorff. Gemälde

II
Schloß Georgium
(Georgenhaus), 1781,
von Norden

III
Georgium, Ruinenbrücke, um 1785
IV
Raststätte Haideburg, 1782/1783

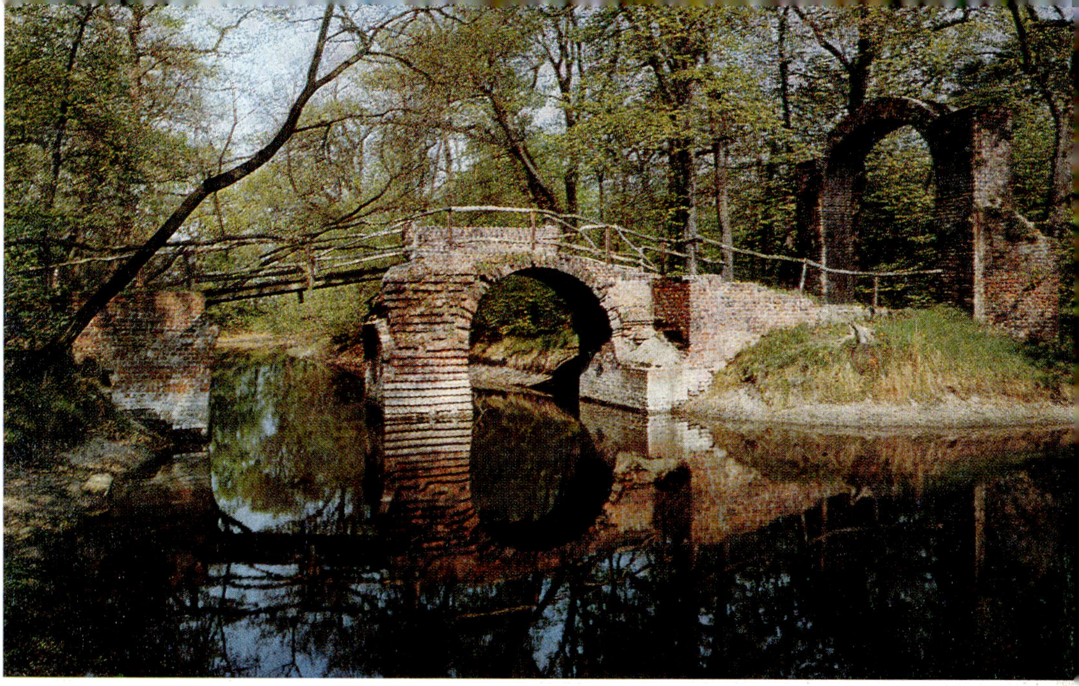

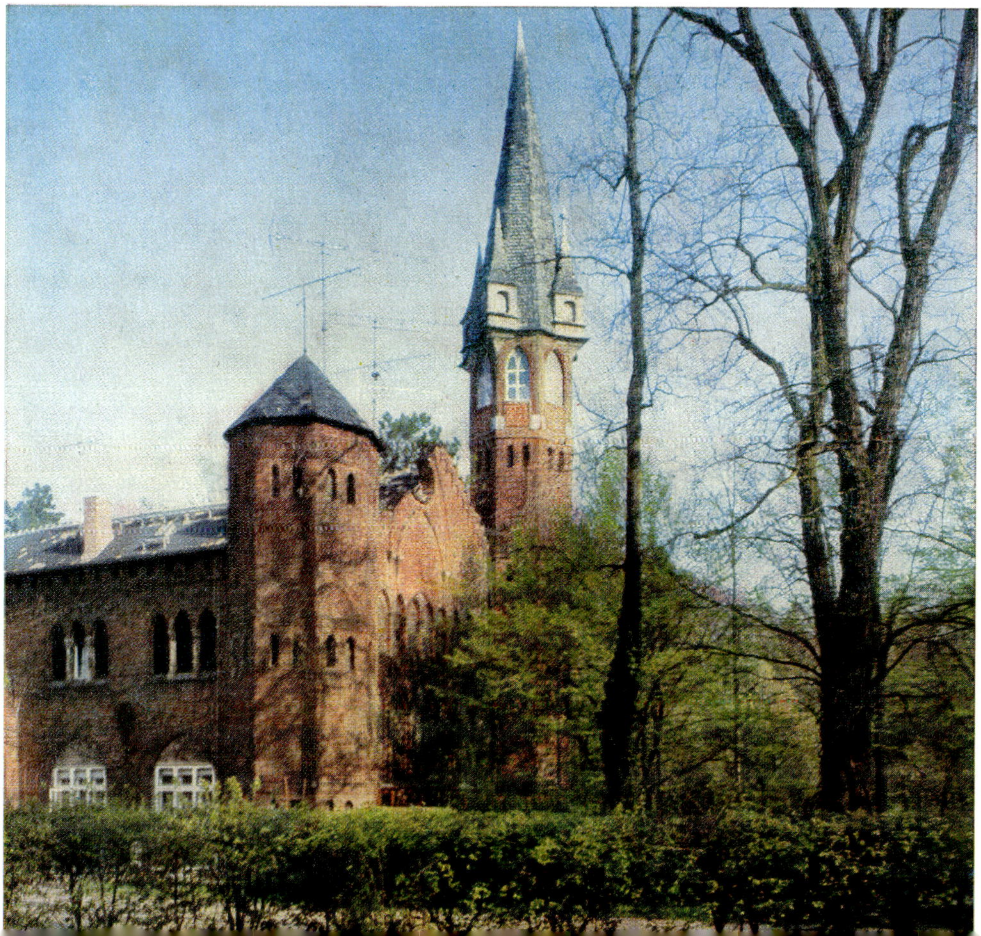

V
Schloß Luisium, 1774–1778
VI
Schloß Luisium,
Decke im Mittelzimmer
des ersten Geschosses

DIE GÄRTNER: Johann Friedrich *Eyserbeck* (1734–1818), den Franz 1762 in Dienst stellte, wird meist der Entwurf des «Wörlitzer Parks» zugeschrieben. Das ist ein nicht haltbares Nachschreiben Schochscher Familientradition. Da Eyserbeck sich trotz seiner mehrjährigen Englandaufenthalte (1763/64 mit Franz) in den landschaftlichen Stil nicht einfühlen konnte, sondern dem barocken Garten Hollands, wo er seine Wanderjahre verbracht hatte, verhaftet blieb, versetzte Franz den erfahrenen Pomologen als Obstgärtner nach Luisium. Er machte sich seine botanischen Kenntnisse und Pflanzerfahrungen zunutze und konnte ihn für die regelmäßige Gestaltung des Dessauer Lustgartens (der Nachschöpfung eines antiken Hippodroms) einsetzen.

Auf gestalterischem Gebiet sind die Beiträge der anhaltischen Gärtner immer zu hoch veranschlagt worden. Tatsächlich kennen wir eine Reihe Zeichnungen von Eyserbecks Hand, aber diese sind Zustandspläne, keine Entwürfe – der einzige «Entwurf» wurde nicht ausgeführt. Es gehörte damals zum Lebensstil des englischen Adels, die Parke selbst anzulegen – selbstverständlich in Verbindung mit Gärtnern, die dabei aber nur die Zeichner und «Planteure» sind. Nicht anders verhält es sich in Dessau und Wörlitz, und zwar nicht nur in bezug auf Eyserbeck, sondern auch auf die übrigen Gärtner, Johann Leopold *Schoch* (1728–1793, seit 1770 in Wörlitz), Johann Christian *Neumark* (1741 bis 1811, er war mit Franz 1775 in England), Heinrich Wilhelm Friedrich *Klewitz* (1738 bis 1806) und seine Söhne Dietrich Wilhelm Albert (1767–1840) und Ludwig August (1777–1839), Ernst *Obereit* (Oberheyde, 1730–1789) und andere. Dietrich Klewitz wirkte, nachdem ihn Franz 1789 auf Studienreisen nach Frankreich und England geschickt hatte, am Diepold, bis zum Tode Hans Jürges im Georgium und wurde 1811 Nachfolger Neumarks in Oranienbaum.

Lediglich Johann George *Schoch* (dem Jüngeren, 1753–1826) kommt eine eigenständige gestalterische Tätigkeit zu, die wir in der «Neuen Anlage» in Wörlitz erfassen und die der Stilvergleich mit andern Arbeiten des jüngeren Schoch außerhalb Anhalts, in Dieskau und vor allem in Hohenprießnitz, mit dem hinteren Georgium ergibt, wodurch sich denn auch Schochs **Anteil** an der Partie des Beckerbruchs und der Wallwitzberge erweisen läßt. Wo Franz im Briefwechsel als Garten- und Forstfachmann konsultiert wurde, hat er sich stets selbst als den Gestalter bezeichnet. Wir haben in ihm den einflußreichsten Gartengestalter im letzten Drittel des 18. Jahrhunderts zu sehen, wie Pückler es um die Mitte des 19. Jahrhunderts war. Dabei kommt ihm noch eine «weltweite Bedeutung» als Landespfleger zu (G. Däumel), das heißt auf dem Gebiet der Landeskultur, wo er seine Leistung selbst in die stolzen Worte faßte: «Hier ist mir das Meiste gelungen zu meiner und aller Menschen Freude … Ich fahre aber auch noch immer fort zu erweitern und zu verschönern. Das ist ein Feld, wo meine Nachfolger noch viel schaffen und Nutzen stiften können. Ich bin aber auch von Anfang an von meinen Gärtnern, namentlich von Schoch's (Vater und Sohn) tüchtig unterstützt worden.»

Auf den jüngeren Schoch setzte Franz die größten Hoffnungen; er schickte ihn vier Jahre auf Reisen (1784–88) durch Frankreich und England. Über zwei Jahre arbeitete Schoch unter André Thouin am Jardin des Plantes zu Paris. So war Schoch der Jüngere am Ausgang des Jahrhunderts zu einem der bedeutendsten Kenner seines Faches in Deutschland herangereift und konnte das Lebenswerk des alternden Franz tatkräftig weiterführen. Die Familie Schoch stellte dann über drei weitere Generationen die Gartendirektoren in Wörlitz.[11] Die Eyserbecksöhne hatte Franz auf Bitten seiner fürstlichen Freunde nach Charlottenburg/Potsdam und Gotha vermittelt, so daß hier zusammen mit Weimars gleichgelagerten Bestrebungen die ersten nenenswerten Parke des neuen Stils nach Dessau entstanden.

Was zu Eyserbeck zu sagen war, gilt auch von den Baukondukteuren Wilhelm Peter *Mann* und Georg Christoph *Hesekiel* (1732 bis 1818). Beide waren Kammerdiener – als solcher hatte Hesekiel Franz auf der Italien-England-Reise begleitet – und wurden später von Franz zu Bauräten ausgebildet. Mann leitete

Tafel 27

schon Erdmannsdorffs ersten Bau, das Olbergsche Haus; für den Wörlitzer Schloßbau hatte man noch Daumann aus Dresden als Baukondukteur verpflichten müssen. Hesekiel wurde 1786 Baudirektor. Beide hatten Franz Statik und Zeichnung seiner neugotischen und Grottenbauten zu liefern. Hesekiel wird mehr Eigenständigkeit in seinen gotischen Entwürfen zugeschrieben, als sie tatsächlich enthielten.

In der Bauausführung ging später auch der Maurermeister Friedrich *Corte* (Freitod 1827) dem Fürsten zur Hand.

DIE PÄDAGOGEN: Auf sie sei nur in kurzen Notizen eingegangen, denn ihre Biographien kann man zum großen Teil in den Lexika nachlesen, da fast alle in der Geschichte der Pädagogik eine Rolle gespielt haben, hat doch das Philanthropin europäischen Ruf erlangt und einer ganzen Epoche der Erziehungsgeschichte den Namen gegeben.

Tafel 2

Johann Bernhard *Basedow* (1724–1790), der Begründer der Dessauer Schulreform-Bewegung, war ein Mann von einfachem Herkommen. Am Johanneum in Hamburg hatte er den durch Lessings Fragmentisten-Streit bekannt gewordenen Hermann Samuel Reimarus

gehört, der als Vertreter einer Vernunftreligion scharfe Bibelkritik übte; er blieb auf den Popularphilosophen Basedow zeitlebens von großem Einfluß. Kein Wunder, daß Basedow mit der lutherischen Orthodoxie der Hansestadt in Konflikte geriet, die ihn als «heterodoxen» Ketzer sogar inhaftiert hätte, wäre er nicht ins damals noch dänische Altona entwichen. Freilich war er aus den gleichen Gründen auch schon als Professor an der Ritterakademie im dänischen Soroe relegiert worden. In seinem Kampf gegen den Hamburger Hauptpastor Goeze berührte sich sein Streitgeist abermals mit Lessing, zu dem er trotz eines vorangegangenen Recontres ebenso wie zu Herder und Klopstock in Hamburg Kontakt[12] hatte. In der Ausweglosigkeit seiner Situation und der Streitschriften müde, war Lessing froh über den Ruf an die Wolfenbüttler Bibliothek. Nicht anders ging es Basedow. Er verlegte sich ab 1767 erneut aufs pädagogische Fach und gab 1768 eine epochemachende Schrift heraus, die «Vorstellung an Menschenfreunde und vermögende Männer über Schulen und Studien...»[13], mit der er seinem aufgeklärten Lebensweg die Konsequenz der Tat zu geben hoffte.

Es gehörte viel Mut dazu, schrieb Gleim 1772, daß Franz den von Klerisei und Reaktion so verketzerten Basedow gegen den Widerstand seiner eignen Orthodoxie 1771 nach Dessau berief. Basedow kam diesem Ruf sofort nach. Der Philanthropismus, die Schule der «Menschenfreunde», hätte auch kaum anderswo eine Heimstatt finden können. Basedow sollte in den ersten Jahren sogar Anteil an Regierungserlassen bekommen; bald jedoch verscherzte er sich durch sein aufbrausendes Wesen die freudige Zustimmung und die treue Gefolgschaft seines jungen Lehrerkollegiums. Die Mißhelligkeiten an dem am 27. Dezember 1774 eröffneten Philanthropin verschafften dem aufsehenerregenden Unternehmen leider nicht die rühmlichste Popularität. Doch hielten die Aufklärer – vor allem Gleim und seine gleichgesinnten Halberstädter Freunde – fest zum Institut und versuchten von außerhalb das strandende Schiff wieder flott zu machen. Sie entsandten den Pommern Carl Gottfried *Neuendorf* (1750–98), den «geborenen Schuldirektor», nach Dessau. Ihm konnte Franz nach vielfachen Wirren nicht nur die Angelegenheiten des Philanthropins, sondern auch die Landesschulreform im Großen anvertrauen: die Schaffung einer im Ansatz demokratischen staatlichen Einheitsschule, unabhängig von jeder kirchlichen Bevormundung.[14]

Tafel 5

Wir werden dem noch ein eignes Kapitel widmen und wollen hier vorgreifend nur die aufgeklärte Equipe junger Lehrer vorstellen, die zu Dessaus pädagogischem Ruhm wirkten, Männer, die auch durch Publikationen oder eigene Schulgründungen, Tochteranstalten des Dessauer Philanthropins, sich literarisch oder in der Schulgeschichte einen klangvollen Namen gemacht haben.

DIE REVOLUTIONÄRE: Carl Friedrich *Bahrdt*, das Enfant terrible der Aufklärung (der Gründer der übel beleumdeten Philanthropine zu Marschlins und Heidesheim), und Joachim Heinrich *Campe*, der in Dessau seinen Robinson schrieb, ein hervorragender Erzieher, der aber schon nach einem knappen Jahr das ihm übertragene Direktorat wieder niederlegte, weil Basedow ihm immer wieder hineindirigierte. Er setzte jedoch seine philanthropistische Laufbahn in Norddeutschland und Braunschweig fort, wo er dann – wie die meisten Philanthropisten – offen mit der Französischen Revolution sympathisierte, wie auch Johann Michael Friedrich *Schulz(e)* in seiner Berliner Zeit. Carl Christoph *Reiche* werden wir noch als den Begründer der Allgemeinen Buchhandlung kennenlernen, wir können auch den Feuergeist Johann Christian *Schmohl* nur nennen, dessen explosive Schriften noch der Henker vielerorts verbrannte (!). *Dohm* und *Afsprung* gingen durch Dessau. Schließlich sind da noch die Elsässer Johann *Schweighäuser* und Johann *Simon*, von denen der letztere während der Französischen Revolution eine führende Rolle beim Sturm auf die Tuillerien spielte.

DIE NATURWISSENSCHAFTLER: Christian Hinrich *Wolke* aus dem Jeverland, die Seele des Philanthropins und zeitweilig dessen Direktor, jedoch den Intrigen Basedows und der Lehrerschaft nicht gewachsen, Redakteur der Pädagogischen Unterhandlungen und der Jugendzeitung des Instituts. Er sollte den Philanthropismus bis nach Petersburg[15] verpflanzen. Johann Gottlieb *Busse*, der bedeutende Wissenschaftler, später Professor in Freiberg; Gerhard Ulrich Anton *Vieth*, ebenfalls Jeverländer, Busse gleichrangig in seinen wissenschaftlichen Publikationen. Gleichwohl schlug er einen Ruf an die Leipziger Universität zugunsten einer Anstellung in Dessau aus, wie auch Reiche betont hatte, ihm sei ein Einkommen von 500 Talern in Dessau mehr wert als 1000 in Halle. Vieth war jahrzehntelang nach Neuendorfs frühem Tod Direktor der Hauptschule und ist außerdem einer der drei «Turnväter» (neben Jahn und GutsMuths) geworden, indem er so den Ruhm der Dessauer Pädagogischen Kolonie als «Wiege der Turnkunst» fortsetzte und die berüchtigte Turnsperre der preußisch-feudalen Reaktion auf seinem Dessauer Sportplatz durchbrach.[16]

Tafel 3

Tafel 6

DIE «LITURGEN» der überkonfessionellen «Gottesverehrung», sprich: der Vernunftreligion Basedowscher Prägung waren außer Basedow selbst Johann Gotthilf *Salzmann,* der nach Schwierigkeiten mit dem Erfurter Konsistorium 1781 Basedows Ruf als Nachfolger im Amt des «Liturgen» annahm und 1784 Schnepfenthal begründete; Johann Jacob *DuToit,* der eigentliche Schüler Basedows, der über das Bestehen des Philanthropins hinaus an einem großen philosophischen Werk schrieb, das er leider nie vollendete – es hätte uns viel Aufschluß über das aufgeklärte Denken in Dessau geben können. Das leitet über zu den

MATERIALISTEN, REALISTEN und ZEITUNGSMACHERN: Karl *Spazier,* Verfasser eines Bekenntnisses der deutschen Aufklärung zum Materialismus, später Herausgeber der Zeitung für die elegante Welt und Schwager Jean Pauls, ein ganz bewußter Wahl-Dessauer wie auch sein Freund Johann Michael Friedrich *Schulz(e),* der den preußischen Werbern entrann und von Franz gedeckt wurde. Auch Wilhelm Gottlieb *Becker,* der so viele publizistische Berührungen zu Dessau-Wörlitz hatte, wirkte zeitweilig am Philanthropin. Wir nennen noch den Zeitungsmann Rudolf Zacharias *Becker,* zeitweilig Herausgeber des ersten Jahrgangs der Dessauischen Jugendzeitung, und den Statistiker August Friedrich Wilhelm *Crome,* später Professor in Gießen, Freund Georg Forsters, und endlich den Technologen unter den Pädagogen, Karl Philipp *Funke.*

DIE «SPRACHER»: Diese Neuprägung stammt von *Wolke,* der bei seinen umfassenden Sprachkenntnissen selbstverständlich auch Sprachenlehrer wurde und 20 Jahre vor Franz Bopps Begründung der vergleichenden Sprachwissenschaft wieder einmal die indoeuropäische Sprachverwandtschaft neu entdeckte, freilich als Deutschtümler und Purist auch sehr viel schrullige Sprachneuschöpfungen und eine originelle «Ortografi» in Klopstocks Nachfolge erfand. Die Bemühungen Basedows und Wolkes um das Erlernen von Fremdsprachen haben ihr natur-, das heißt kindgemäßes Pendant im Lesenlernen der Muttersprache. Basedow beschäftigte sich mit der Problematik noch im Alter. Diese methodischen Ansätze finden ihren Gipfel aber in der «Lautlehre» Ludwig Heinrich Ferdinand *Oliviers.* Er stammt wie *DuToit* aus der französischen Schweiz, und beide waren zunächst Französischlehrer. Durch Heirat der bedeutenden Sängerin Luise Niedhardt wurde er Rusts Schwager und hielt wie dieser ein offenes Haus für die viel gerühmte Dessauer Geselligkeit (er ist der Vater der romantischen Malerbrüder[37]).

Aus den Lebensläufen erfahren wir von den Reiseaktivitäten der führenden Dessauer Pädagogen für die Verbreitung ihrer Methoden und damit der bürgerlichen Schulreform im ganzen deutschen Sprachgebiet. Basedow verstarb auf einer solchen Reise in Magdeburg, Olivier ereilte der Tod auf einer Werbereise in Wien, Funke auf einer Geschäftsreise in Altona.

Zuletzt sei noch eine Zusammenfassung der großen Studienreisen und ihrer Ergebnisse gegeben: Erdmannsdorffs erste Italienreise 1760/61 führte nach Florenz, Bologna und Venedig. An der ersten Englandreise waren Franz, Erdmannsdorff und Eyserbeck beteiligt, sie dauerte von April 1763 bis Sommer 1764. Wir kennen die einzelnen Stationen nicht; wahrscheinlich sind die Dessauer bei der Einweihung des neugotischen Hauses Horace Walpoles in Strawberry Hill zugegen. Es folgt die große Italien-Frankreich-England-Reise vom Herbst 1765 bis März 1767: Begleiter des Fürsten und Erdmannsdorffs sind Berenhorst, Hans Jürge, Rust und der Flötist Georg Wilhelm *Kottowsky* (beide verbleiben zum Musikstudium 1766 in

Italien; sie müssen auch bereits Pflanzensäm-linge mitbringen), der Bildhauer Johann Christian *Ehrlich*, der, bisher Rokokostukkateur an Stengels Schloßbau in Dornburg, nun seine klassizistische Ausbildung erhielt und später die besten Skulpturen für das Schloß Wörlitz und die Lustgartenpavillons lieferte, sowie Georg Christian Hesekiel als Kammerdiener.

Der Lehrer des halbjährigen Italien-Studiums war zunächst Winckelmann, der von Franz ganz exaltiert spricht; er und Berenhorst waren ihm schon dadurch empfohlen, daß sie den preußischen Dienst quittiert hatten, und Winckelmann setzte die größten Hoffnungen auf den «Principe filosofo». Mit ihm bereisten Franz und seine Begleiter die Villen Albanis. Weitere Lehrmeister des Direktstudiums in Italien waren Clérisseau und Reiffenstein, der die Dessauer nach Neapel und Benevent führte. In Rom hatte man Lawrence Sterne wiedergetroffen, den man schon aus England kannte, ebenso war man dort bereits mit der Familie Hamilton bekannt geworden. In der Villa des englischen Gesandten Sir William Hamilton in Neapel auf dem Posilipp beschäftigte man sich nun mit dessen Vasen- und Antikensammlungen.

In England wurden erneut Landwirtschaft und Manufakturen studiert, der Webereien wegen bereiste man auch Schottland und Irland. Im Gegensatz zu Italien, wo wir Erdmannsdorffs minutiös geführtes Tagebuch besitzen, sind wir auch diesmal nicht – trotz Berenhorsts Tagebuch – über die einzelnen Stationen der Englandreise informiert, da Berenhorst mit Hans Jürge getrennt reiste. Mit Sicherheit sind alle Adelssitze mit den modernsten Parkschöpfungen Kents und «Capability» Browns besichtigt worden; Stourhead hinterließ dabei den größten Eindruck, und die persönliche Bekanntschaft mit William Chambers wurde von großer Bedeutung für die Dessauer Gestaltungen.

Auf einer Schweizer Reise studierten das Fürstenpaar und Erdmannsdorff 1770 nach einem Besuch bei dem Dichter und Maler Salomon Geßner wieder die Landwirtschaft (unter anderem Besuch Klyjoggs, des «philosophischen Bauern»); Franz zog Schweizer Landwirte nach Dessau. Erdmannsdorff trennte sich auf dieser Reise von Franz und Luise, um neue Studien für Wörlitz in Rom zu treiben, von wo er erst am 26. November 1771 nach Anhalt-Dessau wieder zurückkehrte.

Auf der dritten Englandreise 1775 begleiteten Erdmannsdorff, Raumer und Neumark das Fürstenpaar. Wichtigste Begegnungen waren der Besuch bei Jean Jacques Rousseau in Paris und bei Reinhold Forster in London; Franz engagierte sich später für Forsters Auslösung aus dem Schuldgefängnis.

1782 reiste Franz mit seiner Gemahlin erneut in die Schweiz; mit Lavater besuchten Franz und Waldersee das Straßburger Münster.

Franz' vierte und letzte Englandreise 1785, in Sachen des Fürstenbundes mit dem Erbprinzen und Rode, führte unter anderem ins englische Industriezentrum Coalbrookdale, während Erdmannsdorff 1789/1790 ein viertes Mal Italien bereiste.

Dessau-Wörlitz verdankt Winckelmann die klassische Schönheit der Ausführung – für Winckelmann selbst (er erlebte es nicht mehr) bedeutete es die Umsetzung seiner Idee in die Realität, durch Nachahmung der Alten groß zu werden. Deutschland und der Kontinent verdanken Dessau-Wörlitz nichts Geringeres als die Ausbreitung des Klassizismus, des Baustils des aufsteigenden Bürgertums. Rousseau wurde am Eingang der Wörlitzer Anlagen ein Denkmal mit bezeichnender Inschrift gesetzt: «Dem Andenken J. J. Rousseau, Bürgers zu Genf, der … die irrende Kunst zur Einfalt der Natur … mit männlicher Beredsamkeit zurückwies.» Hat-

Tafel 102

ten Winckelmann und Rousseau dem Bürgertum die geistigen Waffen für die Auseinandersetzung mit dem Feudalismus geschmiedet, so war das Erlebnis Englands für den ideologischen Hintergrund des Dessau-Wörlitzer Kulturkreises von größter Bedeutung.

Rechnet man die Englandreisen zusammen, so kommt ein Aufenthalt von etwa zweieinhalb Jahren heraus. Franz nannte England sein zweites Vaterland. Das durch seine verbrieften Freiheiten verbürgerlichte Land sahen die Aufklärer des Kontinents als Vorboten und Muster der ersehnten bürgerlichen Demokratie, wie schon Montesquieu, dessen Porträt die Wörlitzer Schloßbibliothek aufweist, oder Rousseau, mit dem Franz in Paris über – England sprach! James Boswell fand daher bereits 1764 in der Dessauer Schloßbibliothek eine reichhaltige Kollektion englischer Werke vor. Welch gewaltigen Vorsprung hatte Anhalt-Dessau hier, wenn man bedenkt, daß Maria Theresia noch 1780 die Erlernung der «Ketzersprache» verbot und daß Englisch zur gleichen Zeit auch in der preußischen Universitätsstadt Halle nicht erwünscht war! Franz und Erdmannsdorff wurden wegen ihres perfekten Englisch von reisenden Engländern bewundert, weil das damals in Deutschland sehr selten war, und beide gaben sogar ihre Sprachkenntnisse weiter. Das Englandstudium und -erlebnis wurde Ansporn und, nach der Auffassung der Dessauer von einer aufgeklärten Regierung, zugleich Verpflichtung, das Lebensniveau der Bevölkerung zu heben. Und das geschah in einer für deutsche Verhältnisse so unvorstellbaren Weise, daß man Anhalt-Dessau als das «glückliche Eiland», als «Arche Noah, aus der allgemeinen Sündflut gerettet» empfand (Zacharias Werner an Goethe 1808).

Irenopolis;
Dessauer Aufklärung in der Praxis

Kein Jahrhundert vor dem unsrigen hat so um die Erhaltung des Friedens gerungen wie das achtzehnte, das *Jahrhundert der Aufklärung und des Lichts, le siècle des lumières.* Das begann nach den Türkenkriegen, dem Raub Straßburgs und den weiteren Raubkriegen Ludwigs XIV., während des Spanischen Erbfolgekrieges und des Nordischen Krieges mit dem berühmten Vorschlag eines «Allgemeinen Welt-Friedens-Traktats» des Abbé de Saint-Pierre 1712 und durchzieht dann die Publizistik des ganzen Jahrhunderts von dem Projekt des Grafen von Bückeburg an bis zu Kants Schrift «Zum ewigen Frieden» 1795, nachdem das unendliche Kriegführen der kleinen und großen Feudalmächte gerade durch Preußens «großen König» mit den Schlesischen Kriegen einen erneuten Höhepunkt erreicht hatte, ehe Europa den Napoleonischen Kriegen entgegentrieb. Der «Ewige Frieden» blieb unter den bestehenden und bestehen bleibenden gesellschaftlichen Verhältnissen eine Utopie.

Um so mehr stach da ein Land wie Anhalt-Dessau hervor, das auch hier Aufklärung *praktizierte* und die Utopie vom Friedensstaat wenigstens in den Grenzen des gesellschaftlich Möglichen Realität werden ließ. Dabei war doch gerade Anhalt durch drei Generationen hindurch Vasall der preußischen Militärdespotie gewesen und hatte durch den Alten Dessauer die Militarisierung Preußens moralisch aufgewertet. Und dessen Sohn und Enkel, Berenhorst und Franz, sagen Friedrich II., dem «Schinder der Völker» (Winckelmann) in aufgeklärter Überzeugung Valet und verlassen noch während des Siebenjährigen Krieges die Armee! Ihre Meinung über das Schlachtfeld von Cassano, wo sie sich von ihrem Vater beziehungsweise Großvater durch Schweigen und doch beredt distanzierten, hörten wir bereits. Winckelmann kann sich denn auch nicht genug tun, welch «edles Reis» aus «kriegerischem Stamm» Franz sei, «der Enkel des berühmten Kriegers, der von allen gepriesen wird als Philosophenfürst»..., «ein Weiser zum Heyle vieler Länder geboren und wird es wenigstens von seinen Unterthanen seyn», ja: «Ein Printz, der ein Kayser seyn sollte, so wie er ein Menschenfreund ist.» So erhielt Franz neben vielen andern schmückenden Epitheta auch das des *Friedensfürsten*, und Basedow erhebt unter dem «kosmopolitisch» gefärbten Pazifismus der Aufklärung Dessau, «Franzstadt im Freylandt» zu «Irenopolis», zur Friedensstadt oder zum Friedensstaat.

Von Friedrich II. und seinen Eroberungskriegen also hatte Franz sich bewußt distanziert und sich dem friedlichen Gedeihen seines Landes gewidmet. Doch das «friedliche Eiland» Irenopolis liegt nicht in Utopia, sondern im waffenstarrenden Europa, und die Woge der Napoleonischen Kriege erreicht auch Anhalt wieder. Mochte Franz zeitweilig wie Goethe in Napoleon ein Ordnungsprinzip im Sinne der Aufklärung gesehen haben, so mußte er ihn spätestens mit dem skrupellosen Einmarsch in Spanien als einen völkermordenden Kriegsfürsten erkennen. Und dies macht sein sehr gewagtes

Sympathisieren mit der Schillschen Erhebung schließlich verständlicher.

Er konnte zum verwunderten Erstaunen der Zeitgenossen in seinem Lande Marodieren und Requirieren der Napoleonischen Truppen unterbinden: Die denkwürdige Szene der Begegnung zwischen ihm und Napoleon auf dem Dessauer Schloßhof, seine mutige Rede: «Sire kennen die Macht des Stärkeren», wird oft, auch in einem Schauspiel 1808, anerkennend dargestellt; außer Wieland ist kaum ein Deutscher dem Korsen mit solch mannhafter Würde entgegengetreten, der denn auch tief beeindruckt war und versuchte, Franz um seines hohen Ansehens willen vor den Wagen seiner Deutschlandpolitik zu spannen. Bereits von dem Nimbus dieses Fürsten angezogen, hatte er seine Marschroute auf Berlin mit deutlichem Umweg über Dessau gelegt. Als er Franz sogleich nach Paris einlud, lehnte dieser als deutscher Fürst ab. Napoleon begriff und lud ihn daraufhin ein, als Privatmann sein Gast zu sein, wofür Franz nun keine Ausrede finden konnte. Er fürchte aber dennoch, wie er an Carl August von Weimar schreibt, um sein Ansehen, wenn er der Einladung nachkomme. Diese seine nationale Haltung brachte ihm das weitere Epitheton «deutscher Fürst» ein – 1808 sogar Titel jenes Theaterstücks, das die Begegnung mit Napoleon 1806 zum Inhalt hatte.

Das Dilemma des Pazifismus und der Kleinstaaterei: Der erklärte «Friedensfürst» sieht sich gezwungen, Kompromisse zu schließen. In Auswirkung des Rheinbundvertrages, dem er nach langer Weigerung und als vorletzter deutscher Fürst beitrat, muß er plötzlich für eine fremde Macht Soldaten stellen. Bei allen Idealen ist Franz zu sehr Praktiker und realistischer Regent, um zum Märtyrer zu werden.

In Paris (1807) wurde Franz von Napoleon sehr ausgezeichnet; er mußte als der kenntnisreichste Jäger seiner Zeit dem Kaiser die Jagden dirigieren, wobei er zwei Menschenleben vor dem Jähzorn Napoleons retten konnte, wie Helmina von Chézy berichtet. Daneben benutzte er die Zeit, seine Bekannten aus der Jugend, die von den Franzosen aus Italien entführten Antiken, im Louvre wiederzusehen und seinen alten Lehrer Clérisseau zu besuchen.

Der «deutsche Fürst» zog in gleicher Weise die Gegenseite an: Bezeichnenderweise legte auch Schill seine Marschroute über Dessau, um Franz zu konsultieren, der ihm von Oranienbaum bis an die überschwemmte Wasserstadt das Geleit gab und die Schillschen Offiziere durch den Erbprinzen auf das Dessauer Stadtschloß laden lassen wollte, was der besonnenere Erbprinz jedoch abbog. Die Schillsche Erhebung und ihr barbarisches Ende sowie das Verbluten des anhaltischen Truppenkontingents in Spanien führten Franz vollends auf die deutsche Partei zurück: Die Vorboten des Freiheitskampfes sind nun häufig zu Gast, und als erster Rheinbundstaat — wenn auch wieder unter militärischem Druck — hat Anhalt-Dessau den Alliierten ein Kontingent gestellt. Napoleon sah sich dadurch veranlaßt, ein zweites Mal in Dessau zu erscheinen, um den abtrünnigen Rheinbundfürsten, dessen Land der Waffenstillstand erneut den Franzosen ausgeliefert hatte, zur Ordnung zu rufen.

Es bleibt Franz' Verdienst, in dieser schwierigen Situation das von seinem gesellschaftlichen Standort aus Machbare geleistet zu haben. Eine gleichbleibende, vom aufgeklärten Humanismus diktierte Grundhaltung durchzieht diese Regentschaft seit ihrem Anbeginn, als Franz während des Siebenjährigen Krieges seiner Tante klagt (es ist die wegen ihres «Fehltritts» mit einem bürgerlichen Offizier aus Dessau verbannte Henriette Amalie, bei der er aber wohl gerade deshalb seelische Zuflucht sucht): «... daß

des Königs von Preußen Majestät in hiesigen Gegenden So Superieur, daß ich mich alles, was er befiehlt, bey dieser Zeit gefallen lassen muß». Sein ganzes Bestreben sei jetzt darauf gerichtet, «einen totalen Ruin zu verhüten» und seine Untertanen «so zu conserviren, daß sie nicht aus dem Lande gehen»[17].

Der Klage des geschundenen Anhalts haben Friedrich Wilhelm Rust in seiner Abiturientenarbeit, einem Gedicht aus dem Jahre 1758, und Johann Heinrich Siebeck (der Küster an der Marienkirche) in einem Neujahrsgedicht verzweifelten Ausdruck verliehen, und noch am Ende des Jahrhunderts hat Wolke ein Gedicht «Dem künftigen Stifter des ewigen Friedens» entworfen, das sich bezeichnenderweise auf einer Manuskript gebliebenen Biographie des Fürsten Franz findet. Welche Verehrung Franz als Friedensfürst unter den aufgeklärten Geistern genoß, sollen noch einige wenige Zitate aus Zeitschriften belegen: Er habe sich durch schöne und edle Taten im Frieden unsterblich gemacht — «ein schönerer erhabener Ruhm als der Name des Helden» —, seine Taten im Kleinen glänzen höher als die Triumphbogen der Vor- und Nachwelt: er habe ein frohes, freiblickendes Volk geschaffen. Ja, dem philosophischen Laternenträger Diogenes würde es jetzt nicht schwer fallen, «unter den Großen — einen wahren Menschen zu finden, wenn er seinen Weg nach Dessau richten wollte». Dann wird Franz immer wieder als der Friedensfürst den Kriegern, sowohl seinem Großvater Leopold I. als auch Friedrich II., gegenübergestellt — in einem Gedicht wird er als ein Triumph der Menschlichkeit erneut der Unmenschlichkeit des Eroberers (Friedrich) kontrastiert.

25
Dessau, Haus Kalitsch, 1762
26
Dessau, Wohnhäuser Berenhorsts, 1763, und Raumers, 1762

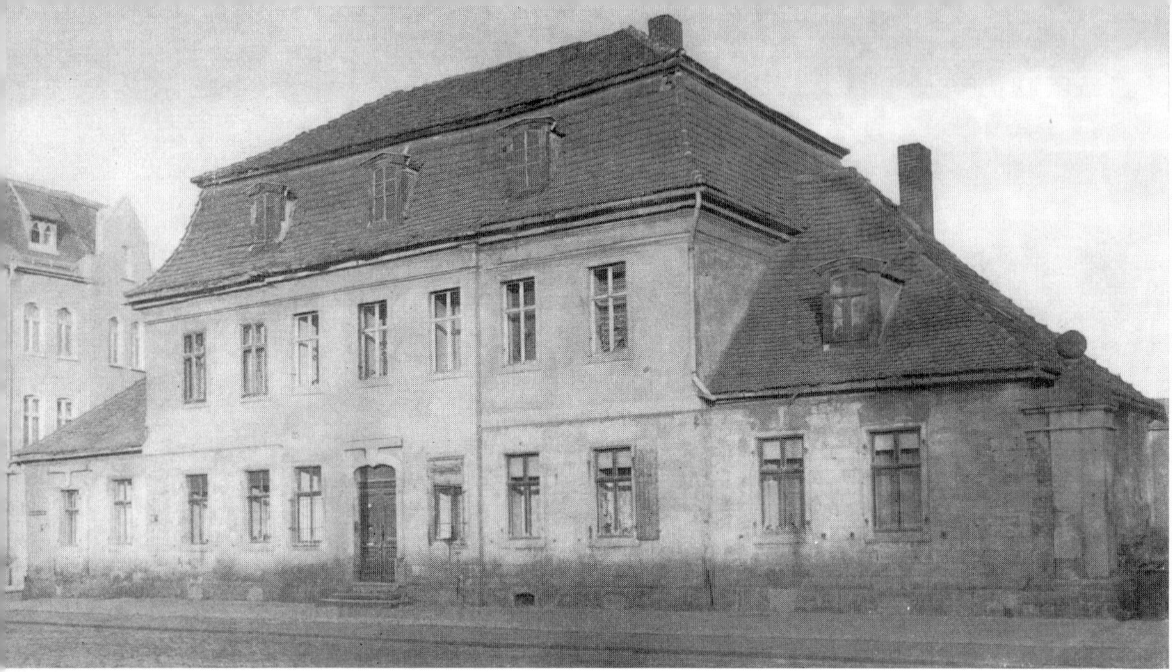

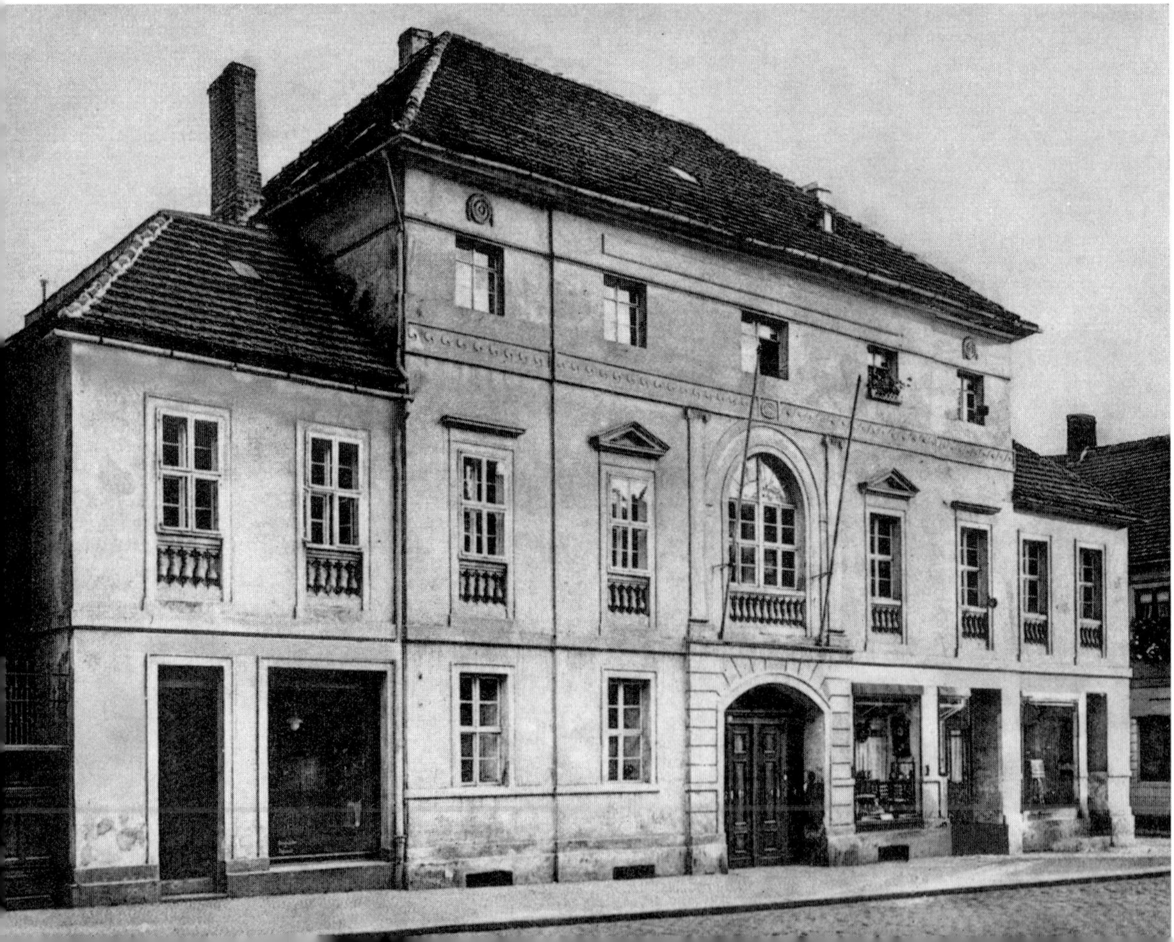

27–34
Bürgerhäuser
nach Entwürfen
Erdmannsdorffs:
27
Haus Olberg, Franz-
straße 44, 1764
28
Doppelhaus Post-
straße 11/12,
1792/1793

29
Palais Waldersee
am Kleinen Markt,
1792–1795
30
Haus Mann, Schloß-
straße 9, 1800/1801

31
Haus Beringer,
Schloßstraße 3, 1793
32
Stallmeisterhaus,
Muldstraße 24,
1791–1793

33
Haus Ponigkau
(Bibliotheks-
gebäude),
Wallstraße 10,
1798/1799
34
Haus Bose
(Wilhelmspalais),
Johannisstraße 13,
1800

Portal der Reitbahn, 1790/1791, Theater von 1794–1798 und 1926–1938

36
Triumphbogen des «Neuen Begräbnisplatzes» zu Dessau, 1788/1789

37
Schauspielhaus,
Erdmannsdorffs
Zuschauerraum,
Blick zur Bühne, 1798.
Gemälde (?) von
Friedrich Wernecke
38
Schauspielhaus,
Blick von der Bühne

Dessau, Fassade des Schauspielhauses (Entree und Konzertsaal) von Carlo Ignazio Pozzi, 1818–1820

Dessau, Dietrichpalais, 1747–1752, Philanthropinum

41
Erklärung der Funktion einer Luftpumpe.
Radierung von Daniel Chodowiecki
zu Basedows Agathokrator, 1771

42
Basedows «philanthropische Gottesverehrung»
im Betsaal des Philanthropins.
Kupferstich von Daniel Chodowiecki, 1776

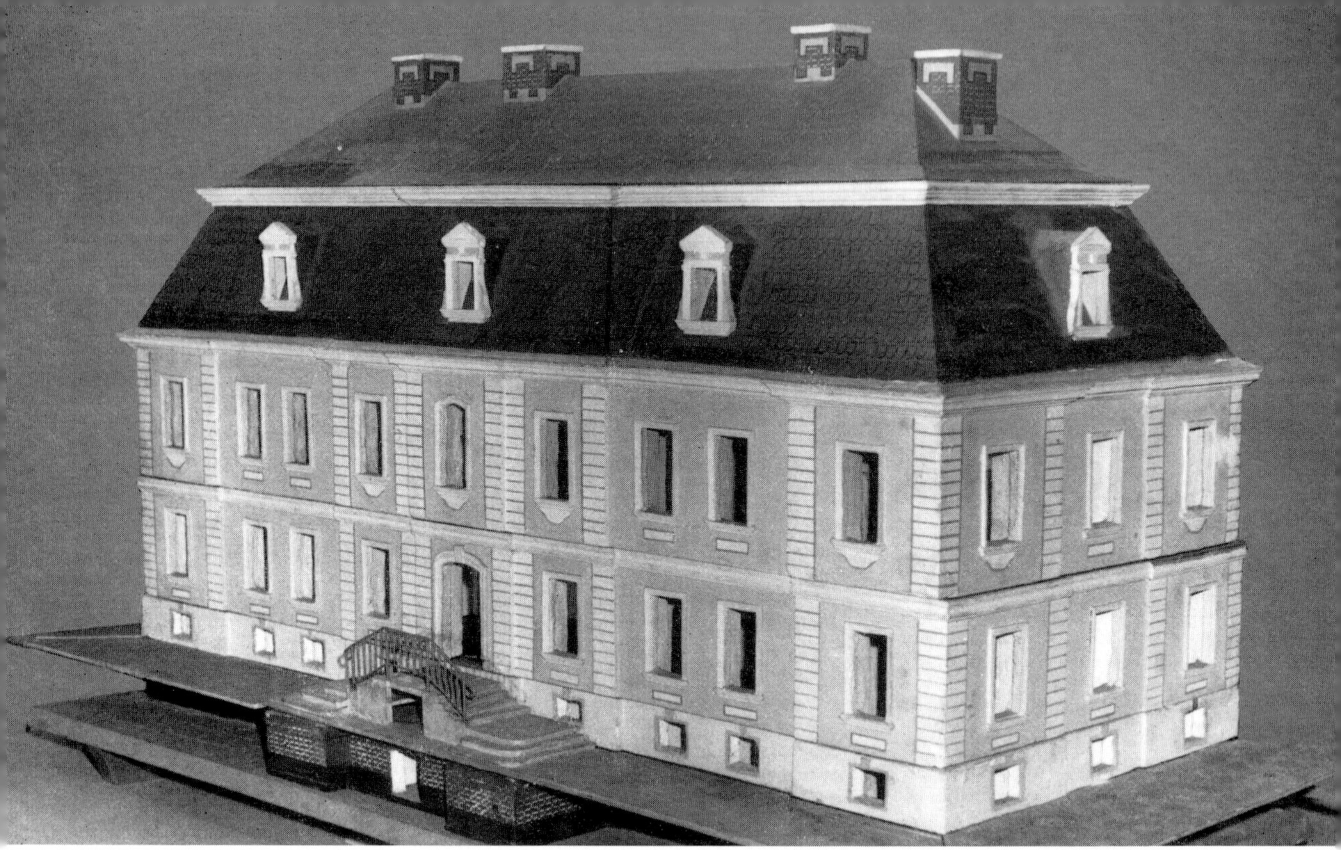

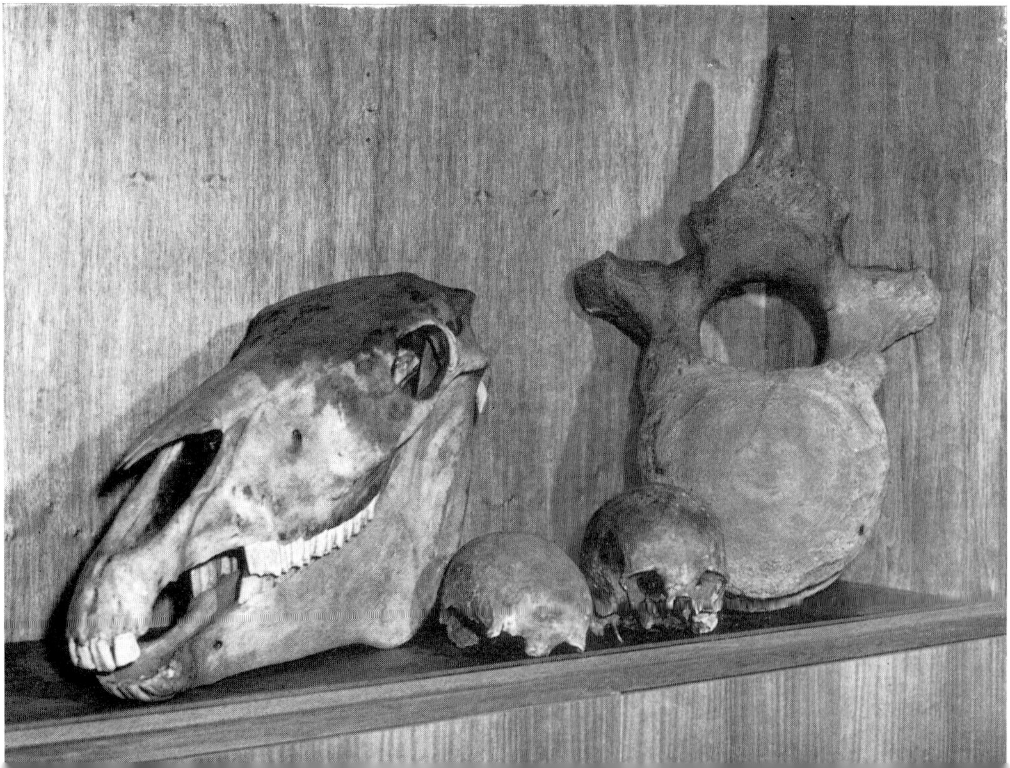

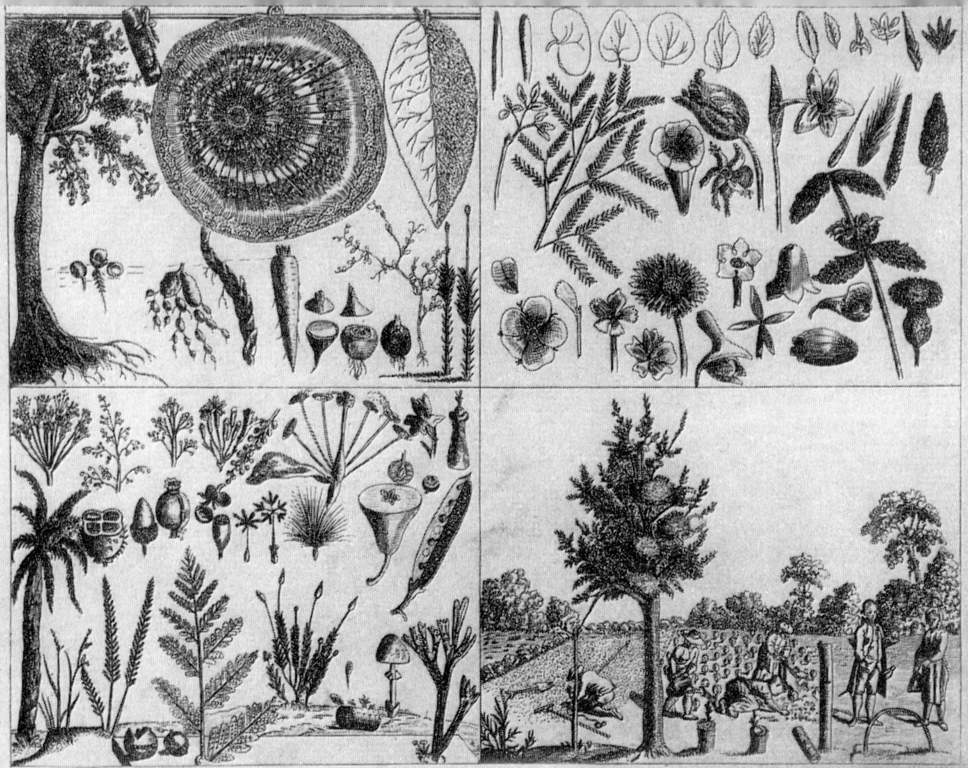

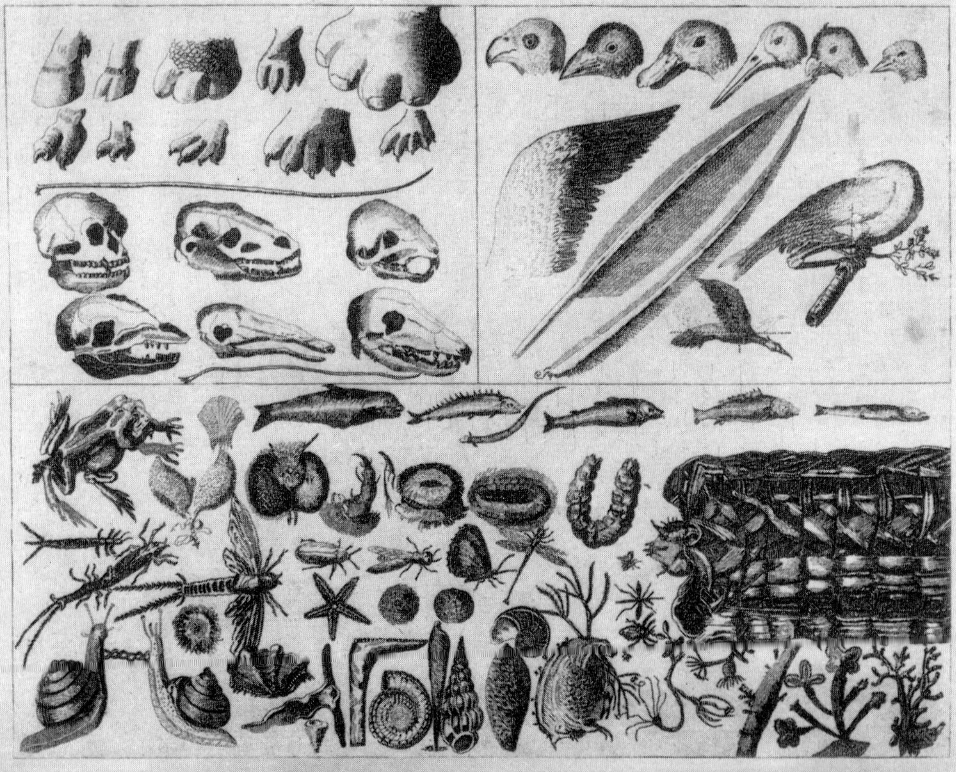

47
Botanik. Kupferstich
aus Basedows
Elementarwerk, 1774
48
Naturkunde inclusive
der Sektion einer
Raupe.
Kupferstich aus Base-
dows Elementarwerk

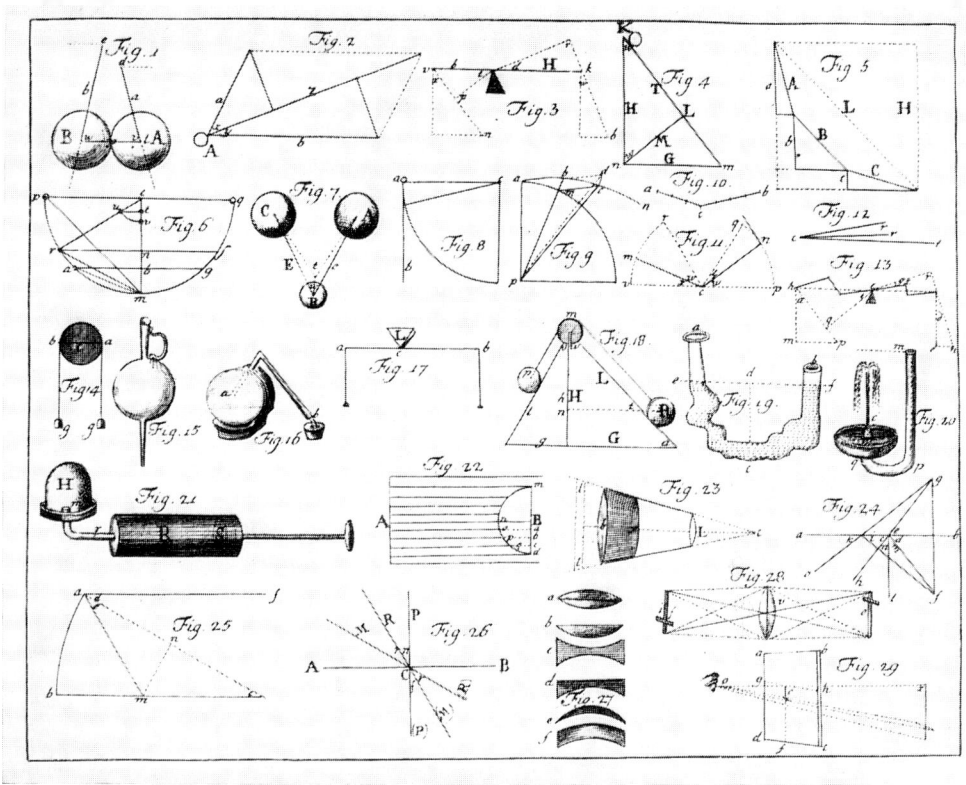

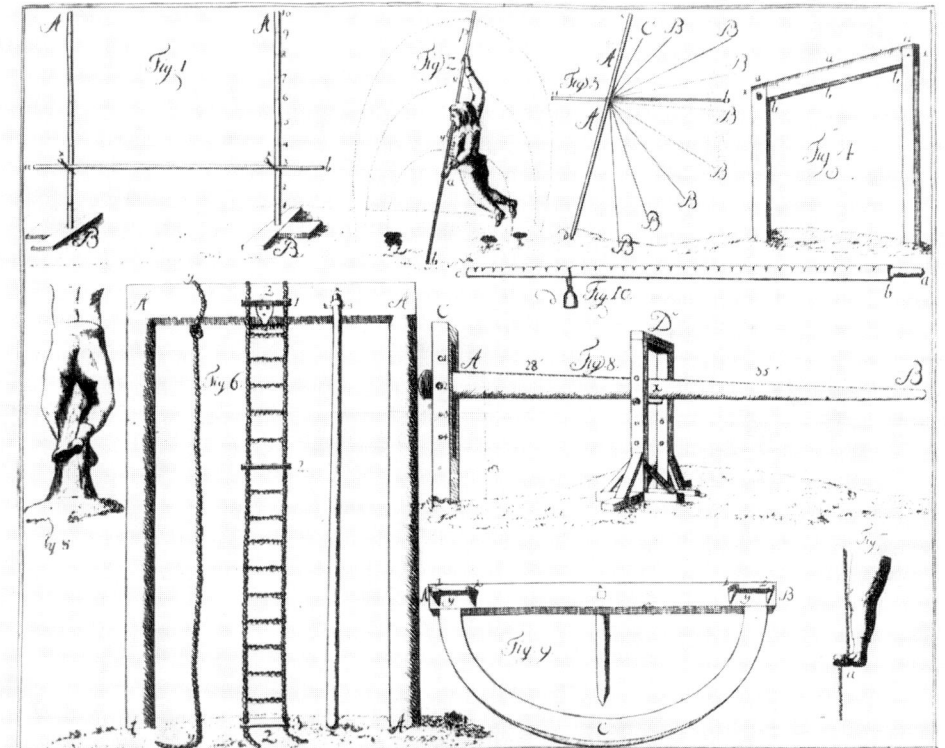

49
Geometrische Figuren
und Gegenstände
aus der Physik.
Kupferstich aus Base-
dows Elementarwerk
50
Dessauer Turngeräte
auf einem Kupferstich
in der «Gymnastik
für die Jugend»
von Johann Christoph
Friedrich GutsMuths.
1793

51
Fürstliches Grabmal und Sportstätte
Drehberg, 1773–1778,
zwischen Vockerode und Griesen
52
Federballspiel.
Kupferstich von Johann David Schleuen
aus Basedows Elementarwerk, 1774

Man bedenke, daß dies lange vor Berenhorsts Dessauer Frontalangriff auf Preußens Expansionspolitik und das angebliche Feldherrngenie Friedrichs II. geschrieben wurde. Wir haben oben schon ausführlich von dieser deutlichsten Kundgebung der dessauischen Opposition gegen Preußen berichtet. Was mußte es die bald nach Friedrichs Tod aufschießende offizielle Preußenlegende schockieren, wenn hier der berufenste Zeuge der Zeit «nach Kenntnis und Augenschein» von den Taten ihres Helden nichts anderes zu berichten wußte, als daß Friedrich II. im Großen Generalstabe hinter vorgehaltener Hand nur «der Totengräber» genannt wurde?

Aber es gab genug aufgeklärte Berliner, die sich für «das friedliche Eiland mitten im brausenden Meer» entschieden, das «trotz den Armiden», einer Welt in Waffen, «Zaubergärten» schuf und wo dennoch die öffentliche Sicherheit größer sei als in den waffenstarrenden Polizeistaaten. Goethe hat dieses Eiland in seinem schönsten Wörlitz-Bekenntnis vom Mai 1778 unüberhörbar «der Pracht der königlichen Städte (Berlin und Potsdam) im Lärm der Welt und der Kriegsrüstungen» gegenübergestellt. Und Zöllner erklärt einem Badenser gegenüber, er sei mit seinem König «nicht recht zufrieden, er kann ihn verehren, aber nicht recht lieben, weil er nicht die zärtlichen Gesinnungen eines Marggraven von Baden oder Fürsten von Dessau hat».

Mit dem Markgrafen von Baden ist einer der edelsten Vertreter der aufgeklärten Regierungsweise in den deutschen Territorialstaaten genannt. Aber auch dieser Markgraf, Karl Friedrich von Baden, zwölf Jahre älter als Franz, ist von seinem ersten Besuch in Dessau so tief beeindruckt, daß er schreibt, «es ist eine neue Epoche meines Lebens, die mir die glücklichsten Folgen vorsehen läßt». Anhalt-Dessaus «andern vorleuchtender» Fürst (Goethe) wurde mehr und mehr zum Vorbild. Die Zahl der anreisenden Regenten, vor allem aber auch die der jüngeren Generation der Kronprinzen, nahm, wie die Gästebücher ausweisen, ständig zu. Nur die wichtigsten Thronprätendenten größerer Staaten können genannt werden: Friedrich Wilhelm II., III. und IV., Bayerns späterer König Ludwig I., Mecklenburgs Erbprinz Friedrich Ludwig. Carl August von Weimar, Franzens Schüler, intimster Freund und ständiger Bewunderer, findet sich 31mal in seinem Gästebuch, das nicht einmal vollständig überliefert ist. Franz erscheint Carl August «wie eine neue Bergart»; im Umgang mit ihm «wird man ordentlich besser», schreibt er dem Vertrauten Knebel. Und Ernst II. von Gotha, der eifrige Förderer von Pädagogik und Wissenschaften, der bis zuletzt in Franz seinen Leitstern sah, sagte zu Carl August: «Die Folgen dieses für mich so angenehmen Besuchs daselbst sind beinah unübersehlich.»

DIE SOZIALE SITUATION in Anhalt: Die ständigen Kriege hatten auch eine ungeheure Armut namentlich in den Städten hervorgebracht. Wir müßten die zeitgenössische Literatur ausbreiten, um uns eine Vorstellung zu machen, was für ein Elend damals in der Folge der Schlesischen Kriege in Mitteldeutschland erwachsen war, wissen doch aber, daß es auch in den Großstädten des Auslands, in Paris oder London, Heere von Bettlern gab mit eigner Zunft und Gerichtsbarkeit von eigenartigem Moralkodex. Sogar die zeitgenössische Oper griff diese Zustände auf.

Vor dem kleinen Fürstentum Anhalt-Dessau, das um 1765 etwa 700 Quadratkilometer umfaßte und knapp 35 000 Einwohner hatte, standen zwei Aufgaben, die vordringlich gelöst werden mußten: das soziale Problem der *Armenversorgung* und die Hebung des Bildungsniveaus. «Bei meinen Schulen durfte ich noch gar nicht anfragen», erzählt Franz im Alter. «Das war Augias Stall, und mir fehlte ein Herkules. Da kam mir Basedow zur Hilfe. Ich rief ihn nach Dessau. Ich begriff seinen Plan». Aus der Saat des Philanthropins erwuchs die bürgerliche Schulreform des Dessauer Philanthropismus, der wir unten ein eignes Kapitel widmen wollen.

Das soziale Problem wurde zuerst angepackt. Hier spricht Franz sein Bekenntnis zur aufgeklärten Regierungspraxis und zu den physiokratischen Lehren aus: «Ich glaubte, den äußeren Menschen und seine Verhältnisse und Zustände müsse man erst verändern und bessern, dann werde der innere Mensch wohl von selbst sich regen und veredeln. Ich bin nämlich der Meinung, daß bei diesem kein Zwang angewendet werden kann, auch nicht angewendet werden sollte, wenn man ihn nicht um seine Freiheit bringen und seine wahre Würde verletzen will. Er muß sich selbst zu dem machen, was er sein und werden soll, und dazu muß man ihm behülflich sein.» Die Realität schränkte allerdings die guten Vorsätze sehr ein, denn ganz ohne Zwang ging es gerade bei der Regelung der «Armenanstalten» nicht ab.

Zuerst errichtete Erdmannsdorff ein stattliches Gebäude zur Aufnahme der alten und kränklichen Ortsarmen; in diesem Hause wurde den noch Arbeitsfähigen Arbeit und Brot gegeben. Das Betteln auf den Straßen und in den Häusern wurde nach Fertigstellung dieses Arbeits- und Armenhauses gänzlich verboten, durchziehende Bettler wurden auf öffentliche Kosten gespeist und so schnell wie möglich wieder abgeschoben: ein Stück Fassadenpolitik, die sich noch mehrfach feststellen läßt, begegnet uns hier zum erstenmal. Es ging auch um den guten Eindruck, den man nach außen machen wollte, um den schönen äußeren Schein sozusagen, der auch etwas mit den ästhetischen

Seite 31

Idealen zu tun hatte. Dennoch: Die Bettlerhorden waren verschwunden, an den Opfersinn der Mitbürger wurde appelliert, einen beträchtlichen Anteil an der Armenversorgung mitzutragen; durch Zeichnung in Spendenlisten wurde auf die besser Verdienenden ein «freiwilliger Zwang» ausgeübt, die Meistzahlenden wurden zum Ansporn anderer im Intelligenzblättchen des Fürstentums namentlich aufgeführt.

Die Einrichtung der Armenversorgung hatte aber ihre eigentliche Bewährungsprobe erst noch zu bestehen: Zu allem aus dem Krieg resultierenden Unheil kam, daß die Jahre 1770 bis 1772 in ganz Mitteleuropa durch Unwetter, Hochwasser, Mißernten und daraus folgende Hungerkatastrophen gezeichnet waren. Das Hochwasser zerriß in Anhalt-Dessau im April 1770 an mehreren Stellen die Dämme, auch die erste Anlage von Wörlitz versank in den Fluten, welche sechs Wochen lang auf gleicher Höhe blieben, und bis Weihnachten waren um Wörlitz Felder, Gärten und Dörfer noch immer überschwemmt. Durch die noch nicht geschlossenen Deiche drang das Sommerhochwasser 1771 erneut ein – und später gab es noch viele Dammbrüche, von denen antikisierende Monumente im Gartenreich steingewordene Kunde geben. Hier konnte man nun mit Ausbesserung und Erhöhung der Wälle die Armen viel sinnvoller beschäftigen als im Dessauer Armenhaus. Auf derartige Möglichkeiten der Arbeits- (und Arbeitskräfte-) Beschaffung griff man noch wiederholt zurück, ihnen verdankt Anhalt-Dessaus Landeskultur die eine Wurzel ihrer ökonomischen Basis. Sie war ein Mittel, auf das sich das Bürgertum in wirtschaftlichen Krisenzeiten immer wieder besann, denken wir zum Beispiel an die Notstandsarbeiten der zwanziger Jahre unseres Jahrhunderts. Als während der Napoleonischen Kriege die Krise wiederkehrte, wurde bereits ein *Arbeitsnachweis* eingeführt, und

Franz' letzte Worte, die von seinem Sterbelager überliefert sind, waren: «Man muß für Arbeit sorgen, darauf kommt alles an!»

Daß aber das Bettelunwesen innerhalb weniger Jahre aus dem Stadtbild verschwunden war, hob Dessaus Ansehen und vergrößerte den Nimbus der aufgeklärten Regierungsanstalten aufs neue. Tatsächlich hatte Anhalt-Dessau bei diesem Problem, von dem andere Staaten nicht weniger betroffen waren, großen Spürsinn bewiesen. Die erst zwanzig Jahre später einsetzende aufgeklärte Literatur zur Beseitigung von Armut und Arbeitslosigkeit konnte auf Dessauer Erfahrungen zurückgreifen.

Wir sprachen einschränkend von einem gewissen Fassadencharakter selbst in der «benevolenten» philanthropischen Phase des aufgeklärten Absolutismus. In diesem Zusammenhang sei auch an den «Fronpfennig» erinnert, jenes schon vom Namen her suspekte Relikt früherer Zeiten, den Franz mit bewußter Schaustellung noch während des Siebenjährigen Krieges (1761) seinen «Unterthanen gnädigst» erließ. An sich war die Abgabensenkung nicht erheblich. Wenn man freilich bedenkt, welche Frondienste anderwärts die Bauern drückten, daß sie in vielen rückständigeren Staaten sogar noch Leibeigne waren, dann versteht man den Enthusiasmus, mit dem diese humane Geste des Dessauer Fürsten von der Partei der Aufklärer aufgenommen wurde.

Mit der Armenversorgung ging die Neuordnung des *Gesundheitswesens*[18] als nächstes Sozialproblem Hand in Hand: Die ärmere Bevölkerung sollte unentgeltlich ärztlich betreut und versorgt werden. Die Reglementierung auch dieses Sektors der Verwaltung brachte den Betroffenen in der Tat Verbesserungen auf humanitärem Gebiet und entspricht voll der Umsetzung aufgeklärter «polizeilicher» Sorge für den Bürger in die Praxis. Ein erstes staatliches

Krankenhaus wurde eingerichtet; hier wurden auch die durchziehenden Bettler wie erst recht die einheimischen Armen kostenlos von erster Hand versorgt, waren doch die fürstlichen «Leibärzte» Leiter des Krankenhauses; der Leibchirurg führte alle Operationen aus. Leibarzt Olberg und der Sohn des Fürsten, Graf Waldersee, leiteten die später (1793) konstituierte Medizinalkommission. Bis dahin war der oberste Physikus, Leibarzt Samuel Krezschmar, zugleich Vorsteher der Armenversorgung. Ihm verdanken wir auch eine Darstellung all dieser Regierungsanstalten (1780). Krezschmar hatte gerade für die vorausgegangenen Notjahre im Auftrag des Fürsten durch Wort und Schrift aufklärend gewirkt, unter anderem durch eine Artikelserie in den Anhalt-Dessauischen Nachrichten zur Sozialhygiene und Gesunderhaltung. Er legte nicht nur eine bedeutende Sammlung von Demonstrationsmaterial zur Schulung des medizinischen Personals einschließlich der Hebammen an, sondern unterrichtete auch am Philanthropin Anatomie und Sozialhygiene. Krezschmar ging als «der Ahnherr der deutschen Schulärzte» (Gilow) in die Schulgeschichte ein, indem er die Zöglinge des Philanthropins ärztlich betreute und sie – als Bedingung für ihre Aufnahme ins Institut – gegen Pocken impfte. Die Einimpfung der «Blattern» (vor der Entdeckung der Kuhpockenimpfung) war nicht ungefährlich; nur wenige vorurteilsfreie Männer ließen sich und ihre Kinder inokulieren. In Dessau ging die Spitze der Gesellschaft mit gutem Beispiel voran. Franz ließ sogar seinen einzigen legitimen Sohn, den Erbprinzen Friedrich, impfen, als dieser, wie auch Waldersee, Teilunterricht am Philanthropin nahm. Anhalt-Dessau hatte mit all diesen Verordnungen abermals einen zeitlichen Vorlauf vor der Entwicklung in den meisten deutschen Staaten geschaffen, den es in der Spätphase der Französischen

Regierung mit der Einführung der Kuhpockenimpfung noch ausbauen konnte. Jenner hatte
sie 1798 beschrieben (schon vorher war sie von
einem holsteinischen Pfarrer erkannt worden),
um die Jahrhundertwende fand sie im deutschen Sprachgebiet Eingang. Die Voraussetzungen des dessauischen Medizinalwesens waren
so weit gediehen, daß Hufelands Journal bereits 1806 von der «allgemeinen Vakzination»
in Anhalt-Dessau referieren konnte. Wenn man
bedenkt, daß die Kuhpockenimpfung erst 1874
im Deutschen Reich durchgesetzt werden
konnte, wenn man die gewaltigen Zahlen der
Pockentoten liest (im Jahre 1796 zählte man
allein in Berlin 24 000 Todesopfer, in Preußen
waren es 1872 noch 150 000), tritt auch hier wieder die Progressivität der Dessauer Verwaltung
leuchtend hervor.

Im Zusammenhang mit der fortschrittlichen
Hygiene steht die Anlage eines ersten *kommunalen Friedhofs* inklusive einer Leichenhalle.
Dem künstlerischen Genie Erdmannsdorffs gelang hier ein Werk, das den höchsten Erwartungen kommunal-hygienischer Publizistik
ebenso wie dem Normierungsdenken und der
Ästhetik der Aufklärung entsprach: «Der Neue
Begräbnisplatz», wie er zur Abhebung von allem Bisherigen neutral und zutreffend genannt
wurde, lag weit außerhalb der städtischen Sied-
lung und entsprach damit modernen Forderungen, er nahm zugleich die antike Sitte auf, außerhalb der Stadtmauer zu beerdigen, war ein
für alle christlichen Konfessionen gemeinsamer
Bestattungsplatz und: Es war nach den umlau-
fenden Ideen des Zeitalters «kein Tod und kein
Grabmal mehr auf der Neuen Erde Gefilden»,
wie es die Inschrift über dem Portal verkündete, und die andre: «Tod ist nicht Tod, ist nur
Veredlung sterblicher Natur.» Die Zeilen von
Huber fassen den Wandel der Einstellung zum
Tode gerade in jenen Jahrzehnten zusammen.

Diese Denkvorstellungen gipfelten in Lessings
Schrift «Wie die Alten den Tod gebildet» (1769),
und es unterliegt keinem Zweifel, daß Lessings
antikische Tod-und-Schlaf-Theorie mit ihrem
feinen Bildprogramm in Erdmannsdorffs Gedanken eingeflossen ist, als er nach einer englischen Architekturvorlage (The Builder's Maga-
zine, 1771[19]) den Triumphbogen gestaltete, Tafel
36
durch den der Tote in die andre Welt hinüber-
geht. «Der Engel des Todes (!) ist so einladend»,
schrieb Carl Julius Weber 1802, «daß man auf
das erste beste Grab hinsinken möchte, um die
Veredlung zu beschleunigen.»

Über die Zwillingsbrüder Tod und Schlaf hat
Erdmannsdorff die Hoffnung gestellt, «eine fast
durchweg gut gearbeitete Figur», schreibt Hölderlin 1795, «es liegt wahrlich viel Schönheit
und Menschlichkeit in der Idee, die da ausgeführt ist». Sowohl Novalis als auch Schelling
reflektieren über die meisterliche Ausführung
des Lessingschen Vorstoßes, den Totenkult aus
der mittelalterlichen Vorstellungswelt zu lösen:
«Das erste Mal, so viel ich weiß, daß man in
Deutschland auf einem christlichen Kirchhofe
dieses alte griechische Sinnbild – gewiß das
schönste, das man erfinden kann – nachgebil-
det hat» (Schelling). Und der dänische Dichter
Staffeldt erfaßt den neuen Gehalt: «Hier lächelt
der Tod. O warum sind nicht überall solche Got-
tesacker!», was dann bis zum Exzeß, der
Schmunzeln erregt, weitergeführt wird und doch
ernst gemeint war: «Kurz, wer schön ruhen
will, muß zu Dessau sterben... Ja, Wem man
von nun an was Gutes wünschen will, Dem rufe
man zu: Stirb zu Dessau!» (Wekhrlin). Gleim
dichtete ein überschwengliches Epigramm.

Die Parole von der Gleichheit und der Brü-
derlichkeit, die zwei Jahre später in der großen
bürgerlichen Revolution erschallen sollte, ist
hier wenigstens für die Toten in die Realität
umgesetzt: Man bestattete der Reihe nach, ohne

Beachtung von Rangunterschieden; deshalb schon und der ernsten Würde des Todes gemäß, wählte Erdmannsdorff einen regelmäßigen Grundriß und ließ sich keinesweges zu englischer Gartengestaltung verleiten. Die Anlage ist schon gar kein Nachleben barocker Gestaltung, wie das erst jüngst aus dem Grundriß fehlgeschlossen wurde.[19] Die Hauptanregung gaben sicher die Friedhöfe der Herrnhuter Gemeinden, welche den aufgeklärten Theisten durch die Schlichtheit und Vernünftigkeit ihrer Gottesverehrung entgegenkamen und sogar auf die überkonfessionelle philanthropinische Liturgie Einfluß übten. Der Dessauer Kreis hatte schon 1776 mit den Weimarern Barby besucht. In Dessau geht der aufgeklärte Gedanke von der Gleichheit in der vernunftdiktierten Sparsamkeit noch über die Herrnhuter Anlagen hinaus, indem die Toten in einem völlig grabsteinlosen Totengarten ruhen, wie es pantheistischer Naturfrömmigkeit entsprach.

Franz sah für sich selbst den Mittelpunkt des Feldes vor. Da sein Sohn vor ihm starb, nahm dieser den Platz ein, nur durch die zentrale Lage unter seinen Mitbürgern hervorgehoben, doch war auch sein Grab ohne Stein. Mit der Fertigstellung des Neuen Begräbnisplatzes wurden alle «Kirchhöfe» in der Kommune geschlossen. Die Fürstlichkeiten verzichteten offiziell auf ihr Vorrecht, in Kirchen beigesetzt zu werden, ja die Dessauer Fürstengruft wurde ostentativ zugemauert, um die Kirchgänger nicht weiter von Leichendünsten belästigen oder gar schädigen zu lassen.

Der Neue Begräbnisplatz hat in Goethes Wahlverwandtschaften sogar literarischen Niederschlag gefunden.[20] Charlotte läßt auf ihrem Dorffriedhof sämtliche Monumente an die Mauer rücken, ebnet den Freiraum ein und läßt außer einem breiten Wege, der sie gradlinig durchzieht, die ganze Fläche mit verschiednen

Arten von Klee besäen, «der auf das schönste grünte und blühte. Nach einer gewissen Ordnung sollten vom Ende heran die neuen Gräber bestellt, doch der Platz jederzeit wieder verglichen und ebenfalls besäet werden … Das reine Gefühl einer endlichen allgemeinen Gleichheit wenigstens nach dem Tode scheint beruhigender als dieses eigensinnige, starre Fortsetzen unserer Persönlichkeiten, Anhänglichkeiten und Lebensverhältnisse»: So ist die Dessauer normative Idee noch Vorbild für die Hochklassik, die sich von den gleichen Anschauungen leiten läßt.

DER STRASSENBAU: Die nächste Aufgabe war die Verbesserung der *Straßen*. Die landschaftsästhetische Seite ihrer Gestaltung wird noch im «Gartenland»-Kapitel zur Sprache kommen – hier interessiert zunächst nur der Straßenzustand. Die Fernstraßen waren im Heiligen Römischen Reich deutscher Nation in einem miserablen Zustand und blieben es auch noch lange Zeit; lediglich in Dessau vollzogen sich auch auf diesem Gebiet großartige Dinge. Radbrüche und Umstürzen von Kutschen und Wagen waren bislang an der Tagesordnung gewesen, vom Verschleiß an Pferden und Material ganz zu schweigen. Als Berenhorst und Hans Jürge 1768 von ihrer großen Italien-England-Frankreich-Reise zurückkehrten, zerbrach ihnen die Kutsche auf dem Holperwege noch kurz vor Dessau in tausend Stücke. Nach zwei Jahrzehnten bot sich den Reisenden hier ein völlig anderes Bild. Lassen wir dies am besten von einem der vielen verwunderten Zeitgenossen berichten, dem 1790 mit eignem Wagen reisenden Johann Christian Gottfried Dressel aus Charlottenburg, der auch die volkswirtschaftlichen Schlußfolgerungen zieht:

«Was mir ein Fuhrmann unterwegs gesagt hatte, nemlich daß sich mit dem Eintritt ins Dessauische der Weg verbessern würde, das erfolgte wirklich. Der Erdboden ist lehmigt, aber durch Chaussees ist für Reisende auch bei der größten Nässe gesorgt. Die Brücken über die Elbe und Mulde sind ganz neu und mit vieler Sorgfalt gebauet, einige derselben sind sogar bedeckt.

Diese Brücken und Wege in baulichen Würden zu erhalten, muß freylich nicht wenig kosten; aber der Zoll ist auch so hoch angesetzt, daß der Fürst dabey wohl keinen Schaden haben kann. Ich mußte für meinen einspännigen Wagen 3 Gr. und 3 Pf. erlegen. Doch man giebt das gerne, wenn man, wie hier, einige Meilen lang dafür mit Lust in großer Geschwindigkeit seine Reise ungehindert fortsetzen kann ... Als ich Dessau verlassen wollte, glaubte ich alles gesehen zu haben, was jeder Reisende schön und gut nennen muß. Aber wie groß war mein Erstaunen, als ich hier mit dem ersten Schritt aus dem Thore nach Halle zu, noch einige Stunden eine Chaussée befahren konnte, welche auf beyden Seiten mit zweifachen Reihen von kunstmäßig gezogenen wilden Bäumen mit dahinter gesetzten Obstbäumen eingefaßt war. Die Chausee selbst war unverbesserlich, und damit sie sich nirgends verschlimmern konnte, liessen sich wenige hundert Schritte auseinander Arbeiter mit eisernen Schaufeln sehen, welche jede kleine Vertiefung ausbesserten.

Wie herrlich würde es sich dann reisen lassen, wenn allenthalben so wie hier für die Ausbesserung der Wege gesorgt würde: Frachtfuhrleute würden zur Hälfte weniger Pferde gebrauchen, das würde den Preiß des Getreides und die Frachtenbezahlung verringern, und in dem dadurch zugleich mit verminderten Preiß aller Waaren würde man einen hinlänglichen Ersatz für vermehrte Geleitzölle finden. Kurz Dessau und die umliegende Gegend daselbst verdient es, daß man sie siehet und sich selbst davon überzeugt; wie sehr durch Menschenhände rohe

Natur verbessert werden, und was ein Landesherr zur Verschönerung seiner Staaten thun kann, wenn er Lust und guten Willen dazu hat.»

ZUR RECHTSPRECHUNG: Auch auf dem Gebiet der *Justiz* hatte Franz gewiß den besten Willen, die Willküräkte seiner Vorgänger nicht zu wiederholen. Die Zeitgenossen bescheinigen ihm das auch lautstark, mit Vergleichen nicht sparend. Die Juristerei im Reich war ein vertraktes Terrain: Es existierten verschiedenste Gesetzes-Corpora, sie konnten aber kaum angewendet werden, da jedes Duodezfürstentum seine eigne Justizhoheit und Gesetzgebung hatte, die dann ein schier unübersehbares Gewirr umgab, so daß letzten Endes nach Gutdünken entschieden wurde. Joseph II. erließ in seiner Regierungszeit 1765–1790 allein 6000 Gesetze, von denen er aber auf Protest des Klerus und des Adels und der am Althergebrachten Hängenden zwei Drittel gleich wieder zurücknehmen mußte. Zu größeren Justizreformen und Neuordnungen reichte der Atem nur in zwei größeren Territorialstaaten: in Preußen unter dem Minister Carmer und in Bayern unter Kreittmayr.

Wir kennen aus Dessau einige Rechtsfälle, die der Fürst in höchster und letzter Instanz entscheiden mußte; das sind Urteile, die seiner aufgeklärten Persönlichkeit Ehre machen, ein Sieg der Vernunft, wie es Zeitgenossen kommentieren. Trotzdem zeigen sie in ihrer fehlenden Fixierung einer richterlichen Entscheidung die ganze Brüchigkeit des Systems und die Unsicherheit auf dem Gebiet der Rechtsprechung. Dazu kam, daß auch Franz von der Furcht vor Rebellion nicht frei war und in Fällen mangelnder Subordination weit härtere Entscheidungen fällte, als es die Strafmaße für andere Vergehen erwarten ließen. Es konnte auch vorkommen, daß dem obersten Richter das Temperament durchging und seine Reaktion der glänzenden Fassade der aufgeklärten Regierung einen tüchtigen Kratzer gab. Rebmann berichtet so einen Vorfall: Franz und der Erbprinz hätten in höchsteigener Person einem widersätzlichen Vertreter der Schneiderzunft eins mit der Reitpeitsche übergezogen. Wir wissen nichts Näheres. Doch zeigt sich auch hier die Zwiespältigkeit aufgeklärt-absolutistischer Rechtshandhabung in der Erregung jener Epoche einige Jahre nach Ausbruch der Französischen Revolution, als es auch in Deutschland gärte und Revolten und revolutionäre Erhebungen wie die sogenannte Dresdner «Schneiderfehde» (sie mag der Auslöser von Franzens Reaktion gewesen sein), vor allem aber die Bauernunruhen in Sachsen und anderswo die feudalen Obrigkeiten nervös machten. Rebmann, der die Hintergründe durchschaut, will den Fürsten beruhigen: Bei seiner «guten Regierung» habe er doch gar keinen Grund zur Besorgnis.

Wir sind auch durch das bereits zitierte unverdächtige Zeugnis des revolutionären Demokraten Carl Wilhelm Kolbe aus Berlin, gerade wo er sein Bekenntnis als Wahl-Dessauer ablegt, aus der gleichen Zeit davon unterrichtet, daß während der allerorts beginnenden «Jakobiner-Riecherei» hier der politische Despotismus seine Krallen noch nicht entblößt habe. Die Masse der Aufklärer blieb ohnehin bei der längst gefaßten Überzeugung – und äußerte sie weiterhin als eine Art Fürstenspiegel –, daß hier – wieder sei Kolbe zitiert – «unter eines Trajans wachsamer Obhut Freiheit und Gerechtigkeit die Rechte des Menschen schirmen».

Immerhin suchte man mit dem Druck der Gesetzessammlungen von 1784 (und 1819) einen Anfang für eine Kanonisierung des Rechts zu setzen. Dessauische Gesetze waren als Ausdruck des neuen Zeitgeistes seit etlichen Jahren

laufend in aufgeklärten Organen als vorbildlich publiziert worden. Wir heben als gute Ansätze die Anfänge einer Naturschutzgesetzgebung oder arbeitsrechtliche Bestimmungen heraus, wenn beispielsweise den Pächtern der Abschluß klarer Arbeitskontrakte zur Pflicht gemacht wurde, andernfalls würde die Regierung im Klagefall die Partei der Landarbeiter nehmen. Von einer konsequenten Neuorientierung der Rechtsprechung kann allerdings keineswegs die Rede sein. Trotzdem wurden auch hier dem «Deutschen Aristides», dem gerechtesten, unparteiischsten Staatsmann, überschwengliche Lobeshymnen gesungen. Und das Ansehen des Fürsten, Erziehung und Bildung bewirkten immerhin, daß manche Delikte zurückgingen. So notiert Johann Volkmann Sickler mit Erstaunen, daß in den weitverstreuten, völlig unbewachten Gartengebäuden auch nicht eine Fensterscheibe zerbrochen wurde.

ZUR TOLERANZPOLITIK: In einer der Hauptforderungen der bescheideneren deutschen Aufklärer aber erfüllte Anhalt-Dessau wiederum höchste Erwartungen: auf dem Gebiet der *Toleranz*. Hier hatte Dessau eine lange Tradition aus dem Erbe der frühen holländischen Aufklärung,[21] die durch die dynastische Bindung der Dessauer Fürsten an das Haus Oranien nach dem Dreißigjährigen Krieg mit der niederländischen Kultur importiert wurde.

Das Land war, wie das Fürstenhaus, in der Mehrheit damals reformierten, kalvinistischen Glaubens, aber die Lutheraner und die winzige katholische Minorität hatten das Recht freier Religionsausübung ebenso wie die größere jüdische Gemeinde, die ihre Neugründung von 1672 herleitete. Die Historiographen der Minderheiten stellen der Dessauer Verwaltung das höchste Lob aus. Dabei ließ diese sich lediglich von der vernünftigen Überlegung leiten, daß die religiöse Frontstellung des Dreißigjährigen Krieges bereits ein Anachronismus gewesen war, daß es vielmehr darauf ankäme, durch gegenseitige Duldung religiöser Gruppen den Staat zum Wohle aller – nicht zuletzt des Fürstenhauses – wirtschaftlich gedeihen zu lassen.

Wie weit auf diesem Sektor aufgeklärter Regierungspraxis der anhalt-dessauische Vorlauf war, ließe sich anhand eines Vergleichs der in den deutschen Territorialstaaten geübten Toleranzpolitik herausarbeiten. Es zeigt sich aber auch in kleinen Begebenheiten. Wir brauchen uns nur aus der nächsten Umgebung des Dessauer Fürstentums vor Augen zu halten, wie die gegeneinander verhetzten Parteien die Andersdenkenden noch gegen die Jahrhundertwende im wahrsten Sinne des Wortes «verteufelten»: Die re-lutherisierten Anhalt-Zerbster in Roßlau fegten die Stühle ab, wenn ihre Verwandten aus dem nur sechs Kilometer entfernten kalvinistischen Dessau wieder heimgegangen waren! Allerdings: So großzügig die Toleranz in Dessau durch ein Jahrhundert holländischer Tradition praktiziert wurde – auch sie hatte ihre Grenzen: Als Basedow und damit die Aufklärerpartei mit dem Geruch der «Heterodoxie» und des Atheismus in Dessau ihren Einzug hielt, meldete sich die Dessauer Geistlichkeit unter ihrem streitbaren Oberhirten, dem Superintendenten Simon Ludwig Eberhard de Marées, energisch zu Wort. Marées konnte zwar nichts gegen den Willen des Obersten Bischofs ausrichten, der ja in evangelischen Ländern der Fürst selbst war, er stellt sich ihm aber auch später noch oft in seiner Schulpolitik entgegen, zum Beispiel als er die Landbevölkerung und die Kleinstädte darin bestärkt, gegen die Einführung der modernen Schulbücher zu opponieren, «worinnen wenig Bibel und Christus sehr selten gefunden wird», wie eine Hamburger Zeitschrift kommentiert.

Die religiösen Streitfragen unter den christlichen Bekenntnissen hatten für die Aufklärer jedes Interesse verloren. Basedow, der sich sogar offen zum Sozinianismus, zur Leugnung der übernatürlichen Offenbarung, bekannte, schuf am Philanthropin eine «überkonfessionelle» Liturgie, von der der Materialist Spazier rühmt: «Der Betsaal zu Dessau ist in der ganzen großen Christenheit bisher wahrscheinlich noch immer der einzige gewesen, wo man, unter öffentlicher Autorität, christliche Religionswahrheit unabgesehen auf das Charakteristische einzelner Kirchen ungestört hat vortragen dürfen.»

Erst recht mußte die jüdische Minderheit – jeder siebente Einwohner war Jude – unter der Dessauer Toleranzpolitik aufblühen. Sie nutzte denn auch die Chancen, die ihr die aufgeklärte Obrigkeit hier bot. Um es vorwegzunehmen: Die volle, verbriefte bürgerliche Gleichstellung haben die Juden auch unter Franz nicht errungen. Aber trotz der großen jüdischen Gemeinde in Berlin konnte die deutsch-jüdische Kultusreform (die deutsche Predigt und Lieder wurden 1808 gegen die Einsprüche der eignen Orthodoxie in der Dessauer Synagoge eingeführt) und die Verbesserung des jüdischen Erziehungswesens erst von Dessau aus den Anschluß an die gesamteuropäische Aufklärung erreichen. Der Hauptstreiter der Dessauer Kulturbewegung unter den deutschen Juden, David Fränkel (1779–1865) – für die Juden eine Symbolfigur ihres Avancements – wurde einer der fünf weltlichen Räte im Westfälischen Konsistorium zu Kassel, nur für wenige Jahre freilich, aber dankbar blickten die Juden ganz Mittel- und Osteuropas auf Dessau, dieses «für ihre Nazion wiedergefundene Land» (so heißt es 1803). Hierhin entsandten sie Hospitanten der jüngeren Generation zum Studium, Fränkel gründete in Dessau die erste deutschsprachige jüdische Zeitung, die «Sulamith», die «Friedensstifterin»,

Gröbzig, Synagoge, 1796

die bei der damaligen Weltgeltung des Deutschen außerordentlich zum Aufgehen des Judentums in der europäischen Geisteskultur beigetragen hat.

Welche Bedrückungen dagegen mußten die Juden im angeblich so toleranten Preußen und in Berlin noch erdulden; wie unfreundlich verhielt sich das «deutsche Athen», Weimar, gegen die Aufnahme der Juden – aus dieser Sicht bedeutete der hohe Bildungsstand und die faktische Gleichstellung der aufgeklärten, «gebildeten Dessauer Juden» (damals als etwas Besondres immer wieder hervorgehoben und von den judenfeindlichen Romantikern auch ironisch herausgekehrt) außerordentlich viel. «Die Dessauer Gemeinde», resümiert die jüdische Historiographie (Friedländer), «leitete den Kampf um die Emanzipation der deutschen Juden ein.» «Dessau war im Anfange des 19. Jahrhunderts einer der hervorragenden Mittelpunkte für die Kulturbewegungen im Judentum» (Kayserling). Eine Fülle von jüdischem und projüdischem Schrifttum erschien in Dessau, wo «man die Schwingen freier als anderswo in Deutschland regen durfte»; und die jüdischen Straßen (ein Ghetto hat es nie gegeben) zeichneten sich durch mehr Eleganz als die meisten andern aus.

Wie weit die Toleranz im Bewußtsein der handelnden Akteure gediehen war, zeigen die Verhältnisse der kleinen Amtsstadt Gröbzig («Juden-Gröbzig»)[22] fern der Residenz, wo der Pfarrer des Ortes, der Schulinspektor Johann Friedrich Walkhoff, dem Rabbiner beim Ausarbeiten seiner Predigten half (wie auch Salzmann mit dem Dessauer Rabbiner sich austauschte) und jüdische Gebete am Sterbebett seines israelitischen Freundes sprach. Der Organist der Dessauer Marienkirche schrieb bei der Kultusreform die Choräle für die Synagoge, die von hier Verbreitung in andere Gemeinden fanden; ja sogar Herzstücke des protestantischen Kirchengesangs wie Luthers «Eine feste Burg» oder «Herr Gott, dich loben wir» fanden damals Ein-

Tafel 9

77

gang in die Liturgie der Dessauer Synagoge. Alle Konfessionen beten für die Genesung des «Judendoktors» Israel Hartog. Franz und die Lehrer der christlichen Schulen besuchen nicht nur die Synagoge, sondern auch die öffentlichen Examina der jüdischen Hauptschule, der «Franzschule», die ab 1804 den Namen des Landesherrn führen durfte. Zur Freude seiner Mitbürger durfte der jüdische Kantor in den Theaterpausen seine schöne Stimme ertönen lassen. Christliche und jüdische Mädchen, deren Schönheit von allen Reisenden bewundert wird, bildeten beim fünfzigjährigen Regierungsjubiläum des Fürsten abwechselnd das Spalier für Franz. Ungezwungen verkehrten beide Bevölkerungsteile auf den Assembléen der Stadt, deren feine Geselligkeit zu preisen alle Besucher Dessaus nicht müde werden.

Dieser feine Gesellschaftston herrschte unter allen Ständen bis zur Hofgesellschaft; von der bescheidenen Eleganz der fürstlichen Tafel wie

auch größerer Veranstaltungen bei Hofe, Jubiläen oder Redouten, deren es nicht allzuviele gab, im Unterschied zu der an den kleineren wie größeren deutschen Höfen noch üblichen Prachtentfaltung, wird viel Rühmens gemacht. Dies war wohl ebenfalls Tradition, denn die Dessauer waren von jeher «strenge Wirte», wie Winckelmann von Franz sagt. Der Fürst zog sich auch schnell von der abendlichen Cour in sein Studierzimmer zurück, woraus Elisa von der Reckes Vorwurf resultiert, er verstünde keine Feste zu feiern.

Erziehungsoptimismus und staatliche Kontrolle durch das Berichtswesen mit dem Ziel des Einbruchs in die orthodoxe Phalanx führten 1787 unter Mitwirkung des aus der Schweiz berufenen Johann Caspar Häfeli zur Gründung der «Pastoralgesellschaft», die in turnusmäßigen Versammlungen die Weiterbildung der Geistlichen im Sinne der modernen aufgeklärten Theologie organisierte.

Dessau, jüdische Franzschule, um 1799

ZUR FINANZIERUNG des Dessau-Wörlitzer Reformwerks: Die schon in der «holländischen Epoche» Dessaus «vernünftige Wirtschaft», eine strenge Sparsamkeit, dazu allerdings auch die teilweise unlauteren Bodenpraktiken Leopolds hatten den Wohlstand des Fürstenhauses begründet. Der Reichtum gelangte jedoch nach Gleim «an den rechten Erben. An Einen, der's … recht zu gebrauchen weiß». Die Fülle der aufgeklärten Vorhaben, von der Armenversorgung angefangen über die Schulreform bis zur großartigsten Landesgestaltung der Zeit und deren zahlreichen Bauten, die wiederum der Bildung dienten – Aufbau und Erhaltung kosteten viel Geld. So stellt sich die Frage von selbst, woher die laufenden Gelder kamen.

Das Land hatte seit der Kolonisationszeit eine günstige Agrarverfassung; Leibeigenschaft und Fronarbeit existierten gar nicht, und sogar den Fronpfennig als symbolisches Relikt der Ablösung der Frondienste hatte Franz, wie wir hörten, gleich zu Beginn seines aufgeklärten Regiments abgeschafft. Wir hörten auch von Anfängen arbeitsrechtlicher Gesetzesregelung und berichten unten von der Altersversorgung der Gutsarbeiter, die mit medizinischer Betreuung Hand in Hand ging. All dies hob Anhalt-Dessau weit aus seiner feudalstaatlichen Umgebung der deutschen Mißwirtschaft und des kleinstaatlichen Despotismus heraus und zahlte sich insofern in barer Münze aus, als sich eine hohe Arbeitsmoral entwickelte, die der Staat rentabel nutzen konnte: Der Lohnarbeiter wußte hier, wofür er arbeitete, während Frondienste sehr unwillig geleistet wurden und in der Rechnungsführung der Grundherrn und Pächter ein unsicherer Posten blieben.

Zu den Gütern im Anhalt-Dessauischen kamen noch die zahlreichen Besitzungen des Fürstenhauses in Ostpreußen (das Amt Norkitten/Bubainen 25 km längs des Pregels allein 50 000 Morgen, dazu 80 000 Morgen Waldungen), bei Brandenburg (Milow-Leopoldsburg, Neu-Dessau usw.), in der Neumark und in Sachsen, die wie die inländischen mit höchster Rentabilität arbeiteten. Kriegerische Verwicklungen und Störungen der Wirtschaftsbeziehungen zu diesen Großgütern machten sich sofort empfindlich in der Wirtschaftskasse bemerkbar. Insgesamt war der Landesherr, dem oft expressis verbis übertriebene Sparsamkeit vorgeworfen wird, stets bemüht, das Image eines bescheidenen Hofstaates zu wahren. Er vernichtete auch die meisten Rechnungen der vielen Kommunal- und Parkbauten, die doch dem Gemeinwohl zugute kamen: Es brauche niemand zu wissen, wieviel das alles gekostet habe.

ZUR AUFKLÄRUNG DES VOLKES: In recht aufgeklärter Weise sah man in Dessau ein Hauptanliegen in zeitgemäßer Unterrichtung und Volksaufklärung, nach einer Formulierung Waldersees: «Denn vernünftige Belehrung des Volkes ist ein großes und oft alle, auch die besten Gesetze und Anstalten an Wirksamkeit übertreffendes Mittel.»

Franz eröffnete selbst bereits 1763 den Reigen der aufgeklärten *Publikationsorgane* mit den «Fürstlich Anhalt-Dessauischen Wöchentlichen Öffentlichen Nachrichten», einem der vielen Intelligenzblätter, die damals zu erscheinen begannen. Für die vier anhaltischen Fürstentümer war es das erste. Pädagogische Aspekte kamen in hygienischen Belehrungen zum Ausdruck. Krezschmars erwähnte Aufsätze erschienen als zeitschriftenartige Fortsetzungsreihe gerade während der Hunger- und Epidemienjahre um 1772 «auf höchsten Befehl», sie wurden unentgeltlich an die Ämter verteilt.

Der «besonders lebhafte Aufschwung» Dessaus als eines der Zentren in der Publikationsschwemme der Aufklärung ist der Zeitungshi-

Pädagogische Unterhandlungen,

Herausgegeben
von
dem Dessauischen Erziehungs-Institut.

**Ein Lesebuch
für
die Jugend.**

Zweytes Jahr.

Zweytes Quartal.

Dessau, 1779.
Verkäuflich bey den Kinderfreunden jedes Ortes, wo
man des Instituts Bemühungen für die Jugend
nutzen will.

storie durchaus bewußt, auch daß von hier wie
aus Holstein, Braunschweig und Baden «ein
frischer Wind wehte» (Balet/Gerhard) [23]. Dafür
sorgten einmal die Institutsorgane des Philanthropins sowie zweitens die gleich zu nennende
Allgemeine Buchhandlung der Gelehrten, in

der allein Anfang der achtziger Jahre an die 30
progressive Zeitschriften verlegt wurden. Später gesellten sich auch noch jüdische Zeitschriften hinzu, von denen die für das jüdische Avan-
cement so wichtig gewordene «Sulamith» schon
erwähnt wurde. Für die Bewußtseinsbildung
der aufsteigenden Klasse, des Bürgertums, und
besonders ihres Nachwuchses, der im philanthropistischen Geist aufwachsenden Jugend des
ganzen deutschen Sprachraums, haben haupt-
sächlich die Zeitschriften des Philanthropins
Beträchtliches geleistet. Unter Redakteuren wie
Basedow, Campe, Wolke, Rudolf Zacharias
Becker, Johann Michael Friedrich Schulze erschienen die «Pädagogischen Unterhandlungen», parallel dazu die Kinderzeitung «Lesebuch für die Jugend», sodann die «Dessauische
Zeitung für die Jugend und ihre Freunde» und
das daraus entstandene Gothaer Parallelorgan,
die «Deutsche Zeitung für die Jugend», schließlich die «Gazette pour la Jeunesse», durch die
die Pariser Ereignisse taufrisch unter der jungen Generation Verbreitung fanden. Im Philanthropin selbst war die staatsbürgerliche Erziehung so progressiv, daß manche (darunter
Goethes Schwager Johann Georg Schlosser)
fürchteten, die Zöglinge würden sich später in
den realen gesellschaftlichen Verhältnissen nicht
zurechtfinden können, ja es bliebe ihnen endlich nichts übrig, als sich eine Kugel durch den
Kopf zu jagen! Schon Basedow hatte seine aufgeklärte Propaganda teilweise mit Tönen geführt, die an die dialektische Argumentation aus
den Jahren des Bauernkrieges erinnern:

«Siehst du Schlösser, hoch und stark und
schön;

Denk an die, durch deren Kunst sie stehn:
Könnten Fürsten ohne Bauren seyn? Ich
denke nein.
Sind nicht ohne Fürsten Bauren da? Ich
denke ja»,

so reimt er für Unterrichtszwecke im Methodenbuch (1770). Nun, in den neunziger Jahren, wurde täglich in der Zeitungsstunde der Hauptschule die Marseillaise gesungen, wurden die Ereignisse anhand des «Moniteur» diskutiert und der Französischunterricht benutzt, Reden der führenden Köpfe der Revolution deklamatorisch vorzutragen und dadurch repetieren zu lassen. Dieses Treiben wurde dem toleranten, «langmütigen» Franz denn doch verdächtig; er, der nie eine Zensur eingerichtet hat, wozu ihn die Reichsgesetze verpflichtet hätten, ließ aus Gründen der feudalen Staatsraison seinen Schuldirektor Neuendorf einschreiten. Doch die Saat ging auf, wie man in den Lebenserinnerungen und anderen Aufzeichnungen ehemaliger Zöglinge des Philanthropins nachlesen kann, von denen manch einer als Offizier der russischen oder preußischen Armeen der Befreiungskriege die Stätte seiner Jugend wiedersah. Sie alle haben das Institut in dankbarster Erinnerung, und sie können sich nicht genug darin tun, seine ewige Jugendfrische zu preisen.

Die Hauptthemen der Aufklärung, die in allen Dessauer Zeitschriften wiederkehren, spiegeln die Diskussionen der vorrevolutionären Epoche getreulich wider: Vorurteile und Aberglauben; die Willkürakte des Feudalregimes, Fragen der Justizreform, der kriecherische, unzeitgemäß gewordene «Sklaventon»; religiöse Toleranz und Pressefreiheit; die Verhinderung von Kriegen; die Schulreform und insbesondere die Dessauer Schulanstalten, Probleme aufgeklärter Moralphilosophie. In der Jugendzeitung wird ein adaptierter Auszug von Georg Forsters Reise um die Welt abgedruckt, womit zugleich Erkenntnisse modernster Weltsicht, Philosophie und Menschheitsgeschichte den jugendlichen Lesern vermittelt werden. Das aktuelle Tagesgeschehen wurde stets im Sinne der neuen, bürgerlichen Klasse interpretiert, revolutionäre Bewegungen aus der Sicht der Aufständischen dargestellt und kommentiert, besonders aufmerksam und mit Sympathie beim amerikanischen Unabhängigkeitskrieg, durch den der erste große bürgerlich-demokratische Freistaat entstand. Der ersehnte Idealzustand wird anläßlich der holländischen Revolution beim Namen genannt: «Indessen ist das Volk in den vereinigten Niederlanden der wahre Souverain.»

So hat Dessau auf erzieherischem Sektor bei der Jugend wie bei der älteren Generation durch sein Zeitungswesen einen bedeutenden Beitrag für die Verbürgerlichung des Denkens geleistet und das bürgerliche Selbstbewußtsein gestärkt. Alle Presseorgane standen durch das Heer von fortschrittlichen Referenten, die sich zu einem nicht geringen Teil aus der Dessauer Lehrerschaft zusammensetzten, weiter links als jedes andere Aufklärerzentrum der Zeit; man setzte sich sogar mit dem eigenen Landesherrn auseinander, was anderswo undenkbar gewesen wäre. Franz duldete das nicht nur, er war auch berechtigter Kritik zugänglich.

Dieses durch die aufgeklärte Propaganda in Dessau geschaffene neue Menschenbild war es, das die Zeitgenossen faszinierte und sie alle in Dessaus Bann zog. «Die literarische Lage» Dessaus fand der Däne Christian Friedrich Lävin Sander für die Aufklärung außerordentlich günstig. «An Dessau denken daher mit Hochachtung und Dankgefühl ... alle Freunde des Guten» (Wolke 1797); einzig hier wurde die Aufklärung auch in die *Praxis* umgesetzt, «in Dessau, wo so manches Gute versucht und ausgeführt ward», subsumiert Türk 1805.

Die Ökonomie

Anhalt-Dessau war ein Agrarland. Wo sich Manufakturen regten, verarbeiteten sie die landwirtschaftlichen Produkte. Öl und Schafwolle, Ölprodukte, Tuche, aber auch Rohwolle, Getreide, Hopfen, Tabak und andere landwirtschaftliche Erzeugnisse waren die Hauptausfuhrprodukte. Dessauer Weizen wurde auf der Elbe nach Hamburg verschifft. Hopfen gelangte nicht nur nach Berlin, wo er in der «Berliner Weißen» verarbeitet wurde, sondern über Stettin sogar bis in die skandinavischen Länder, während große Mengen Tabak und Zigarren in Sachsen Absatz fanden. Die Messen von Braunschweig und Frankfurt/Oder vermittelten Handelsverbindungen bis in die Schweiz und nach Polen. Nach den physiokratischen Lehren der Wirtschaftstheoretiker, deren Hauptgrundsatz «laisser faire – laisser aller» – «machen lassen, laufen lassen» einer kapitalistischen Wirtschaft entgegenkam, suchte Dessau die aufstrebenden Kräfte zu fördern. Das eigene «Staatskapital», die Gelder des Fürstenhauses, arbeitete in etlichen dieser Unternehmungen mit. Doch hatte es die Dessauer Industrie in der Nachbarschaft der merkantilistisch gesteuerten großen Wirtschaftsblöcke Sachsen und Preußen, zwischen denen das kleine Land eingekeilt war, recht schwer, Absatz zu finden. Zeitweilig riegelten sich beide Staaten gegen das wirtschaftlich fortgeschrittenere Anhalt ab. Namentlich die preußischen Handelsbeschränkungen, die noch in den zwanziger Jahren des 19. Jahrhunderts sogar zu einem regelrechten «Zollkrieg» führten, schädigten die anhalt-dessauische Wirtschaft, besonders die Tuchindustrie, schwer: Die Oranienbaumer Tuchmanufaktur, von dem durch Leopold I. begünstigten Dessauer Hofjuden Moses Benjamin Wulf unter der Hochblüte des Merkantilismus begründet, ging durch Friedrichs II. Restriktionspolitik ein.

Unter diesen Bedingungen, nicht zuletzt auch wegen der Kleinstaaterei mit ihren zahlreichen Grenzen, die den Handel hemmten, konnte die aufgeklärte Wirtschaft Dessaus nur mühsam den neuen Kurs steuern. Es blieb auch nicht aus, daß, bedingt durch die Wirtschaftsblockaden, Schleichhandel («Kontrebande») und Korruption erblühten.

So kam es, daß viele neue Gründungen keinen langen Bestand hatten. Von dem Konkurs der Oranienbaumer Tuchmanufaktur hörten wir. Besser lief die Raguhner und Jeßnitzer Textilindustrie im Süden des Ländchens, der sogar die Napoleonische Kontinentalsperre wieder zugute kam.

Die berühmte Gelehrtenbuchhandlung hatte Dessau als das Zentrum der Aufklärung mit guten Gründen zu ihrem Sitz gewählt. Aber die nahen Leipziger Buchhändler waren stärker, und so mußte das Unternehmen liquidieren beziehungsweise sich einen möglichst guten Abgang suchen. Dieser Schock nahm vielen das Vertrauen zu ähnlichen Unternehmungen. An der Chalkographischen Gesellschaft, ebenfalls einer Aktiengesellschaft, zeigte Franz sich zwar interessiert und engagierte sich auch, indem er zum Beispiel die Lokalität stellte; er übernahm aber keine Aktien mehr, obwohl sein Sohn Waldersee als Präsident und seine Freunde Erdmannsdorff und Bertuch als künstlerischer beziehungsweise kaufmännischer Direktor fungierten. Auch Wieland beteiligte sich nicht mehr mit seinem Vermögen.

Es gehörte viel kaufmännische Erfahrung

dazu, um in diesen Jahrzehnten der kleinen Anfänge überleben zu können, nachdem es sich herausgestellt hatte, daß die englischen Vorbilder sich unter den deutschen Wirtschaftsverhältnissen zumeist nicht nachvollziehen ließen. Die Dessauer Kaufmannschaft erfaßte in der Regel die Lage der Dinge schneller als die Aufklärer von Profession. Die Tabakfabrik Bramigks, die Schmidthammersche Spinnwarenfabrik und andre ähnliche Unternehmungen florierten über lange Jahrzehnte und schafften Arbeit und Brot. Untereinander standen diese unternehmerischen Kaufleute in engsten, auch verwandtschaftlichen Kontakten; unter anderen als den kleinstaatlichen Verhältnissen hätte sich eine Bourgeoisie entwickeln können. Im gesellschaftlichen Leben der Stadt spielten diese Bürger, deren Selbstbewußtsein erheblich gewachsen war, durch Zirkel oder Teilnahme am Liebhabertheater schon seit Ende der siebziger Jahre eine bedeutende Rolle.

Über Handel und Gewerbe läßt sich also nichts berichten, was es nicht auch in andern vergleichbaren Fürstentümern gegeben hätte, etwa in der Person Bertuchs in Weimar oder in Baden, wo sogar der Landesherr selbst, Markgraf Karl Friedrich, mit einer physiokratischen Grundsatzerklärung literarisch in Erscheinung trat. Dagegen errang Dessau überregionales Ansehen auf dem Gebiet der *Landwirtschaft*. Hier lag seine eigentliche Stärke. Unter Leopolds strengem Regiment hatte sie bereits aufsehenerregend floriert.[4] Zwar waren seine Methoden, wie mehrfach angedeutet, von feudaler Brutalität. Er hatte seinen Landadel zum Verkauf gezwungen und dadurch vertrieben und war so der alleinige Großgrundbesitzer im Lande geworden. Durch Neuvermessung und Benutzung neuer Maße hatte er außerdem Bauern und Volk bestohlen. Aber zu wirtschaften verstand der «Alte Dessauer». Er legte den

Grundstein für die Reform der Landwirtschaft, die nun, in der Generation seines Enkels, vor allem durch die Studien, die der Landesfürst und seine Bevollmächtigten in England trieben, einen entscheidenden Schritt nach vorn machte, was schließlich dem ganzen Kontinent zugute kommen sollte.

Wieder macht der kleine Staat von sich reden: Anhalt-Dessau und seine Musterwirtschaften werden zum Reiseziel aller landwirtschaftlich interessierten Ökonomen und Regierungskader; die künftigen Präsidenten preußischer Provinzen besuchen Anhalt-Dessau ebenso wie gekrönte Häupter und Thronprätendenten oder Fachleute vom Schlage Albrecht Thaers; und wie viele Landwirte aus ganz Europa waren hier jahrelange Hospitanten! Auch der erste deutschsprachige Fachpublizist von Rang kam, verkündete Anhalt-Dessaus ökonomischen Ruhm, begründete damit aber auch seinen eignen: Johann Christian Schubart, der als der Reformator der deutschen Landwirtschaft gilt. Der Kaiser hat dem unermüdlichen Propagandisten des Kleeanbaus, den es bislang auf dem Kontinent noch nicht gab, später den Adelstitel «Schubart von Kleefeld» verliehen. Sicher hat Schubart all seine neuen Praktiken einer «englischen Wirtschaft» auf seinen eignen Gütern, besonders zu Würchwitz, selbst erprobt, aber Samen verschiedenster Kleearten haben bereits Franz und Erdmannsdorff von ihrer ersten Englandreise zentnerweise nach Dessau geschickt, wo nun der Kleeanbau im Großen durchgeführt wurde. Da die Bauern diesen Neuerungen gegenüber nicht sehr aufgeschlossen waren, wurde ihnen Kleesamen unentgeltlich zugeteilt, damit sie sich aus dem eignen Versuch von der Richtigkeit der neuen Viehfütterungsmethoden überzeugen konnten. So stammen auch die Anregungen für Schubart letztlich aus Dessau, und die Erfolge der Dessauer Musterwirtschaften waren ihm der Beweis für seine in zahlreichen Schriften vorgetragenen Theorien. Man hat das Jahrhundert der Aufklärung auch das Pädagogische Jahrhundert und das Jahrhundert der Landwirtschaft genannt: Beide durchdringen sich hier und haben ihre Umsetzung in die Praxis in Dessau erhalten.

Wer waren nun die entscheidenden Männer, und was beinhalten die Dessauer Betriebsmethoden? Von dem allseitigen Interesse des Fürsten Franz, hierin der Tradition seines Hauses folgend, und seinen Studien in England war bereits die Rede, ebenso von seinem Großvater Leopold I., dem «Alten Dessauer». Leopold hatte das seit dem Dreißigjährigen Krieg trotz der holländischen Musterwirtschaft noch immer verschuldete Land nicht nur schuldenfrei gemacht, sondern nach der Tilgung der 26 000 Taler Schulden, die er vorfand, am Ende seiner langen Regierung einen jährlichen Gewinn von 231 000 Talern erwirtschaftet. In seinen spätern Lebensjahren hatte er einen außerordentlich fähigen Ökonomen zur Hand, den berühmten Friedrich Balthasar Schönherr von Brenkkenhoff aus dem sächsischen Reideburg bei Halle, den sich Friedrich II., als er Anhalt-Dessau während des Siebenjährigen Krieges im Würgegriff hatte, von Franz gewissermaßen als Kriegskontribution «erbat» und der nach Dessauer Mustern die darniederliegende preußische Landwirtschaft besonders in Pommern und der Neumark auf die Beine brachte und sich nach 1772 auch große Verdienste um die Urbarmachung des Netze-Distrikts erwarb, wofür ihm in Driesen ein Denkmal gesetzt wurde.

Aber auch Leopolds Söhne waren alle tüchtige Landwirte, die mit persönlichem Engagement ihre Güter im Wörlitzer Winkel bewirtschafteten; sie kultivierten besonders den vielgerühmten anhaltischen Hopfenbau. Friedrich II. machte sich ihre und damit wieder Dessauer Erfahrungen ebenfalls zunutze, indem er sie während der Friedensjahre als Kommandeure von Garnisonen einsetzte, in denen wasserbauliche und Kultivationsmaßnahmen anstanden, die sie zu leiten hatten.

Es war ein Glück, daß nach dem Siebenjährigen Krieg und dem erzwungenen Abgang Brenckenhoffs Anhalt-Dessau über eine junge Generation von Landwirten aus seiner Schule verfügte, die den neuen, vor allem aus England einfließenden Wirtschaftslehren aufgeschlossen gegenüberstand. In erster Linie galt es, althergebrachte Traditionen, die sich auf dem Lande bekanntlich am längsten halten, abzubauen. Noch herrschte allgemein auf dem Kontinent die seit der Karolingerzeit, also seit einem Jahrtausend, übliche Dreifelderwirtschaft, durch die ein Drittel des Bodens jeweils ein Jahr «ruhte» und somit der Bebauung und dem Ertrag verlorenging. Das war den Aufklärern ebenso unrationell, wie sie auch die feudalen Vorrechte bekämpften, zum Beispiel das der «Hut und Trift», das heißt das Recht des Grundherrn, sein Vieh über Brache und Bauernfelder zu treiben. Nachdem ein Ungenannter erstmals 1755 im Breslauer Magazin die Aufteilung der «Gemeinheiten» gefordert hatte, dürfte die erste Ausführung dieser Aufteilungen, die sich als sogenannte «Separationen» noch selbst in Anhalt bis gegen 1870 hinzogen, in Anhalt-Dessau erfolgt sein, zusammen mit Landabgaben fürstlicher Domänen an die landarme Bevölkerung. Diese «Dismembrierung» größerer Güter begann im Wörlitzer Raum schon 1759 und wurde trotz einiger Rückschläge (der Krieg, mangelndes Saatgut und fehlendes Bargeld der Landbevölkerung, wobei die Staatskasse wegen der geforderten Kontributionen nicht einhelfen konnte) gerade im Wörlitzer Raum über Jahrzehnte fortgesetzt, wie uns Novalis für die neun-

Johann Gottfried Holzhausen, Scherenschnitt

Später gibt es sogar unter den fürstlichen Güterverwaltern Juden. Damit war die «Judenfrage» in der gleichen Weise angepackt, wie es Karl Marx noch 100 Jahre später empfahl: die Juden in die bürgerlichen Berufe einzugewöhnen, um sie so vor allem «weg vom Schacher» zu führen.

Ehe aber die «Wörlitzer Ökonomie» unter Raumer und die eigenen Versuche des Fürsten in der Viehzucht, in der Vorführung moderner Ackerbaugeräte und der Seidenraupenzucht inmitten der Wörlitzer Anlagen am und im Gotischen Hause als regelrechte «Landwirtschaftsausstellung» Aufsehen erregten, machte Johann Gottfried Holzhausen (1732–1813), Pächter der Domäne zu Gröbzig und eine der großen Persönlichkeiten des landwirtschaftlichen Jahrhunderts, von sich reden. Er hob als erster mit Franz' Zustimmung die Gemeinheiten auf, schaffte Brache, Hut und Trift ab, ersetzte sie durch Einführung der Stall- und Hordenfütterung und propagierte den Kleeanbau. Das Amt Gröbzig errang damit die führende Stellung in Feldbau und Viehhaltung, es behielt sein Ansehen während der ganzen Blütezeit des Dessau-Wörlitzer Reformwerks, auch wenn hernach unter Raumer die «Wörlitzer Ökonomie» zusammen mit der edlen Architektur Erdmannsdorffs unmittelbar neben und in den Wörlitzer Anlagen für die Mehrheit der Reisenden die eigentliche Attraktion wurde.

Seite 163

Man glaubte in der Wörlitzer Feldflur «bearbeitetes Gartenland» vor sich zu haben, so sehr wirkte sich hier – nach dem Augenzeugenbericht des holländischen Landwirtes Bruiningk – die moderne Bewirtschaftung, verbunden mit dem Anreiz besserer Bezahlung und den Sozialmaßnahmen, von denen noch die Rede sein wird, auf die Arbeitsmoral der Gutsarbeiter aus. Die Qualität der Bodenbearbeitung unterstützte die Gestalt gewordene Landschaftsästhetik des

ziger Jahre überliefert. Dabei wurden auch Juden jedesmal bedacht, die bis dahin im christlichen Europa gar kein Land besitzen durften; bereits nach 20 Jahren berichtet der Ökonom Johann Christian Schmohl 1780, daß der Jude Herz eine beachtliche Landwirtschaft betreibe.

Wörlitzer Raums, und selbstverständlich erbrachten so sorgfältig bearbeitete Felder ganz andre Erträge, als die Latifundien sie liefern konnten, die noch durch Frondienste oder gar von Leibeigenen bestellt wurden. Doch standen vor allem die neuen Betriebsmethoden schon seit Holzhausens Wirken im allgemeinen Interesse der landwirtschaftlichen Literatur, zumal Holzhausen sich gegen Kritiker und Anhänger des veralteten Systems selbst streitbar ins Geschirr legte und seine und die dessauischen Neuerungen dann durch Schubart von Kleefeld die große Publizität erhielten.

Wir brauchen die Einzelheiten der jahrzehntelangen ökonomischen Diskussion, dieses interessante Für und Wider die dessauischen Wirtschaftsmethoden, hier nicht weiter zu verfolgen. Der Sieg des Fortschritts, den Anhalt-Dessau auch hier verkörperte, stand ohnehin nie ernsthaft in Zweifel, und die Ausstrahlung auch der landwirtschaftlichen Reform brachte reisende Landwirte von 100 und mehr Meilen auf die Beine, wie Schubart berichtet, aus dem ganzen deutschen Sprachraum, aber auch aus Polen, dem Baltikum und Rußland sowie aus Holland und den skandinavischen Ländern.

Eine gleiche Bedeutung wie der enormen Steigerung der Hektarerträge – hatte sich doch schon durch die Abschaffung der Brache und die Einführung der Fruchtwechselwirtschaft bereits die Anbaufläche um ein ganzes Drittel vermehren lassen – kam dann auch der Verbesserung der Viehrassen zu. Die Schafzucht war schon während der Leopoldinischen Ära auf den damaligen Höchststand gebracht worden, erlebte nun aber eine Steigerung, wie sie vor Holzhausen und Raumer gar nicht zu denken gewesen war; auch hier müssen wir auf Einzelheiten verzichten. Die Zuchterfolge und die dadurch enorm gesteigerten Wollerträge spielen in der aufgeklärten Propaganda der ökonomischen

Publizisten für eine «vernünftige» Landwirtschaft eine wichtige Rolle. Wir können nach Brenckenhoffs Abgang eine Vervierfachung des Erlöses innerhalb von 25 Jahren verzeichnen, nach weiteren 25 Jahren (1807) war eine Verzehnfachung des Preises für Dessauer Schafwolle erreicht.

Auch die Pferdezucht stand in höchstem Ansehen, man kaufte damals seine Pferde in Dessau, wenn man es sich leisten konnte, so wie man das später in Ostpreußen tat: Aber auch dort werden durch Vermittlung der anhaltischen Güter die Zuchterfolge zu einem Teil auf den Dessauer Erfahrungen beruht haben. Widder, Hengste und Bullen der staatlichen Hochzuchten standen allen Bauernwirtschaften als Zuchtmaterial unentgeltlich zur Verfügung, um zu erreichen, daß sich die Qualität des Viehbestandes im ganzen Lande hob. Nach dem Pferderennen bei den vielbesuchten Drehbergspielen konnten Hengste und Stuten Dessauer Zucht von den teilnehmenden Bauern an anwesende Interessenten sogleich zu Höchstpreisen verkauft werden.

Schließlich wurde auch die Rinderzucht durch Einkreuzung aus Holland importierten schwarzbunten Niederungsrinds so verbessert, daß Dessauer Bullen und Mastochsen zu unglaublichen Preisen (475 Taler werden einmal genannt) ersteigert wurden. Hieran hat der Pächter der Pötnitzer Domäne Christian Gebhard Nordmann (1755–1822) einen wesentlichen Anteil, der auch in der Schafzucht noch aufsehenerregende Steigerungen erzielte. Für 99 Schafe seiner Zucht erhielt er einmal die Rekordsumme von 15 000 Talern!

Beachtliches wurde auch auf dem Gebiet des Obstbaus geleistet. Der Wörlitzer Winkel war fast «ganz Allee» geworden, wie der staunende Schelling berichtet, aber das war im ganzen Lande so, selbst in den Exklaven wie Gröbzig;

und all dies wurde auch auf den 1797 durch Erbteilung an Dessau gefallenen Zerbster Landesteil sofort ausgedehnt.[24] Die sogenannten «Hauptstraßen des Gartenlandes» hatten neben der landschaftlich-malerischen Bepflanzung auch immer beidseitig außen mindestens eine Reihe von Obstbäumen, am Fliederwall waren es sogar auf beiden Böschungen je drei Reihen. Zur Blüte- und Reifezeit brachten sie zusätzlich landschaftsästhetische Akzente, von den Reisenden wie der berühmte gute Zustand der Straßen bestaunt. Kein Wunder, daß der namhafte Propagator des Obstbaus Johann Volkmann Sickler auf seiner Inspektionsreise hier die höchsten Erwartungen nicht nur erfüllt, sondern bei weitem übertroffen sah; er brachte in seiner Zeitschrift 1799 als Frontispiz ein Porträt des Fürsten Franz und widmete den Band «Franz (dem) Kenner und Beförderer der teutschen Obstpflege».

Es war ganz selbstverständlich, daß Franz als der bedeutendste Landschaftsgartengestalter im letzten Drittel des 18. Jahrhunderts auch ein kenntnisreicher Dendrologe war. Seine Baumschulen seien die Schatz- und Rüstkammern seines Gartenreichs, sagt noch einmal ein Weimaraner, Carl August Boettiger, der wie Goethe die friedliche Landschaft von Dessau-Wörlitz der Welt des Lärms und der Kriegsrüstungen – Berlin und Potsdam –, die er bald sehen würde, gegenüberstellt. Als in den neunziger Jahren des Jahrhunderts der süddeutsche Ökonom Friedrich Casimir Medicus seine Kampagne für den Robinienanbau eröffnete, weil die Robinie ein festes Holz liefere, bei ihrem schnellen Wachstum aber auch dem steigenden Bedarf an Brennholz abhelfen könne, wandte er sich sofort an Franz, um sich dessen Autorität für sein Anliegen zunutze zu machen. Franz hatte den malerischen Baum als Nutzholz und wegen seiner schönen, duftenden Blüten bereits seit 25 Jahren angepflanzt! Außerdem führte das Dessau-Wörlitzer Gartenreich noch viele andere Hölzer ein oder gab zumindest den Anstoß für ihre Verbreitung auf dem Kontinent beziehungsweise in den nördlicheren Gebieten Europas: die Platane, die Pappel (die schon Leopold aus Italien mitgebracht hatte), die vielen nordamerikanischen, über England importierten Laub- und Nadelgehölze und die Weymouthskiefer, die nun alle selbstverständliche Bewohner unserer Landschaft oder wenigstens der Parke geworden sind.

In diesem Zusammenhang sei noch eine Bemerkung über die *Forst-* und *Jagdwirtschaft* angefügt: Selbst die Wälder seien in Anhalt-Dessau die gepflegtesten Parke, resümiert Reil um die Zeit der Befreiungskriege. Eigentlich handelte es sich um einen vom Mittelalter her devastierten Wald, zerstört durch zu hohen Wildbestand, Waldweide und Laubnutzung. In diesem «verlichteten», vielfach «lückigen» Wald konnten sich Solitäreichen – einzeln stehende, prächtig ausgebreitete Bäume – entwickeln. Mit dem aufkommenden Landschaftsgarten verwandelte sich die landschaftliche Szenerie in Kunst und damit in eine wesentliche Seite des Gartenreiches. Der hohe Wildbestand erhielt sich auch im 19. Jahrhundert und bewahrte diese wundervolle Kunstlandschaft. Doch gibt es innerhalb der Heideflächen große geschlossene Nutzwälder: Die Forstkultur des «Waldlandes» wie Anhalt-Dessau und Anhalt-Zerbst gegenüber Köthen und Bernburg genannt wurden, war durch das Interesse des Fürstenhauses von je im besten Zustande. Die Dessauer gingen auch hier mit der Zeit, und zum Ruf der Dessauer Waldbewirtschaftung, die wieder viele Hospitanten anzog, trug die Meisterschule für das Forstwesen des Oberjägermeisters Heinrich Otto von Görschen noch zusätzlich bei.

Sehr interessant ist die Stellung der Aufklärer zum Dessauer Jagdwesen. Während die Publizistik einhellig gegen die Jagdvergnügen der anderen deutschen Fürsten opponiert wegen des Schadens, den das Wild wie die Treibjagden der Landwirtschaft zufügen, macht sie bei Franz eine Ausnahme: Ihm, dem Meister dieses Fachs, wird die Jagd (außer vom jungen Schmohl) zugestanden, ja es erscheinen sogar regelrechte Werbeschriften für die Dessauer Parforcejagden, weil diese eine wichtige Attraktion des Gartenreichs darstellten, die viele Fremde anzöge und Geld in Umlauf brächte, wovon alle heimischen Gewerbe und nicht nur die Fremdenindustrie profitierten. Auch auf diesem Sektor hat einer der bedeutendsten Fachschriftsteller den Kontakt zu Dessau gesucht: Der Klassiker gewordene Georg Franz Dietrich aus dem Winckell (1762–1839) hat in zahlreichen Aufsätzen und in seinem Handbuch für Jäger seine Studien der Dessauer Jagd (einschließlich der vielgerühmten dessauischen Jagdmusik) einfließen lassen. Von Waldersees Lehrgedicht über die Jagd war bei dessen Biographie die Rede.

Einer der häufigsten Gäste der Dessauer Jagd war Carl August von Weimar, und in seinem Gefolge nahm auch Goethe im Dezember 1776 laut Tagebuch achtmal an der Sauhatz teil. Dem sonst so Dessau-begeisterten Aufklärer Wieland, der seinem Zögling einmal wünscht, unter Franz in Dessau die Regierungsgeschäfte zu erlernen, wurde es in diesem Punkte unheimlich, und er vermerkt mit Bitternis gegen Goethe, daß sie nun dort die Sauen hetzten wie weiland die Garamanten. Auch andre honorige Fürstenhäuser waren gern Gäste und aktive Teilnehmer der «lustigen Dessauer Jagd»; von Napoleons Interesse hörten wir schon, er ließ sich sogar die viel belächelten «wohlerzogenen» Dessauer Jagdhunde nach Paris kommen. Es

wird aber immer wieder betont, daß im Gegensatz zu den anderen Fürstentümern der Feldschaden trotz der großen Wildbestände in niedrigen Grenzen gehalten und jeder entstandene Wild- oder Jagdschaden sofort ersetzt würde. Erst 1812, mit dem Ende der Napoleonischen Krisenzeit und bedingt durch das zunehmende Alter des Fürsten, wurde die Parforcejagd, die seit 1709 in Anhalt-Dessau heimisch war, eingestellt.

Ziehen wir das Fazit der Ausstrahlung Dessaus in klassischer Zeit für die Ökonomie mit den prägnanten Worten eines Kenners. Schadow schreibt in seinen Lebenserinnerungen, Franz «war einer der Ersten, welcher Bäume und Pflanzen aus fernen Ländern herbeigeschafft hatte. Landwirtschaft und Gärtnerei daselbst galten für Schulen in diesen Fächern.» Wir können getrost die Forstwirtschaft hinzusetzen, sollten den originellen «Hochforstlichen Oberforster» Leopold Wöpke (1738?–1809) wegen seiner Verdienste auch um den Deichbau im Wörlitzer Winkel nennen, die ihm einen Platz in der Forstgeschichte sicherten. Wie später sein Sohn erhielten er und ein weiterer Vertreter der Familie Schoch, Ludwig Schoch (1760 bis 1812), der Oberamtmann in Rehsen, eine Grabgruft im Rehsener Luch zum ehrenden Gedenken ihres rührigen Wirkens für das Gemeinwohl.

Wir wollen aber diese kurze Übersicht über den Höchststand der Ökonomie in Deutschland nicht schließen, ohne einen Blick auf die Lage derer zu werfen, die das Feld im Schweiße ihres Angesichts bebauten. Der oft sehr kritische landwirtschaftliche Beobachter aus den Niederlanden, Heinrich Friedrich de Bruiningk, hält die schon angedeutete gewisse Sicherstellung der Arbeiter im Alter seinen Pächterkollegen als soziales Muster vor Augen: «Wenn sie durch Alter, Krankheit oder Unglücksfälle zu den schweren Arbeiten untüchtig geworden sind, bekommen sie täglich vier Groschen als eine Art von Pension... Übrigens behalten sie ihre Wohnungen auf lebenslang und genießen auch der übrigen Vortheile, welche die Oekonomie ihren Dreschern zugesichert hat. Auch die Witwe eines Dreschers, welche, bei einem hilfsbedürftigen Alter, ihren Mann überlebt, darf sich nicht als verlassen beklagen. Je nachdem sie mehr oder weniger Unterstützung nöthig hat, erhält sie monatlich einen kleinen Zuschuß in baarem Gelde von dem Administrator ausgezahlt, und außerdem einen halben bis 2 Scheffel Brodtgetreide; so wie sie auch bis ans Ende ihrer Tage die Wohnung behält, auf einem der Drescherhäuser des Gutes. In diesem menschenfreundlichen Zug verdient die hiesige Herzogliche Oekonomie allen als ein Muster, so mancher aber zur tiefsten Beschämung aufgestellt zu werden, die den Menschen oft minder als ein Lastthier zu schätzen scheint.»

Aus heutiger Sicht mag das, was Dessau leistete, als Stückwerk erscheinen: Noch im 19. Jahrhundert, als im Mecklenburg Fritz Reuters und anderswo die Herren in prunkvollen Schlössern praßten, während die hart arbeitende Landbevölkerung in halbzerfallenen Katen unter dem Druck unmenschlichster Arbeits- und Lebensbedingungen stöhnte, bedeutete das viel und erklärt den Ruhm, den auch die anhalt-dessauische Ökonomie bei den zeitgenössischen aufgeklärten Literaten gewann.

Das Philanthropin
und die Dessauer Landesschulreform

Die bürgerliche Schulreform, von Ratke und Comenius während des Dreißigjährigen Krieges vergeblich betrieben, kommt in Dessau endlich zum Zuge. Sie ist höchster Ausdruck der in die Tat umgesetzten Philosophie der Aufklärung, die unter anderem Trennung des Schulwesens von der Kirche fordert. Dessau wird die «Pädagogische Kolonie» und die «Wiege der neueren Turnkunst».

Tafel 2 1771 war Basedow nach Dessau berufen worden. Neben vielen Propagandaschriften für die «Schulreform an Haupt und Gliedern» arbeitete er hier das Jahrhundertbuch der deutschen Pädagogik, das «Elementarwerk» aus, das in vier Bänden 1774 in Dessau erschien und noch der Generation der Romantiker und ihren Kindern als «Vorrat der besten Erkenntnisse zum Lernen, Lehren, Wiederholen und Nachdenken» unentbehrlich erschien. Der Anschaulichkeit des Unterrichts anstelle des abstrakten Verbalismus und des scholastisch gehandhabten memorierenden Schulbetriebs trug ein Ergänzungsband mit Kupfertafeln Rechnung. Dieses *Tafel 47–49, 52* Kupferwerk nennt der preußische Unterrichtsminister Zedlitz das Handbuch aller Erzieher, eine Gemäldegalerie, durch welche man Kindern leicht und anschaulich die ersten Begriffe von der bürgerlichen Gesellschaft beibringen könne. Es wurde ins Französische übersetzt, die Übertragung ins Englische und Russische in Angriff genommen. Durch Wolke, der als Basedows Assistent schon an der Ausarbeitung beteiligt war, wurde der Philanthropismus ohnehin später nach Rußland verpflanzt,[15] wo man über Basedows Wirken gut im Bilde war. Nach einer Werbereise im wirtschaftlich stärker entwickelten und daher moderner denkenden Rheinland, die den «Propheten links» erstmals mit Lavater und Goethe zusammenbrachte, wurde – bezeichnenderweise am Geburtstag des Dessauer Erbprinzen – zu Weihnachten 1774 das Philanthropin in Dessau eröffnet, das der Schulgeschichte der Aufklärung den Namen geben sollte.

Dabei waren die Anfänge mit drei Schülern recht kümmerlich. Von Anbeginn hatte Basedow, «der grobe Rührlöffel», wie er sich selbst einmal nennt, den ganzen Schwarm der Orthodoxie und der am Althergebrachten hängenden Lehrerschaft zu Gegnern. Die Orthodoxie hatte er als erklärter Sozinianer besonders seit seinem «Heterodoxiestreit» in Dänemark und Hamburg gegen sich aufgebracht, die Lehrerschaft durch die Schärfe seiner Feder, mit der er ihre Rückschrittlichkeit immer wieder geißelte. Noch in seinem Todesjahr sollte ihm aus den Kreisen der klerikalen Lehrergeneration eine Biographie geschrieben werden, die die größte Verunglimpfung seines Namens und seiner Leistung war. Natürlich blieben seine Anhänger und Freunde nicht untätig. Aber während im fernen Sibirien der verbannte Radischtschew sich 1790 eine Basedow-Biographie erbat und dem Schulreformer ein Denkmal gesetzt wissen wollte, gelang dem nun sich durchsetzenden Neuhumanismus die Diffamierung der kindertümlichen Dessauer Methode in einem Maße, daß progressive Schulmänner dieser Spätphase wie Vieth vergeblich gegen die Verleumder des Dessauer Philant(h)ropins (!) mit seiner angeblich mangelhaften humanistischen Bildung (so daß sie ihr eigenes Institut nicht richtig hätten schreiben können) in die

Schranken traten. Und was hätte – so der Mathematiker und Physiker Vieth – diese Anstalt nicht für die Aufnahme der naturwissenschaftlichen Fächer gewirkt? Doch der neuhumanistische Frontalangriff, gipfelnd in Ernst August Evers Vorwurf der «Schulbildung zur Bestialität» (1807), hatte alle Brunnen vergiftet. Dem Basedow-Bild der gelehrten Neuhumanisten sind die besten Schriftsteller des Zeitalters wie Jean Paul aufgelaufen.

Freilich hatten schon die Zeitgenossen, die von Basedows Vorhaben begeistert waren, allen voran die gleichfalls um die bürgerliche Schulreform bemühten Halberstädter,[25] diese Entwicklung kommen sehen und Basedow eindringlich gebeten, keine neuen heterodoxen theologischen Schriften abzufassen und sich auch jeglicher Hiebe gegen die Fachkollegen zu enthalten, um nicht seinem eigenen Werk zu schaden. Er sollte auch nicht ständig vom besten Schulwesen «posaunen», sondern in der Stille die Dessauer Anstalt zur Musterschule werden lassen.

Hier aber lag das größte Problem. Voll der klügsten Gedanken und glänzendsten Ideen, war Basedow dennoch nicht imstande, seinem jungen Kollegium den notwendigen menschlichen Zusammenhalt zu geben und es mit ruhiger Stetigkeit zu leiten. Daran hinderte ihn sein Eigensinn ebenso wie sein cholerisches Temperament. Er brachte die Lehrerschaft so gegen sich auf, daß er – eine tragikomische Episode – sogar einmal im angesehensten Gasthaus der Stadt, dem Goldenen Ring, Prügel bezog und ohne Perücke das Feld räumen mußte. Gleich bei der ersten Begegnung hatte den Fürsten ein leises Unbehagen beschlichen, ob dies wohl der rechte Mann sei, Ideen, von denen die Welt sprach, in die Praxis umzusetzen. Und doch zog Basedow ihn immer wieder in seinen Bann. Am Morgen nach der erwähnten Prügelszene beispielsweise brachte er es fertig, eine ergreifende Rede zu halten, wobei er in seinen moralischen Meditationen auch die eigene Person nicht *Tafel* schonte. Von diesen «überkonfessionellen» Pre- *42* digten waren alle Besucher angetan; Franz, der durch seine «unerzogenen Erzieher» so viel Ungemach erfuhr, versäumte die aufgeklärte philanthropische «Gottesverehrung» keinen Sonntag und äußerte Gleim gegenüber, er sei nie unverbessert aus dieser Stunde gegangen.

So hatte das Philanthropin ständig mit den menschlichen Unzulänglichkeiten seines Direktors zu kämpfen. Die Halberstädter waren es, die für das Überleben des Instituts außerordentlich viel taten.[25] Als Basedow seine hochfliegenden Pläne nicht erfüllt sah, trat er vom Direktorat zurück. In seiner Hypochondrie bestand er aber darauf, daß mit seinem Rücktritt auch der Name «Philanthropin» zurückgenommen wurde. Als Direktor des nunmehrigen «Dessauischen Erziehungsinstituts» konnte Joachim *Tafel* Heinrich Campe gewonnen werden, ein fähiger *4* Mann, der aber Dessau schon nach einem knappen Jahr fluchtartig verließ, da ihm Basedows ständiges Hineindirigieren unerträglich geworden war. Franz reiste ihm bis Hamburg nach, konnte ihn aber nicht zur Rückkehr bewegen. Nun setzte der Fürst ein sechsköpfiges Profes- *Tafel* soren-Direktorium ein, in dem Wolke eine ge- *3* wisse Direktorenrolle spielen wollte, die ihm wohl vom Engagement, nicht aber von seinen Leitungsfähigkeiten her zukam. Dieser Kampf aller gegen alle ist kein Ruhmesblatt in der Geschichte der Anstalt.

Mit der Rückberufung des einst von Halberstadt ans Philanthropin entsandten Pommern *Tafel* Carl Gottfried Neuendorf beginnt in Anhalt- *5* Dessau die eigentliche philanthropistische Schulreform im Großen und die erste im Sinne der Aufklärung durchgeführte Landesschulreform.

Das Philanthropin bestand knapp 20 Jahre (1774–1793), in Restphilanthropinen, kleineren Nachfolgeinstituten einzelner Lehrer (ein solches besuchte 1795/96 der junge Pückler-Muskau), auch noch länger. Das «Große Examen» vom Mai 1776, eine öffentliche, mit großem Aplomb angekündigte Prüfung der inzwischen auf zehn Schüler angewachsenen Anstalt, brachte den Durchbruch zu europäischer Berühmtheit. Von der Newa bis zum Tejo, verkündeten nun die Institutsorgane, würden die Schüler entsandt, was tatsächlich stimmte, aber die Anstalt war ja aus Kapazitätsgründen von vornherein auf nur 50 bis höchstens 60 Internatszöglinge geplant, und mehr Schüler waren auch nie gleichzeitig in der Anstalt, für die Franz nun das Dietrich-Palais nebst Garten zur Verfügung stellte. Uns sind die Namen von 160 Schülern bekannt, die zu einem großen Teil dem livländisch-russischen Adel entstammten und in vielen Fällen Offiziere geworden sind. Die Rheinländer dagegen wurden Kaufleute, und nur ein einziger Gelehrter von Rang, der Mathematiker und Physiker Ludwig Wilhelm Gilbert, ging aus dem Institut hervor.

Also stimmt es mit dem Vorwurf der Tändelei und der mangelnden Vermittlung geistig-humanistischer Bildungswerte?

Das diffamierende Pauschalurteil des Neuhumanismus kann einer Anstalt nicht gerecht werden, die eine so epochale Ausstrahlungskraft hatte, daß sie nicht nur eine Fülle von Tochteranstalten nach sich zog (ein Handbuch registrierte 63 Philanthropine in den achtziger Jahren!), darunter so langlebige wie Schnepfenthal bei Gotha; es würde ein Kollegium von so namhaften Schriftsteller- und Lehrerpersönlichkeiten verunglimpfen, deren hervorragendste Köpfe oben aufgezählt wurden, ausschließlich progressiv eingestellte Männer, von denen etliche lautstarke Propagandisten der größten

Staatsumwälzung des Jahrhunderts wurden (Campe, Schulze, Trapp, Villaume zu Halberstadt) oder gar selbst eine Rolle bei den revolutionären Ereignissen in Frankreich spielten (Simon). Es kann einer Anstalt nicht gerecht werden, von der der Vater Gleim in der Zeit der Bedrängnis emphatisch ausruft, er würde, müsse das Philanthropin geschlossen werden, noch 50 Taler spenden zur Tilgung seiner Schulden – so heilsam sei es für die Fortschritte in der Menschenbildung gewesen.

Und diese Begeisterung war allgemein: Es gibt Väter, die ihre Kinder dem Institut gleich nach der Geburt versprechen oder ihnen gar schon den Taufnamen Philanthropus und Philanthropia gaben. Von diesen Exaltierten abgesehen, erwiesen die Größten des Zeitalters der Dessauer pädagogischen Reform ihre Reverenz: Von Kants Engagement war bereits in der Einleitung die Rede. Er begann nach Basedows Methodenbuch selbst Vorlesungen über Pädagogik, warb durch Wort und Schrift für das Dessauer Philanthropin, entsandte Schüler und Lehramtskandidaten zum Hospitieren. Namentlich die Berliner Aufklärer begrüßten Basedows Unternehmen «mit ungeteiltem Jubel»: Büsching, Gedike, Mendelssohn, Sack, Spalding, Sulzer, Teller und andere; ebenso Garve, Gellert und Weiße in Leipzig; die Schweizer Iselin und Lavater. Mit lebhafter Sympathie empfiehlt Lessing Basedows Philanthropin in «Ernst und Falk» im ersten Gespräch für Freimaurer durch Falk, hinter dem sich Lessing selbst verbirgt und «mit unverkennbarer Absichtlichkeit die unumschränkteste Anerkennung ausspricht», wie Hermann Hettner in seiner Literaturgeschichte schreibt.

Was waren die Absichten, worin wirkt der Philanthropismus Basedow-Dessauischer Prägung bis heute nach?

In wesentlichen Bestandteilen ist die «neue»

philanthropistische Pädagogik in unserem pädagogischen Erbe bis heute wirkend aufgehoben
- durch ihre zwar von Basedow theistisch verbrämte, im Kern jedoch materialistische naturwissenschaftliche Fundierung;
- durch die «natürliche», das heißt kindgemäße Erziehung;
- durch Einführung des Schulsports, der bereits in Dessau durch Wolke, Simon, DuToit und andere als Unterrichtsfach ausgebildet wurde;
- durch den Realienunterricht und praktische Betätigung, dem «utilitaristischen» Bedürfnis des Bürgertums entsprechend. So wurden neben Handwerksunterricht (erteilt von Meistern aus der Stadt) und Gartenarbeit auch Betriebe in der Stadt besichtigt.

Es war also auf die allseitige Bildung des Menschen abgesehen. Der Unterricht in den Realien setzte naturwissenschaftlich-technische Geräte für die «Experimentalphysik», das Anschaulichkeitsprinzip des Dessauer Unterrichts setzte Anschauungsobjekte, eine vielseitige Naturaliensammlung und Modelle voraus. Leider wurden nur ganz geringe Reste der umfangreichen Sammlung über den Zweiten Weltkrieg und die Folgezeit gerettet. Die Dessauer Sammlungen, für deren Betreuung eine volle Lehrkraft als Kustos abgestellt wurde, standen keineswegs den Schnepfenthalern nach, die vollständig erhalten blieben. Viele Stücke (und Bücher) wurden aus ganz Deutschland gespendet. Da die neu eingehenden Objekte mit Nennung der Stifter in den Philanthropin-Organen mehrfach aufgezählt werden, sind wir über den Bestand einigermaßen im Bilde und sehen, daß keine Einzeldisziplin unserer heutigen Schulfächer fehlt. Da auch ausführliche Lehrpläne abgedruckt oder archivalisch erhalten sind, wird deutlich, daß das respektable «Register» des naturwissenschaftlichen und technologi-

Tafel 43– 46

92

schen Unterrichts, das Basedow in seinem «Vorschlag und Nachricht...» 1770 bietet, in vollem Umfang gelehrt wurde.[26] Nach dem Elementarwerk mit seinen Kupfern wurden in den höheren Klassen die damals modernsten Unterrichtswerke verwendet und der Stoff durch so hervorragende Lehrer wie Friedrich Gottlieb Busse vermittelt.

Ein astronomisches Observatorium im Turm des philanthropischen Betsaals (der auch eine Gemäldegalerie enthielt) fehlte ebensowenig wie eine riesige abgeflachte Halbkugel aus Erde im Garten des Philanthropins – so groß, daß sie betreten werden konnte –, auf welcher die Länder durch Gras gebildet waren. In diesem Garten hatte jeder Schüler sein Beet zu bestellen. Im Handwerksunterricht wurde, wie auch die Schnepfenthaler Sammlung zeigt, ein großer Teil der im Unterricht verwendeten Anschauungsmodelle hergestellt. Das reicht von der Nachbildung eines Pferdestalls (schon in Comenius' Orbis pictus im Bildprogramm und dort wie noch am Philanthropin auch für die Vermittlung von Fremdsprachenkenntnissen verwendet) über handwerkliche Geräte und technische Bauten bis zu Demonstrationsobjekten für den Physikunterricht, zum Beispiel der Wirkung des Blitzschlages und des Blitzableiters, der in Dessau (in der Flußlandschaft schon klimatisch bedingt) eine besondere Rolle zu

Tafel 43, 46

Tafel 45

In Handwerksunterricht des Philanthropins gefertigte Modelle von Turngeräten

spielen scheint und durch Busses Werbeschrift von hier aus eine größere Verbreitung in Deutschland fand.

Und schließlich wurden auch einige von den in Dessau verwendeten und zum Teil erst neu *Seite 93, Tafel 50* erfundenen Turngeräten nachgebaut. Auf die «physische» Erziehung neben der geistigen und moralischen, die ihnen (nach Campe) eine Einheit bildeten, legten die Philanthropisten größten Wert. In der täglichen Sport-und-Spiel-Stunde sowie auf den täglichen Spaziergängen in den Dessauer Parken – es gab dann auch weitausgreifende Schulwanderungen und alljährlich eine mehrtägige Turnfahrt – wurden nach den Quellen folgende Sportarten betrieben und mit der Zeit bereits methodisch ausgebildet: das Waagehalten, das Gehen auf einem aufgekanteten Brett (das spätere «Schwebebrett») sowie Übungen am «Schwebe»balken, bei dem das dickere Ende festsitzt, das sich verjüngende freischwebende Ende schwankt; so wollte man die Jugendlichen daran gewöhnen, Gefahren abzuschätzen und «bestehen» zu lernen. Der erzieherische Wert tritt auch besonders bei den Übungen hervor, die eine Leistungskontrolle und damit, bei täglichem Training, auch eine Leistungssteigerung ermöglichten (über die Buch geführt wurde). Dabei hebt der Halberstädter Villaume, der Methodiker und Systematiker der Körperkultur, ausdrücklich das stufenweise Voranschreiten vom Leichteren zum Schwereren als Kennzeichen der Dessauer Methodik hervor. Wir hören vom Springen in die Tiefe (wiederum Mutprobe) und in die Höhe; die Springpfeiler mit aufgelegter Gerte auf verstellbaren Holzstiften (GutsMuths ersetzte die Gerte durch ein Seil mit leichten Gewichten, Sandsäckchen) sind eine Dessauer Erfindung; Höhen von drei bis vier Fuß sah Villaume schon bei seinem Besuch im Jahre 1780.

Wir lesen ferner vom Weitspringen mit und ohne Springstock (es kam nur auf die Weite an, den Stabhochsprung entwickelte erst GutsMuths) und vom Springen über den von drei auf acht Fuß sich verbreiternden berühmten Sprunggraben. Selbstverständlich war der Graben zur Leistungssteigerung und wieder als Mutprobe gedacht. Villaume hat Weitsprünge bis zu zwölf Fuß gesehen. Das Springen in einen fahrenden Kahn diente dem Geschicklichkeitstraining. Es gab auch die sogenannten «Casualtage», an denen man, wie etwa während einer Reise, auf gewohnte Bequemlichkeiten (auf Heizung, ausreichenden Schlaf usw.) verzichten und sich den Umständen entsprechend einrichten mußte.

Von Schnellauf und Wettlaufen wird des öftern berichtet, desgleichen vom Schießen mit dem Pfeil nach der Scheibe, Werfen, «Raufen oder Ringen», Baum-Klettern und Kegelspiel, Reifen, Schaukel, dem Spiel mit dem Volanten (Federball), Ball- und Ballonspielen, vermutlich auch «Klopfball» (Tennis). *Tafel 52*

Bei schlechtem oder bei Winterwetter mußte man auf Arten von Hallenturnen bedacht sein. Man ließ zum Beispiel über ein von zwei Personen geschwungenes Seil springen. Hier wäre auch das Geräteturnen zu nennen: Das Voltigieren (Übungen am Pferd) übernahm Basedow wie auch Reiten, Tanz und Fechten aus der Ritterakademie; sicher ist der Barren eine Dessauer Erfindung, ganz sicher die schräge Leiter, an der man auf und ab hangelte oder mit verschränkten Armen auf und ab ging, von DuToit eingeführt.

Noch eine Übung war wegen der möglichen Leistungssteigerung und -kontrolle beliebt: das Tragen von Sandsäcken oder steinernen Gewichten mit ausgestreckten Armen – eine sportmedizinisch sehr fragwürdige Übung, von der man später auch abgekommen ist, die aber

GutsMuths weiter kultiviert hat und die sich selbst noch in Jahns Turnbuch findet. In Dessau wurde von drei bis auf acht Pfund gesteigert, die über unterschiedliche Distanzen getragen wurden. Hierüber wurde in Listen täglich sorgfältig Buch geführt, wobei nicht nur die Dauer des Aushaltens überhaupt, sondern auch der vom Schüler angegebene Moment vermerkt wurde, da die Belastung anfing, ihm beschwerlich zu fallen. Spazier bemerkt in seinem Tagebuch, daß die Fürstin Luise, als sie 1782 nach dem Drehbergfest auch die Sportstunde des Instituts besuchte, sich an der Übung beteiligte und es – ohne Training – auf 40 Sekunden gebracht hätte.

Wir hören vom Schwimmen im Sommer und vom Eislauf im Winter. Basedow hatte von zwölf Stunden des Tages sieben für das Studieren angesetzt, **drei** für die eigentliche Gymnastik und zwei für die Handarbeit, auch bereits dem Spazierengehen großen Raum gewidmet. Von allen Zeitgenossen wird daher die Frische der philanthropinischen Jugend und ihr Frohsinn immer wieder hervorgehoben. «Sollte je die Anstalt darin weniger thun, so verlöhre sie unersezlich viel, und beraubte sich selbst eines vorzüglichen Werths...», eine solche physische Erziehung «sahe ich sonst nirgends. Man konnte keine frischere, blühendere, kräftigere und in körperlichen Übungen gewandtere Jugend sehen» (Spazier 1786).

Und so wurde «*Dessau die Wiege der neueren Turnkunst*»; «mit der Dessauer Anstalt beginnt tatsächlich die Geschichte des deutschen Turnens der neuesten Zeit» (Waßmannsdorff 1870). «Von Dessau gieng sie (die Gymnastik) hernach ins übrige Deutschland und selbst in fremde Länder über», schreibt der Schnepfenthaler Turnlehrer Lenz schon 1800 von seiner Skandinavienreise. Durch Wolke kam die Gymnastik nach Rußland, durch die Elsässer am

Philanthropin, vor allem Jean Simon, gelangte das Dessauer Schulturnen auch nach Frankreich, und überhaupt flossen wesentliche Gedanken des Philanthropismus in die bürgerliche Schulreform Condorcets, in dessen Ministerium Simon Referent war.

Bei so vielen erstaunlichen Dingen, die damals von Dessau her in Umlauf kamen, wäre es interessant zu untersuchen, wieweit die sprichwörtliche philanthropinische Fröhlichkeit, gesteigert durch die berühmten Turnfahrten (nach Muldenstein, Möhlau, zum Petersberg, nach Barby, Gnadau, Schönebeck, Dornburg, nach Naumburg und Magdeburg sowie die fünfzehntägige Harzwanderung) auf die Wanderfreudigkeit der Romantiker und ihre Dichtung nachgewirkt hat, war doch beispielsweise ein Jüngling wie der Philanthropinschüler Wilhelm von Burgsdorf, der Freund Tiecks, der in keinem Briefwechsel der literarischen Größen der Zeit fehlt, Chronist dieser ersten deutschen Turnfahrten.

Zu Dessaus turngeschichtlichem Ruhm kommen außer dem Nationalfest am Drehberg – von GutsMuths überschwenglich «die wiederaufgelebten olympischen Spiele» genannt – noch die Beziehungen Jahns und Friesens zum Dessauer Kreise vor und während der Befreiungskriege und dann die lange Dessauer Wirksamkeit Gerhard Ulrich Anton Vieths. Er ist der dritte der sogenannten «Turnväter», der mit seiner «Enzyklopädie der Leibesübungen» 1794 deren erste historische und methodische Systematisierung lieferte – ein klassisch gebliebenes Werk –, und unterlief mit seinem Dessauer Turnplatz die preußisch-deutsche Turnsperre nach dem Prozeß gegen Jahn. Der 1786 nach Dessau gezogene Vieth hat freilich schon nicht mehr am Philanthropin unterrichtet. Nach Neuendorfs Tod (1798) wurde er Direktor der Hauptschule.

Mit der abermaligen Nennung Neuendorfs kommen wir zu dem zweiten glanzvollen Kapitel der «Pädagogischen Kolonie».

Mit Neuendorfs Namen ist die bürgerliche Schulreform von 1785/87 verbunden,[27] durch die er im Auftrage des Landesherrn für zwei Jahrzehnte zum ersten Mal ein in seiner Konzeption einheitliches, in Ansätzen demokratisches, ein staatliches, das heißt völlig von der kirchlichen Bevormundung gelöstes Schulsystem schuf. Danach gab es nur noch einmal, in Braunschweig, ein staatlich kontrolliertes Schulwesen, wo die Dessauer Philanthropisten Campe und Trapp wirken konnten, das aber sehr schnell – nach knapp vier Jahren – der Intervention des Konsistoriums zum Opfer fiel. Nach Neuendorfs Tod gewann auch in Dessau der Klerus wieder an Einfluß. Der alternde Franz, der ein Jahrzehnt nach der Französischen Revolution resignierte, ließ die Zügel schleifen; und das Konsistorium konnte nach und nach seine alten Positionen wiedererlangen, die ihm anderswo ohnehin nie streitig gemacht worden waren. So trug der unentschlossene «Schulverbesserer» letztlich selbst dazu bei, daß die progressiven Ideen, die ihn von Anbeginn seit der Berufung Basedows und der Zurückholung Neuendorfs erfüllt hatten, langsam wieder abgebaut wurden.

Unter Neuendorfs Direktorat hatten in Umkehrung früherer Verhältnisse die Prediger vor ihrer Berufung auf eine vakante Stelle in den Schulen ihres Sprengels zu hospitieren und das schriftliche Testat darüber der Schulbehörde vorweisen müssen, ehe die Vokation spruchreif wurde. Die Neuendorfsche Schulreform schuf einerseits die Hauptschule als zur Universitätsreife führenden, im Gegensatz zum Philanthropin straff organisierten höchsten Schulkörper des Landes; sie erreichte auf der andern Seite auch die kleinsten Landschulen und schloß die

jüdischen Konfessionsschulen mit ein. Der fürstliche Baumeister Erdmannsdorff verschmähte es keineswegs, neben den Schloßbauten zu Wörlitz, Luisium und Georgium auch Schulen für Landgemeinden zu bauen, wie sie uns in Griesen und (in kläglicher Entstellung) in Riesigk erhalten sind. Beide verblenden, mit ihrer aus dem Funktionalen sich ergebenden gefälligen Dreigliedrigkeit breit hingelagert, die wenig schöne Bauart mitteldeutscher Dörfer, und ihre Schaufronten sind den Hauptpartien des Gartenreiches zugekehrt: «Das Nützliche mit dem Schönen» zu verbinden ist auch hier verwirklichter Wahlspruch der Dessauer Landesgestaltung.

Tafel
VII,
V, II

Tafel
96,
Seite
163

Die Hauptschule fand in dem großen, aus der holländischen Bauperiode Dessaus stammenden Fürst-Moritz-Palais ihre Heimstatt, das schönste Schulgebäude Deutschlands neben dem Kasselschen, wie es noch 1860 in einem Fachbuch (Heppe) steht. Hölderlin findet es beachtlich, daß der Fürst hier die Hauptschule untergebracht habe, während der Erbprinz in einem Hause wohne, «das ganz demütig sich ausnimmt neben dem Pallaste». Da auch das weiterbestehende Philanthropin sich in einem fürstlichen Palais befand, notiert ein Reisender 1786 die «höchste Würdigung des Schulstandes», indem hier «die Pädagogik in Pallästen thront».

Die Würdigung des Schulstandes dokumentierte sich aber vor allem in einer respektablen Erhöhung der Lehrerbesoldung, die diesen Stand aus seiner bisherigen Verachtung hob. Selbst die geringstdotierte Dorflehrerstelle hatte nun ein Salär von 100 Talern, und der Lehrer war dadurch frei von der Kirche und ihren Diensten und von der demütigenden Behandlung durch den Ortsgeistlichen. Wieder hob der materielle Anreiz das Engagement und das Berufsethos, und so wurde Anhalt-Dessau

53
Kühnauer Park, Blick
auf Kirche, 1828–1830,
und Schloß.
Kupferstich von
Adolf von Heydeck,
1835
54
Kühnauer Park,
sogenanntes Rittertor
mit den Plastiken
von Lorenzo Matielli

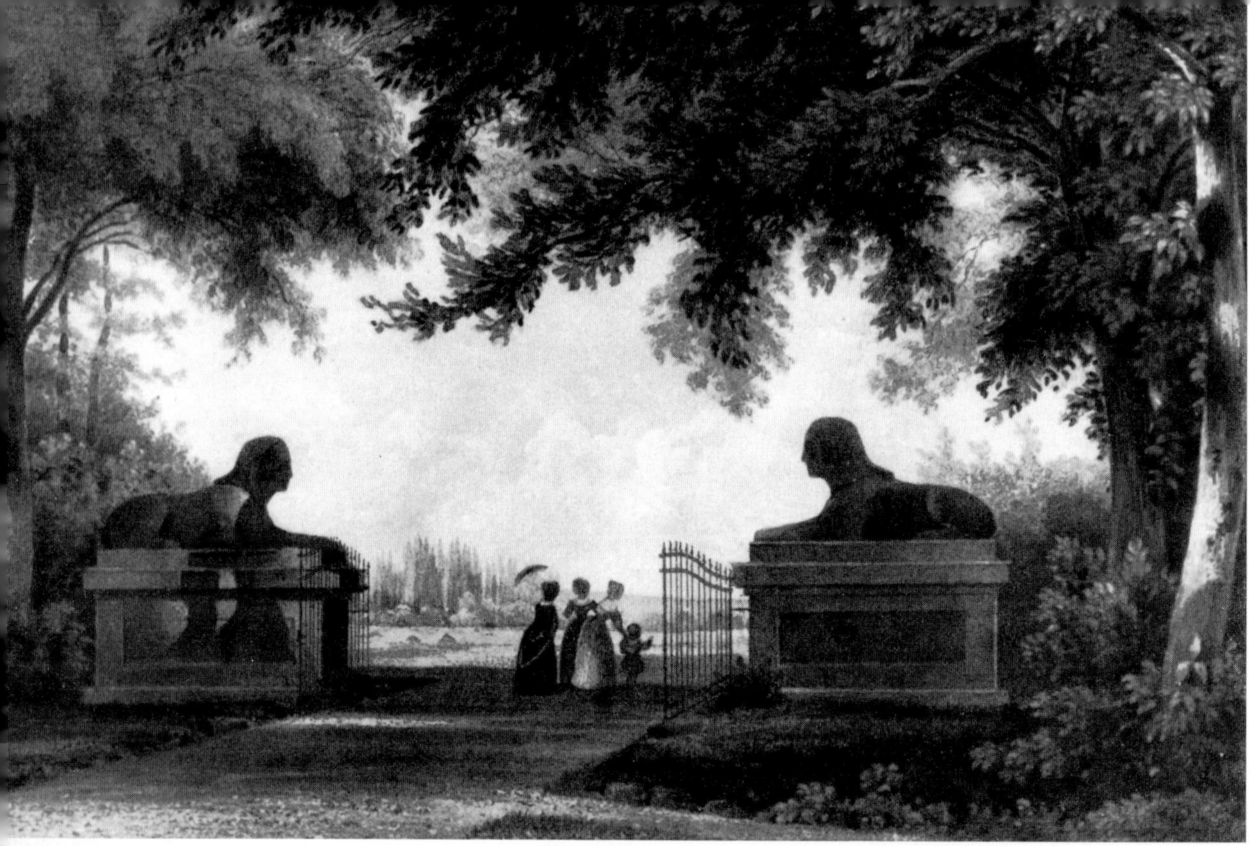

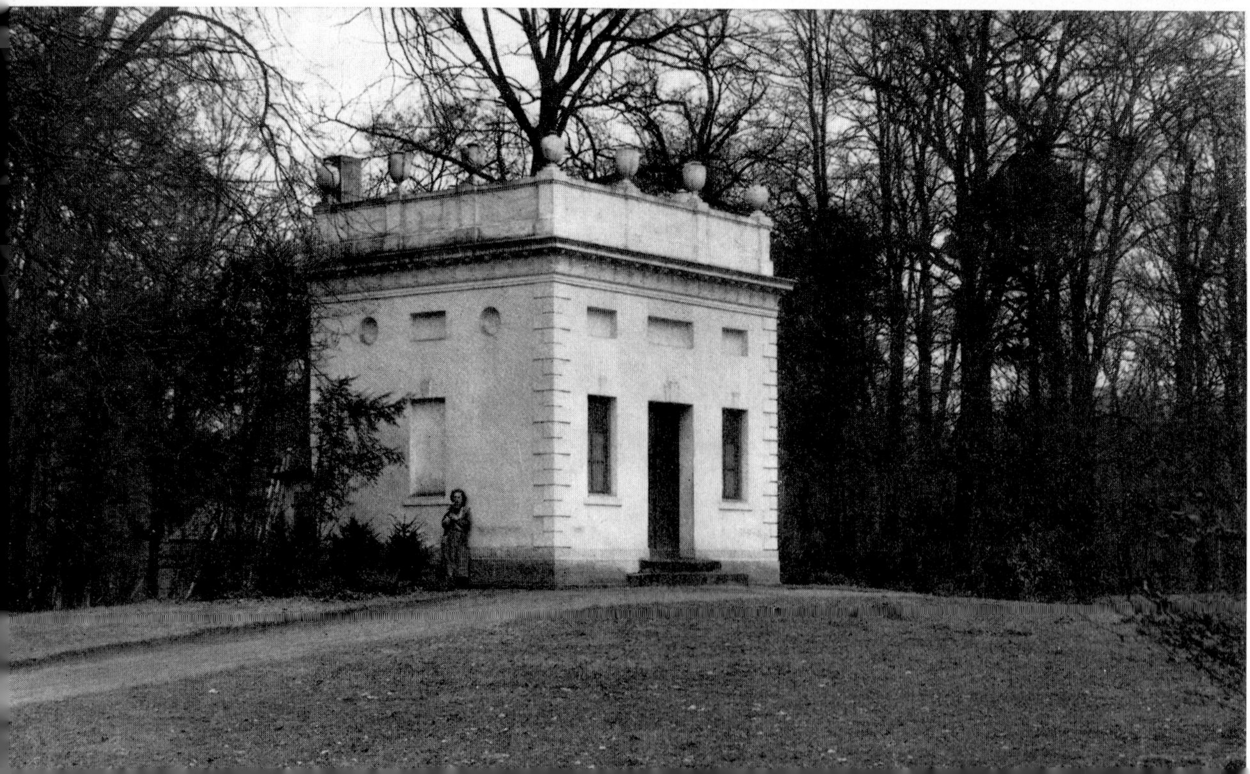

55
Georgium, Sphingenportal, nach 1780
56
Georgium, Vasenhaus, um 1785

57
Georgium, Jonischer Tempel (Monopteros),
im Hintergrund
Römische Ruinen (Saturntempel), um 1780

58
Georgium, Fremdenhaus, Nordfassade,
um 1783

59
Georgium, Fremdenhaus, Südfassade
60
Anregung: Andrea Palladio,
vom Palazzo Thiene in Vicenza

61
Georgium, Römische Ruinen (Saturntempel,
«Sieben Säulen»), um 1780
62
Vorbild: der Saturntempel in Rom
Radierung von Domenico Montagù aus
dem Stichewerk von Jean Barbault, 1761

63, 64
Georgium, Römischer oder Weißer Bogen
und Franz-Denkmal, um 1785,
und das Vorbild:
der sogenannte Drususbogen in Rom

in praxi die «Pädagogische Provinz» des Zeitalters. Die «gebildeten Dessauer» wurden sprichwörtlich gegenüber den Bewohnern der andern anhaltischen Residenzen und vor allem auch gegenüber Universitätsstädten wie Halle. Noch Brentano ironisierte den «gebildeten Dessauer Juden»; zur Zeit der Lessingschen Toleranzstücke wurde der «gebildete Jude» von antisemitischen Gelehrten überhaupt angezweifelt. Aber gerade an solchen Erfolgen muß man die Tiefe der Dessauer Schulreform beurteilen, erst sie machen die zeitgenössische Begeisterung für alles «Dessauische» verständlich. Die Augen aller an der bürgerlichen Schulreform Interessierten waren auf Dessau und das größte pädagogische Experiment des Jahrhunderts gerichtet.

Dazu mußte ein neuer Lehrerstand geschaffen werden. Bereits 1779 eröffnete Franz in Gegenwart Rochows, aber ohne seine Pädagogen, auf die er ärgerlich war, weil ihre Zänkereien Campes Flucht veranlaßt hatten, in Wörlitz, dem Schloß gegenüber, das zweite Schullehrerseminar der Aufklärung; das andre war gerade im Jahr zuvor in Halberstadt begründet worden. Der geistige Vater beider war der Domherr Friedrich Eberhard von Rochow, an dessen Landschulen zu Reckahn und Krahne bei Brandenburg Johann Leberecht Tamm hospitiert hatte, den man für das Wörlitzer Seminar als Direktor ins Auge gefaßt hatte. Die einstigen

Dessauer Philanthropisten geben später unumwunden zu, daß man die vielberufene allgemeine Menschenbildung «hätte von unten anfangen sollen. Das hätten der Fürst von Deßau, als er das Schullehrerseminar in Wörlitz anlegte, und der Domherr von Rochow besser eingesehen» (Trapp).

Es war Neuendorfs erstes Anliegen, das Schullehrerseminar aus dem provinziellen Wörlitz gleich 1785 in die Hauptstadt zu verlegen und mit der Hauptschule zu verbinden. Hier wirkten dann so bedeutend gewordene Pädagogen wie der Technologe Carl Philipp Funke und sein Schüler und würdiger Nachfolger im Amt des Direktors, Heinrich Ludwig de Marées, auch er ein bedeutender Schulschriftsteller der Zeit. Ein typischer Dessauer Lebensweg: Der Sohn des Superintendenten und orthodoxen «Streithengstes» entsagte dem Pfarrstand, um sich voll der Pädagogik zu widmen. Vieth, Wolke und andere gaben ihre Universitätskarrieren zugunsten einer Anstellung im Dessauer Schuldienst auf.

Das Philanthropin war bei aller theoretischen Verkündigung von bürgerlicher Gleichheit, der auch die Institutsuniform Ausdruck geben sollte – und «keine reichlichere Tafel schied den Bürgerlichen vom Edelmann» –, dennoch eine Standesschule geblieben; denn wer konnte schon die 250 Taler Schulgeld pro Jahr aufbringen? Erst durch die Neuendorfsche Schulreform wurde es möglich, «den großen Haufen», von dem auch Basedow verschiedentlich sprach, wirklich zu erfassen und an die Bildungsmöglichkeiten heranzuführen. Jedem stand der Besuch der Hauptschule, des obersten Schulkörpers, offen, für ärmere Schüler war er unentgeltlich. Nach Franz' Tod erfolgte die «Reorganisation» zur Gelehrtenschule respektive zu einem Gymnasium neuhumanistischer Prägung und zugleich ihre Rückführung in eine Stan-

65–68
Die Points de Vue des Georgiums:
65
Pyramide am Gänsewall (Wallwachhaus), 1779/1780
66
Eugenspyramide im Stadtpark, um 1780
67
Elbpavillon, nach 1780
68
Obelisk
am Walldurchlaß nahe der Kühnauer Seespitze, um 1790

desschule. Die Liste der 1819 von der Hauptschule verwiesenen Schüler ist erhalten geblieben; auf ihr sind die Berufe der Väter vermerkt,
und uns ist dadurch bekannt, wer alles seine
Kinder auf die Hauptschule hatte schicken dürfen: Vorreiter, Schneider, Kammerboten, Kut-
scher, Reitknechte, Maurergesellen, Böttcher,
Bediente, Schuhmacher und Torschreiber!

Durch so große Bildungschancen wurde es
möglich, auch bei den untersten Volksklassen
Vorurteile und Aberglauben abzubauen, womit
man selbst in dem großen Berlin, wie einer der
Wahl-Dessauer, der gebürtige Berliner J. M. F.
Schulze, schreibt, noch gar nicht vorangekom-
men war. Mit einem jungen Israeliten konnte
man sich in Dessau verständig und in wohlge-
setzter deutscher Rede über die jüdischen Glau-
bensgrundsätze und über die Lehren Moses
Mendelssohns unterhalten, wie ein Reisender
überrascht feststellt. Sogar in Weimar bemerkte
Laukhard dagegen 1787 «noch die dickste Fin-
sterniß auf den Dörfern; man sollte gar nicht
glauben, daß diese einem Landesherrn ange-
hörten, dessen Residenzstadt mit den hellsten
Köpfen Deutschlands geschmückt ist», aber in
Weimar selbst sei es mit der Bildung auch nicht
anders bestellt. Diese Äußerung macht Franz'
harten Vorwurf gegen die Olympier von Weimar verständlich, den die Goetheforscher ihm
so verübelt haben, nämlich daß Goethe sich um
die Volksbildung «wenig oder gar nicht» be-
kümmert habe.

Wir werden auf die Leistung der Dessauer
auf dem Gebiet der Volksbildung noch in dem
Kapitel über den Nimbus der aufgeklärten
Stadt zurückkommen und schließen hier mit
typischen Beispielen für die begeisterte Zustimmung der Aufklärer zu den Dessauer Schulanstalten. Ernst Christian Trapp, der durch den

Minister von Zedlitz von Dessau nach Halle berufen wurde und dort – freilich nur für zwei
Jahre (1779–1781) – die erste pädagogische
Professur an einer Universität innehatte, konstatiert unmittelbar nach Einführung der Neu-
endorfschen Schulreform 1788 im Braunschweigischen Journal: «Es scheint, als wenn dieses
kleine Land unter allen deutschen Staaten das
erste sein soll, welches sich einer allgemeinen
und gründlicheren Schulverbesserung zu erfreuen haben wird». Ihm akkompagniert gleich
darauf Gottlob Nathanael Fischer, Schuldirektor in Halberstadt, neben Gleim der eigentliche
Mittelpunkt des Halberstädter Kreises,[25] daß
hier «das Schulwesen zuerst in Deutschland auf
einen festen Fuß und in ordentlichen Zusammenhang gekommen ist» (1789). «Schwerlich
ist noch ein deutsches Land vorhanden, wo das
Schulwesen so sehr ein Ganzes und ein in diesem Geist entworfenes und geordnetes Ganzes
ausmacht» (J. F. Walkhoff, 1797).

Auch die Israeliten vergaßen ihren Dank an
Dessau nicht. Der aus dem Geist der Dessauer
Aufklärung hervorgegangene bedeutendste jüdische Kanzelredner des vorigen Jahrhunderts
Gustav Salomon, der sich später zu Ehren Lessings Gotthold nannte, sagte in einer Rede zum
öffentlichen Examen der Franzschule, der jüdischen Hauptschule, am 1. Dezember 1808:
«Mit Stolz darf man's sagen – welchen wichtigen Antheil an dem Glücke so vieler Geschlech-
ter hat nicht Deßau, wo ein Basedow – eine
helleuchtende Sonne am Firmamente der Pädagogik – unermüdet arbeitete, um tausende und
abermals tausende zu ihrem großen Zwecke
vorzubereiten? Das Licht verbreitete sich von
da über unsern ganzen Erdtheil und – Dank
dem Genius der Zeit – auch in Israel hat es er-
wärmt und erleuchtet.»

Die Nationalfestidee:

Das Volksfest am Drehberg und «die wiederaufgelebten olympischen Spiele»

Es gab keine Forderung der aufgeklärten Publizistik, deren sich Dessau nicht annahm und wo es die Erwartungen des Zeitalters nicht zumeist auch erfüllte; vielfach aber entzündete sich auch die Diskussion des Tages an Dessauer Neuschöpfungen. So war es mit der Idee eines «Nationalfestes», wie es in der Literatur der Aufklärer in den achtziger und neunziger Jahren bezeichnet wurde: Schon seit 1776 gab es in Anhalt-Dessau das Drehbergfest; vom folgenden Jahr an wurde es auf den 24. September, den Geburtstag der Fürstin Luise, gelegt.

Wegen ihres hervorstechendsten Teils, der sportlichen Wettkämpfe, wurden die Drehbergfeste von den Zeitgenossen überschwenglich als «die wiederaufgelebten Olympischen Spiele» (GutsMuths) gefeiert – die Dessauer waren viel zu bescheiden zu solchem Anspruch, obschon die antike Festspielidee bei den Dessauer Winckelmann-Schülern zweifellos dahintersteht und die moderne Einschätzung sich GutsMuths anschließt: «Diese Wörlitzer Spiele dürften zu den ersten Olympischen Spielen der Neuzeit zu zählen sein» (K. Ullrich, 1978).[28] In den Dessauer Tagebüchern heißt das Landfest «die Lust am Drehberge», womit der humanitäre Inhalt dieses Volksfestes deutlich zum Ausdruck kommt. Mit der Fixierung auf den 24. September war «die Lust» zugleich ein Erntefest geworden, die Fürstin Luise war die Schirmherrin und der oberste Preisrichter. Sie nahm diese Funktion auch realiter wahr, wenigstens für den Wettlauf der kleineren Klassen der Jungen und Mädchen; sie war das direkt anzulaufende Ziel,

die jeweiligen Sieger «fielen ihr in den Schoß». Franz oder der Erbprinz oder in ihrer Vertretung auch höchste Hofbeamte fungierten als Ordner zum Start und bei der Ermittlung der Sieger: So war den Spielen ein Zeremoniell auf höchster Ebene gegeben, wie auch die neuzeitlichen Olympischen Spiele ihr anspruchsvolles Zeremoniell durch das jeweilige Staatsoberhaupt des Gastgeberlandes eröffnen.

Das Fürstenpaar bewirtete auch teilweise eigenhändig die Gäste. So sind vielerlei antikische Reminiszenzen hier zu einer idealen Einheit zusammengeflossen: Wir denken beim letzteren Punkt an die römischen Saturnalien, welch klassischer Bezug auch von zeitgenössischen Besuchern hergestellt wird. Und die Bewirtung auf Staatskosten entspricht der Gepflogenheit antiker Leiturgia.

Die Agone selbst, aus Dessauer volkssportlichen Wettkämpfen, dem sogenannten «Hutrennen» hervorgegangen (ein Tressenhut war der Siegespreis), wurden zu einem klassizistischen Kulturprogramm weiterentwickelt; möglicherweise sind sie durch die Englandreisen mit inspiriert worden. Franz und Erdmannsdorff werden dort von den «Olimpic Games» Robert Dovers (von etwa 1605 bis 1641) gehört haben, die längst eingegangen, aber sicher auch nach mehr als hundert Jahren noch in Erinnerung waren. Bei diesen wurden in der schönen Landschaft der Cotswold Hills jeweils zu Pfingsten eine Fülle englischer Volkssportarten ausgetragen. Sie fanden großen Zuspruch von Teilnehmern und Besuchern aus allen Bevölke-

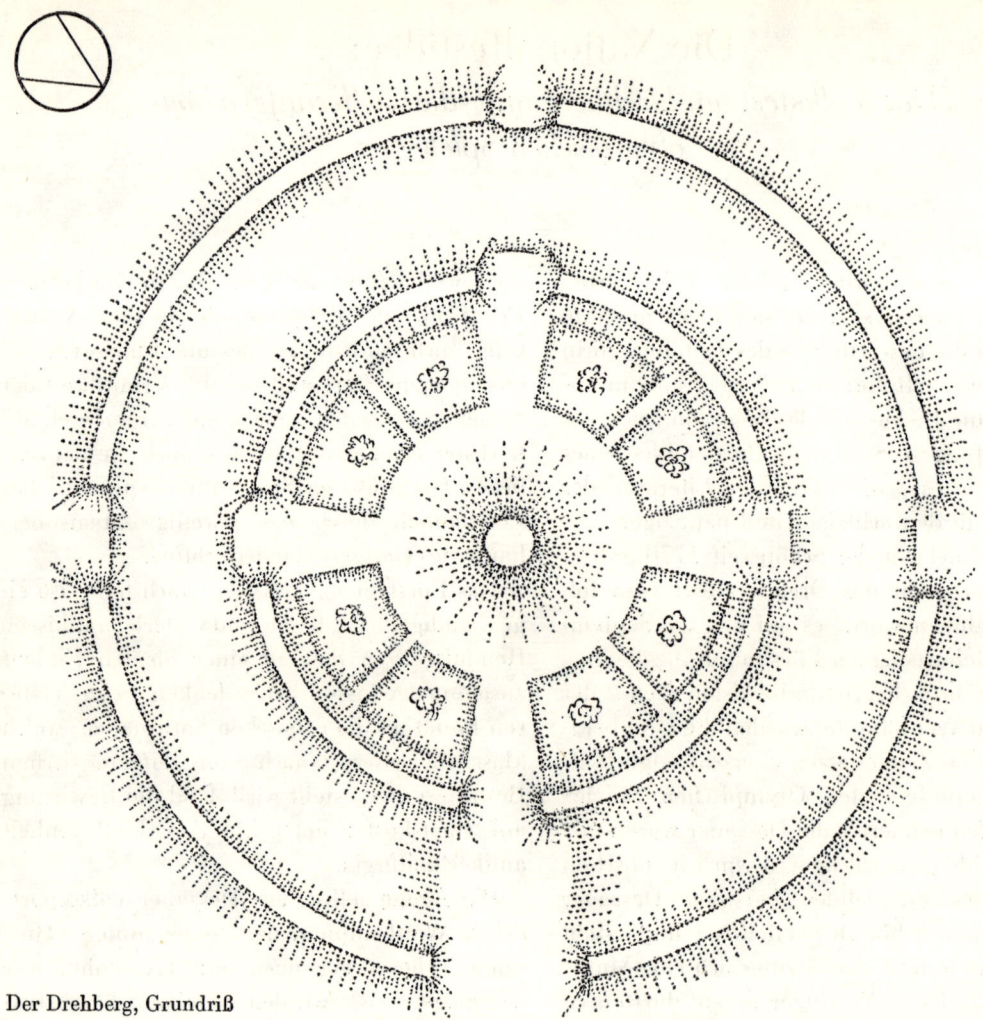

Der Drehberg, Grundriß

rungsschichten, wie auch bei den Drehbergfesten auf die Nivellierung der Standesunterschiede großer Wert gelegt wurde. In Cotswold bildete ebenfalls ein großes Zeremoniell den Rahmen; der König, der die Spiele unter seinen Schutz genommen hatte, war gewissermaßen symbolisch anwesend, indem er Robert Dover zur Eröffnung in Gewändern aus der königlichen Kleiderkammer einreiten ließ.

Tafel 51 Die Drehbergspiele (der Ortsname läßt mehrere Deutungen zu) fanden in einer kreisrunden Anlage drei Kilometer vor Wörlitz statt, in deren Mitte sich das von Erdmannsdorff schon 1773 begonnene künftige Grabmal der fürstlichen Familie erhob. (Es wurde nie belegt, weil der Neue Begräbnisplatz in Dessau eine Sinnesänderung dokumentiert, entsprach aber bereits den aufgeklärten hygienischen Forderungen, Grabstätten nach außerhalb zu verlegen; die Fürstengruft in der Marienkirche wurde zugemauert.) Damit waren die Spiele wie die antiken auch mit dem Totenkult verbunden, «etwas im wahren Geiste des Altertums Gedachtes» (C. A. Boettiger). Der Grundriß zeigt eine Anlage, wie sie einem Erdmannsdorffschen Deckenriß entsprechen könnte. Man erkennt acht kassettenartige Vertiefungen, Schächte genannt, in denen sich die acht Dörfer des Wörlitzer Winkels schon im Morgengrauen des 24. September versammelten und wo sie nach den Rennen bis spät in die Nacht hinein zu Schmaus und Tanz verblieben.

Im allgemeinen nahm das Landfest folgenden Verlauf: Nachdem die Dorfschaften mit Musikzügen unter Sang und Spiel eingetroffen waren und sich in ihre Schächte begeben hatten, erschien auch das Fürstenpaar. Franz begrüßte jede einzelne Dorfschaft mit einer kleinen Ansprache. Erster Programmpunkt nach dem Frühstück war die Aussteuerung von zehn, zwölf, manchmal auch dreißig «tugendhaften» Landmädchen im heiratsfähigen Alter; außerdem wurden Brautpaare mit jeweils 150 Talern ausgestattet. Wir erfahren, daß aus Dörfern, die das Los bestimmte, anteilig nach ihrer Größe die «ob ihrer Arbeitsamkeit und guten Aufführung vorzüglichsten Landmädchen» schon ein Jahr vor dem nächsten Fest nach der Mehrheit der Stimmen von den Hausvätern eines jeden Ortes ausgewählt wurden. Wie Bräute bekränzt, wurden sie nun von der Fürstin noch mit bäuerlicher Tracht und mit schwarzer Festkleidung ausgestattet. Zuweilen begann dieser feierliche Akt für die «Bräute» auch mit einer Kanzelrede in der Wörlitzer Kirche. Solange die Mädchen unverheiratet blieben, erhielten sie von ihrem Kapital, das zum Ankauf eines Grundstücks und somit zum Ansässigwerden gedacht war, siebeneinhalb Taler Zinsen. Verlobten sie sich innerhalb des Jahres ihrer «Kandidatur», konnten sie sich an dem fröhlichen Landfest «kopulieren» lassen.

Dann begannen die vielgerühmten sportli-chen Agone, zuerst das Pferderennen in einer Pappelallee, die vom Drehberg in Richtung auf den zweieinhalb Kilometer entfernten Mittelbogen des Eisenhart (der schon zu den Wörlitzer Anlagen gehörte) verlief; die Wendung erfolgte vor dem Eisenhart, so daß knapp fünf Kilometer Rennstrecke herauskämen. Am Drehberg war die Zielleine gespannt. Der Erste eines jeden Rennens erhielt aus der Hand der Fürstin einen Blumenstrauß und vom Oberhofmarschall einen Hut mit goldnen Tressen aufgesetzt. Der Zweite wurde von Luise mit Bändern und Schleifen geschmückt. Die Sieger der einzelnen Rennen, die Gewinner der Tressenhüte, traten dann noch zu einem Endausscheid an, dem Gesamtsieger winkte ein Geldpreis von 20 oder 30 Talern. Er, aber auch die Einzelsieger, durften ihre Trophäe bis zum nächsten Ausscheid an allen Sonn- und Feiertagen tragen und standen wie die Olympioniken im Altertum in höchstem Ansehen. Man bewunderte, wie gut die Dessauer Landbevölkerung durch diesen Anreiz beritten sei. Von der merkantilen Seite, dem Absatz der besten Rennpferde an meistbietende Besucher, war schon im Landwirtschaftskapitel die Rede.

Für ein wohlgeordnetes Staatswesen gehörte es sich, daß bei einem so wilden Vergnügen (Reiten ohne Sattel wie in der Antike) auch die ärztliche Betreuung auf dem Platz nicht fehlte. Gefährliche Stürze waren im Kampfgetümmel nicht zu vermeiden. Fürst Franz, der oft genug auf Jagden und zu anderen Gelegenheiten sein Leben beim Reiten aufs Spiel setzte und mehrmals Knochenbrüche davontrug, beaufsichtigte selbst die ärztliche Versorgung und inspizierte öfters den Fortgang der Heilung.

Dem Reiten schloß sich das Rennen der Burschen und darauf das der Mädchen an. Daß auch Mädchen liefen, ist besonders hervorzuheben, weil sie in Olympia vom Wettkampf (sogar als Zuschauer) ausgeschlossen waren. Die Aufklärung bricht ein Tabu, indem sie sich der körperlichen Ertüchtigung auch der weiblichen Jugend annimmt.

Gelegentlich gab es Umstellungen im Ablauf, gewöhnlich wurde der Lauf der Knaben noch vor dem Mittagessen abgewickelt. Hatten die Gäste dem Pferderennen von den beiden Gedächtnishallen vor dem Ringwall aus zugesehen, da hier Start und Ziel war, so begab man *Tafel*
51 sich jetzt auf die zu Zuschauertribünen abgetreppten Ringwälle, denn die Wettläufe fanden in der Kreisbahn um das Grabmal statt. Der Fürst und honorige Gäste, vor allem aber auch die kleinen Philanthropisten, die immer anwesend waren und mit denen auch außer der Reihe zweimal eigene Drehbergspiele veranstaltet wurden, bestiegen die offene Galerie, die um die Laterne der Kuppel geführt war. (In der Grabanlage durchkreuzten sich Baugedanken vom Mausoleum des Augustus in Rom und von dem Grabmal des Theoderich in Ravenna; die Laterne war innen mit Sportszenen aus der Antike ausgemalt.)

Der Erbprinz ordnete zum Start, er oder der Fürst gaben das Startzeichen. Luise saß an der untersten Stufe der Rasenbänke und empfing die Sieger. Sie verteilte die Preise – die Mädchen bekränzte sie eigenhändig. Die «Herunterlassung» der «populären» Fürstin, die dem «gemeinen Mann» so wohltuend sei, kommentiert ein Däne 1780: «Diese Verläugnung, die zwar an sich klein ist, aber die doch bemerkt zu werden verdient, weil sie so sehr mit höfischen Sitten kontrastiert, machte mir vorzüglich Freude.»

Die Ausscheide erfolgten bei Jungen und Mädchen selbstverständlich in je zwei Altersgruppen getrennt. Die jeweiligen Sieger im Wettlauf der Knaben erhielten einen Hut mit silbernen Tressen, die Zweiten seidne Tücher

und Bänder zu Kamisolen. Auch hier wurde ein Gesamtsieger ermittelt.

Nach Tisch liefen die «hochaufgeschürzten» Mädchen. Die Siegerinnen der Kleineren erhielten nach Bekränzung durch die Fürstin kleine seidne Tücher, die Zweiten einen Blumenstrauß. Die Größeren, die gewöhnlich anschließend liefen, bekamen «einige Ellen Seidenzeug», die Zweiten wieder einen Blumenstrauß, Seidentuch und Schnupftücher. Bei einer leider sehr ungenauen Streckenangabe von «150 bis 200 Schritt» werden uns als bewunderte Bestzeiten des Jahres 1780 für die höhere Altersklasse der Knaben 25–26 Sekunden und 28 bis 29 Sekunden für die Mädchen überliefert. Nach der heute noch vorhandenen Anlage kann man eine Laufstrecke von 230 Metern annehmen, für die die genannten Zeiten damals respektable Leistungen darstellen, bedenkt man, daß stets in einer starken Kreiskrümmung ohne jede Gerade gelaufen werden mußte und daß es keinen Sportdreß gab, daß vielmehr in Anwesenheit der Fürstin Läufer und Läuferinnen sich gewiß in der «Wohlanständigkeit» halten mußten, trotz der schon erwähnten «Aufschürzung» der Mädchen.

Mit dem Lauf der größeren Mädchen war der Agon beendet. Es begann nun der Festschmaus und der Tanz nach ländlicher Musik. Jeder Schacht erhielt vier Tonnen Wörlitzer Stadtbier, oft beschloß die Beleuchtung des Gebäudes oder der Hecken das Fest, das sich bis neun oder zehn Uhr nachts ausdehnte. Bei besondren Anlässen, wie dem Besuch Friedrich Wilhelms II., wurden auch das Wörlitzer Schloß und Teile des Gartens illuminiert. Übereinstimmend vermerken die Augenzeugen anerkennend, in welch guter Ordnung das Fest verlief und wie gesittet sich die Landbevölkerung zu später Stunde noch benahm. Angetrunkene wurden von ihren Quartieren sofort zur Ordnung gerufen. Die Jäger und Förster veranstalteten zur gleichen Zeit, wenn der Tanz anhob, ein Zielschießen nach einem hölzernen Adler, wie es dann auf allen Schützenfesten üblich wurde.

Unterdessen waren die Kleinen des Wörlitzer Winkels nicht vergessen und aus dem Gewühl der Erwachsenen herausgelöst worden. Sie tanzten unter Anleitung ihrer Lehrer auf dem Wörlitzer Marktplatz, der seit Ende der achtziger Jahre zu diesem Zweck nach dem Grundriß eines antiken Circus ummauert worden war.

Die Erfolge in sittlich-erzieherischer Hinsicht werden auch in den Statuten der Vockeröder «Pfingstbrüderschaft» sichtbar: «Anstand, Bescheidenheit und nüchternes Wesen» sind die Hauptforderungen dieser Statuten gewesen, als sich die Vockeröder aus eigner Anstrengung ein Volksfest schufen, ein Pfingstgelag' mit Tanz um die Maie. Bis ins kleinste Fischerdörfchen erstreckte sich so der veredelnde Einfluß der Dessauer Aufklärung und ihrer pädagogischen Bemühungen; von unten her, wo sie gewöhnlich am renitentesten auftreten, konnten Aberglauben, Vorurteile und Rüpeltum abgebaut werden.

Die Drehbergfeste wurden bis 1799 gefeiert. Sie lebten noch einmal in der Zeit des Vormärz 1840 bis 1842 auf mit deutlich spürbarer Rückbesinnung auf die progressive Epoche des Dessau-Wörlitzer Kulturkreises und als Opposition gegen die jetzt vorherrschenden reaktionären Zustände. Deshalb wurden sie auch, entgegen gegebenen Versprechungen, von der reaktionären Obrigkeit bald fallengelassen.

Neben den besternten und gekrönten Besuchern finden wir auch Goethe, der sich 1781 sehr eilen mußte, um noch zur Zeit zu kommen und den jungen Fritz von Stein, den Sohn seiner Charlotte, den «Rennbahnen der Jugend» (Jean Paul) zuzuführen. Das Gesehene gefiel ihm so sehr, daß er für das folgende Jahr den ganzen Weimarer Hof in Marsch setzte, das Dessauer Landfest zu studieren und möglichst zum Muster zu nehmen. Es fand auch bereits an mehreren Orten deutliche Nachahmung, so in Baden, in Halberstadt, in Dieskau bei Halle, ohne allerdings – mit Ausnahme des 1810 von Ludwig gestifteten Münchner Oktoberfestes, an dessen Anfang auch ein Pferderennen stand – die Ausstrahlung des Drehbergfestes zu erreichen. Den Propagandisten der Nationalfestidee dienen die Drehbergspiele immer wieder zum Bezugspunkt ihrer Argumentation: «Wie schön ist solch ein Tag! Ihn erwartet die Landjugend mit Sehnsucht, für ihn übt sie ihre Körperkraft schon zum voraus, er belebt ihre Liebe zum Vaterlande, das nicht bloß Arbeit und Unterthanengehorsam fordert, sondern auch Freude gewährt...» Soweit GutsMuths' Würdigung aus dem Jahre 1793. Aber nun folgt noch ein interessanter Nachsatz – Rat oder versteckte Warnung – an die Regierungen: «REGENTEN, welch ein schönes Mittel, ein ganzes Volk zu leiten und seine Liebe zu erwerben, wie wichtig und empfehlenswert in den Zeiten der Revolutionen!»

So unverblümt wird es selten akzentuiert, selten so unmittelbar adressiert, vielleicht nur noch in der Gothaer Deutschen Jugendzeitung R. Z. Beckers, der unablässig den Weg der Dessauer Reformen empfiehlt, die nun, unter dem Gang der Ereignisse in Frankreich, unversehens in «Revolutionsprophylaxe» umgemünzt werden.

Die Allgemeine Buchhandlung der Gelehrten und Künstler

und die ihr angeschlossene Verlagskasse: zweiter Höhepunkt der Dessauer Aufklärung

Das zweitgrößte Unternehmen der Dessauer aufgeklärten Projekte nach dem Philanthropin war die Allgemeine Buchhandlung der Gelehrten. Schon vom anspruchsvollen Namen her hatte man es wieder aufs «Große und Ganze» abgesehen, ganz im Sinne der Aufklärung, deren eudämonistische Philosophie immer aufs «Allgemeine» abzweckte: «Gemeinnützige Kenntnisse» wollte man im Philanthropin vermitteln, oder «Gemeinnützige Blätter» gab man in Halberstadt heraus. Die «Allgemeine Buchhandlung» (sprich: allgemeiner Verlag) war ein Unternehmen von europäischer Tragweite, und ihr Begründer, Carl Christoph Reiche (um 1742 bis 1794), meldete sich nicht weniger hochtönend als Basedow zu Wort, wiewohl er im Dessauer Lehrerzwist am Philanthropin zwangsweise dessen Gegner werden mußte. Wie Basedow war auch er ein «unbiegsamer Starrkopf», aber ein redlicher und fester Charakter.

Beide sind sie von unklaren Vorstellungen über eine vermittels ihrer Projekte möglich gewordene Weltverbesserung besessen; beide versuchen sie, die «Kosmopoliten» oder die «Weltbürgerschaft» zu mobilisieren, und versprechen mit Begeisterung und Engagement, sie durch ihre Institute im Sinne aufgeklärten Fortschritts zu beglücken. Die beiden Dessauer Verlagsunternehmungen beschäftigten, ja beeinflußten – wenigstens für einige Jahre – den Literaturbetrieb der deutschsprachigen Länder. Niederlassungen und Kommissionäre gab es aber in ganz Europa, und Reiche versuchte sogar, nach den eben ihre Unabhängigkeit er-

kämpfenden nordamerikanischen Freistaaten auszugreifen, um sich auch dort wenigstens den deutschsprachigen Markt zu sichern. Nach dem Scheitern seines Projekts soll er nach den Staaten ausgewandert sein.

Als Prediger im preußischen Havelberg seines Amtes enthoben, suchte Reiche am Dessauer Philanthropin als dem Hort der größten in Deutschland möglichen Denkfreiheit Unterschlupf. Vielleicht kam er durch den Selbstverlag des Instituts auf den Gedanken seiner «Allgemeinen Buchhandlung», die aber Ausdruck und höchste Steigerung dessen war, was die Aufklärer Englands (Pope) und Frankreichs (Voltaire), aber auch Deutschlands (Leibniz 1715, später unter anderen Gleim, Lessing, Klopstock) bereits seit langem anstrebten: ein Selbstverlagsunternehmen der «Gelehrtenrepublik», um von den reichen «Buchhändlern» – gemeint sind wieder die Verleger – unabhängig zu werden. Produkte des Geistes sollten keine Objekte kaufmännischer Spekulationen mehr sein. Goethe spricht in Dichtung und Wahrheit von einer «allgemeinen Bewegung» unter den deutschen Autoren: «Sie verglichen ihren eignen, sehr mäßigen, wo nicht ärmlichen Zustand mit dem Reichtum der angesehenen Buchhändler ... Sie fühlten ein lebhaftes Verlangen, ihre Lage verbessert zu sehen, sich von Verlegern unabhängig zu machen.» Also eine klare Frontstellung gegen die «omnipotentia gentis bibliopolarum» (die Allmacht der Buchhändlerkaste), wie es schon bei Leibniz heißt.

Reiche bezeichnet Dessau in seinem ersten

Nachricht
und
Fundations-Gesetze
von der
Buchhandlung
der Gelehrten,
die
in der
Fürstl. Anhalt. Residenzstadt Dessau
errichtet ist.

Dessau,
in der Buchhandlung der Gelehrten.
1781.

4) Weil an jedem andern Orte, und in jedem größern Lande, die Censur einer Schrift, und auch die Confiskation derselben, — wie so viele Beyspiele davon sind, — der Willkühr, und oft genug dem bloßen Muthwillen dieser oder jener Privatperson unterworfen seyn muß, und weil man sich anderwärts nicht immer eben so geschwinde, und ohne Unkosten, bey dem Landesherrn deshalb beschweren kann, als dies in Dessau möglich ist, wo der Landesherr zu aller Zeit, mit jedem seiner Unterthanen spricht, und wo derowegen der Gelehrte die Gewißheit haben kann, daß seine Schrift, so lange sie eine ehrlich gemeinte Belehrung oder Vertheidigung einer Person oder Sache, nicht aber eine muthwillige Verhöhnung des Menschen, der Religion und der guten Sitten ist, gewiß auch abgedruckt, und niemals eher konfisciret werden wird, ehe nicht würklich die Grundgesetze des Reichs, der Religion und der guten Policey, das Verboth des Druckes, oder auch die Confiskation der Schrift nothwendig machen.

In Ansehung des Orts haben wir derowegen, wie uns dünkt, nach gewiß sehr guten Gründen Dessau erwählet, und was hiernächst die Buchhandlung selbst betrift; so denken wir, wird das, was wir in Ansehung derselben festgesetzt, und worauf zu halten Sr. Hochfürstliche Durchlauchten Höchstselbst, der hiesigen Fürstlichen Regierung ausdrücklich und aufs gnädigste befohlen haben, ebenfalls sehr gut gegründet seyn, und den Beyfall der Gelehrten verdienen.

Publicandum als den günstigsten Platz für ein Unternehmen dieser Art und weist mehrmals auf die ihm gewährten Privilegien und die Zensurfreiheit in Anhalt-Dessau hin. Neben vielen «mittleren und geringeren Geistern» gab es bald auch keinen deutschen Schriftsteller von Rang, der nicht mit dem Dessauer Selbstverlagsunternehmen in Verbindung trat und seine Werke hier unterzubringen suchte. Allmählich begannen die Verleger um ihre Profite zu bangen. Sie formierten sich ihrerseits um das ungekrönte Haupt ihrer Gilde, den streitbaren Philipp Erasmus Reich, den Inhaber von Weidmanns Erben, und versuchten allerlei Manipulationen, um der Selbstverlagsbewegung, die nun endlich 1781, im Todesjahr Lessings, in Dessau ihre Konkretisierung gefunden hatte, Steine in den Weg zu legen. Erasmus Reich wie auch der Berliner Buchhändler Mylius verfolgten das Dessauer Unternehmen mit einem bis ins Kleinliche gehenden Haß und ließen es noch nach dessen frühem Ende die Autoren, die mit ihm sympathisiert hatten, entgelten.

Als Beförderer und Kollekteure der Allgemeinen Buchhandlung – ein großer Teil verlegte dann auch bei ihr – finden sich in den Akten und Verlautbarungen die glänzendsten Namen, von denen nur die bekannteren aufgezählt werden können: In Altona und Hamburg Campe und Claudius, in Berlin Ancillon (verschiedne französische Reden), Bernoulli (Lettres astronomiques u. a.), Büsching, Chodowiecki, Gedike, Spalding, Teller; Merck in Darmstadt; in Dessau Basedow (Praktische Philosophie für alle Stände und Philanthropische Grundlage der Sittenlehre), Busse, Matthisson (Lieder), Salzmann (Gottesverehrungen); Meusel in Erlangen, Joh. Heinrich Voß (Odyssee) in Eutin; Feder, Heyne, Kästner, Lichtenberg und Schlözer in Göttingen; in Halberstadt Gleim (Episteln und Halladat), Fischer, Klamer Schmidt (Poetische Briefe), Villaume (Geschichte des Menschen) und Rochow aus Rekkahn; aus Halle zahlreiche Professoren, Carl Friedrich Bahrdt (Versuch über die Beredsamkeit, Juvenal und anderes), Reinhold Forster, Niemeyer (als Intimus des Fürsten Franz auch einer der häufigsten Gäste in Dessau), Semler, Trapp; Georg Forster und Mauvillon in Kassel; in Kiel Cramer, Ehlers (Über die Lehre von der menschlichen Freiheit) und Hirschfeld (Gartenkalender); Eck, Reiske (Autobiographie), Christian Felix Weiße, Zollikofer und noch mehrere Professoren in Leipzig; Sprickmann in Münster; Sophie La Roche (Moralische Erzählungen) in Speyer; Simon und Schweighäuser in Straßburg; in Tübingen Cotta; Afsprung in Ulm; in Wittenberg Ebert, Schröckh, Zeune; in Weimar Bertuch (Theater der Spanier und Por-

tugiesen); Goethe, der die erste Gesamtausgabe seiner Werke hier verlegen wollte «in Groß-Quart mit Lateinischen Lettern» und sie dann beim Nachfolgeinstitut auch wirklich herausbrachte, Herder, der bei der Verlagskasse seine Hebräische Poesie verlegte, Jagemann, Kraus, Seckendorf (Das Rad des Schicksals), Voigt und Wieland, der nicht nur von Reich zu den Dessauern überging und hier Horazens Briefe verlegte, sondern sogar Aktionär der Verlagskasse (siehe unten) wurde. Aus Bauerbach fragt der junge Schiller nach den Verlagsbedingungen an. Aus der Schweiz sind engagiert Iselin, Lavater (Betrachtungen über die wichtigsten Stellen der Evangelien), Pfenninger und Pestalozzi (er verlegte hier Christoph und Else und Ein Schweitzer Blatt). 1783 spricht man stolz von über 200 Autoren, die wir nicht aufzählen können; wir nennen von denen, die nicht als «Kollekteure» engagiert waren, nur noch Dohms berühmte Schrift zur Judenemanzipation und die Freimaurerbibliothek. Daß man neben dem «aufgeklärten Theologen» Semler auch Theologica des berüchtigten Hauptpastors Goeze in Hamburg verlegte, spricht für die Liberalität Reiches, die Basedow kaum geübt haben dürfte. Viele in- und ausländische Autoren besuchten die Buchhandlung, von noch nicht erwähnten nennen wir Raynal, Schlabrendorf, Mendelssohn, Nicolai und Resewitz. Von Musikern endlich verlegten bei der Allgemeinen Buchhandlung Naumann in Dresden, J. F. Reichardt, Rust und Vogler, der bekannte Lehrer Webers und Meyerbeers. Man legte Rousseaus Lieder und Romanzen neu auf. Kollekteure fanden sich im Haag, in Kopenhagen, Stockholm, Petersburg, Riga, Mitau, Warschau, Krakau, Straßburg, Basel, Zürich, Pisa.

Es sind, wie schon angedeutet, zwei Verlagsbuchhandlungen zu unterscheiden: Die Allgemeine Buchhandlung der Gelehrten und Kunstler, von der bisher die Rede war, und die wenig später ins Leben gerufene «*Verlagskasse*» zur Förderung junger, noch unbemittelter Schriftsteller. Denn das mutige Dessauer Unternehmen sah auch das soziale Anliegen (siehe unten). Als Autoren finden wir zum Beispiel die Weimarer Bertuch (Altspanische Romanzen), Seckendorf (Volks- und andere Lieder; Kalliste), Voigt (Mineralogie Weimar-Eisenachs); Wielands Briefe des Horaz und Herders Hebräische Poesie sind bereits genannt.

Die Allgemeine Buchhandlung wollte, um es mit Worten Bahrdts noch einmal zu sagen, «die Bahn mit eigner Gefahr brechen und die Republik der deutschen Gelehrten vom Joche der Verleger befreien». Die Schriftsteller hatten es Reich und «Konsorten» nicht vergessen, daß sie bereits Klopstock bei seinem Emanzipationsversuch mit ihren Gegenmaßnahmen allerlei zu schaffen gemacht hatten. Man hatte ihm sogar das Papier zum Druck seiner «Gelehrtenrepublik» verweigert; da er es nun aus Holland kommen lassen mußte, erschien sie mit einem Jahr Verzug. Die Allgemeine Buchhandlung, die auch gegen die Nachdrucker wirken wollte, welche die Schriftsteller seit je um den größten Teil des Ertrages ihrer Geistesprodukte gebracht hatten, vereinigte die deutschen Literaten «in geschlossenem Bund» (Goethe) in einer *genossenschaftlichen* Verlagsbuchhandlung. Sie ließen ihre Werke auf eigene Kosten drucken, und die «Allgemeine Buchhandlung» übernahm Verlag und Vertrieb.

Es wirkte sich allerdings ungünstig aus, daß ihre Titel keiner andern Kritik als der eignen unterworfen waren. Dabei lag es keineswegs in der Absicht der Allgemeinen Buchhandlung der Gelehrten, den Markt mit Büchern zu überschwemmen und etwa dem Mittelmaß eine Existenzquelle zu sichern, wie das der Dessauer Institution von ihren Gegnern in Buchhändler-

kreisen von Anbeginn zum Vorwurf gemacht worden ist. Denn es konnten (von der Verlagskasse abgesehen) nur renommierte und gut situierte Autoren in Dessau verlegen, die in der Lage waren, die Druckkosten vorzuschießen.

Reiche, der übrigens sehr hinter seinem Unternehmen zurücktritt, sicherte den Autoren der Allgemeinen Buchhandlung $66^2/_3$ Prozent des Ladenpreises als Reingewinn zu (heute sind es um zehn Prozent), er selbst behielt zur Deckung der Unkosten nur $8^3/_4$ Prozent ein, während er dem Sortimentbuchhandel die verbleibenden 25 Prozent als Rabatt gab. Das war – in bester Absicht – viel zu günstig für den Autor kalkuliert und mußte zum Ruin des Verlages führen.

Noch mehr verkalkulierte sich Reiche mit dem Verdienstsatz für die Autoren der «Verlagskasse», die ein Vierteljahr später (am 1. Mai 1781) für Mittellose als Aktiengesellschaft eröffnet wurde. Wieder zeigt sich kapitalistisches Denken im Ansatz. Aktionäre waren unter anderem Bahrdt, Basedow, Behrisch, Fürst Franz und Wieland. Es wurde ein erheblicher Fonds zusammengebracht, der es ermöglichte, unbemittelten Autoren die Druckkosten vorzuschießen. Darüber hinaus wurden ihnen noch 55 Prozent des Ladenpreises als Gewinn zugesichert. Wenn das auch wieder viel zu hoch gegriffen war, lag doch hier die soziale Notwendigkeit auf der Hand: Bertuch bezeichnet daher in einem Brief an Merck die Verlagskasse als weit wichtiger noch als das erste Unternehmen, und Wieland beeilte sich, ihre Statuten noch im Maiheft des Merkur abzudrucken. Freilich liefen durch das Fehlen von Fachlektoraten bei der mangelnden Selbstkritik vieler Autoren auch Produkte mit unter, die dem Niveau des Dessauer Verlages nicht entsprachen und die Wieland trotz seines großen Engagements zu der maliziösen Bemerkung (als «Sendschreiben an einen jungen Dichter») veranlaß-

Berichte

der

allgemeinen

Buchhandlung

der Gelehrten,

vom Jahre 1781.

Erstes Stück.

Dessau und Leipzig,
in der Buchhandlung der Gelehrten.

ten: «Schreibe ... den ganzen langen Tag, und schick's nach Dessau in Verlag.»

Eine Autoren-Verleger-Sozietät auf genossenschaftlicher Grundlage *konnte* in der gesellschaftlichen Situation jener Zeit gar nicht gut gehen, wie einsichtige Autoren es bereits damals, zwischen Hoffnung und Zweifel stehend, formulieren, am deutlichsten vielleicht Bü-

sching. Es wurde auch manches zu hektisch betrieben – wie vieles in Dessau, das hier, der Entwicklung weit vorauseilend, erstmalig in Szene gesetzt wurde.

Im ersten Überschwang der nun gewonnenen Unabhängigkeit nahmen sich die Autoren noch mehr Freiheiten heraus, als ihnen ohnehin schon eingeräumt wurden. Sie überhäuften Reiche mit Aufträgen und Anliegen, die er nicht mehr bewältigen konnte. Es half nichts, daß er eine verzweifelte Klage darüber «An die sämtlichen Autoren» veröffentlichte.

Bald nach der Verlagsgründung hatte Reiche auch eine eigne Zeitschrift ins Leben gerufen, die monatlichen «Berichte der allgemeinen Buchhandlung der Gelehrten». Es finden sich dort hervorragende und sehr tiefgründige Aufsätze der Aufklärerpartei. Daneben stand sie den Autoren, übrigens auch solchen, die nicht bei der Allgemeinen Buchhandlung verlegten, für Selbstrezensionen zur Verfügung. Für die Aufzählung und Charakterisierung der zahlreichen, damals renommierten, heute meist vergessenen Autoren des Periodikums ist hier nicht der Platz. Wir wollen nur den späteren Goethe-Korrespondenten, den Orientwissenschaftler Heinrich Friedrich Diez, herausheben, der mehrmals vertreten ist mit Aufsätzen über Pressefreiheit und Toleranz und mit einer ihm zuzuschreibenden Fortsetzungsreihe «Die Stimme in der Wüste». Sie geht hart mit Despotismus und Fürstenwillkür ins Gericht und engagiert sich auch für den steckbrieflich verfolgten Wekhrlin.

Das Journal, dessen «durchweg gleichen vornehmen Ton» selbst Gegner der genossenschaftlichen Verlagsbewegung hervorheben, macht mit seinen Abhandlungen dem Zeitalter der Aufklärung alle Ehre. Für Reiche aber war die Redaktion eine weitere Last. Dabei florierte die Gelehrtenbuchhandlung ganz offenbar und nicht nur nach den offiziellen Verlautbarungen in den «Berichten». Die Zahl der Titel (insgesamt über 800 in knapp vier Jahren und mehr als 30 Zeitschriften) und der Verkehr mit den angesehensten Buchhandlungen nahmen von Jahr zu Jahr zu. Reiche aber wuchs das Unternehmen buchstäblich über den Kopf, nachdem er auch noch wegen der leichteren Abwicklung der Geschäfte den Hauptsitz nach Leipzig verlegen mußte. Und so resignierte er schon nach knapp vier Jahren zugunsten des technischen Leiters der Verlagskasse und schied sogar gänzlich aus seinem Unternehmen aus, als dieser nicht bereit war, mit den Autoren auf dem gleichen Fuße zu verhandeln.

Dieser Nachfolger war kein Geringerer als der bekannte Verleger Joachim Georg Göschen, der sich in Dessau seine ersten Sporen als Hersteller und Verlagsleiter verdient hatte. Er baute nun aus dem strandenden Schiff sein eignes auf, indem er die weiten Geschäftsbeziehungen der Allgemeinen Buchhandlung zu nutzen verstand. Die erste Goethesche Gesamtausgabe erschien nun in diesem Verlag. Durch Göschen hatte die Dessauer Gründung ein langes Fortbestehen. Nach dem ersten Weltkrieg ging der Göschensche Familienbetrieb im de-Gruyter-Konzern auf.

Viel wichtiger aber ist es in unserem Zusammenhang, das lebhafte Bedauern der zeitgenössischen Autoren über das allzuschnelle Ende der Schriftsteller-Sozietät zu konstatieren, die mit solchem Aplomb verkündet worden war und die Gemüter erregt hatte. Nicht zuletzt hatte Dessaus Ruf als Zentrum der Aufklärung ihr soviel Zulauf gebracht. Goethe spricht davon, daß das Unternehmen, das sich eines so lange empfundenen Bedürfnisses annahm, *«hier abermals ein großes Zutrauen»* erweckte, «das sich aber nicht lange erhalten konnte; und *leider* schied die Teilhaber nach kurzen Be-

mühungen mit wechselseitigem Schaden auseinander».

Dennoch verhalf die Allgemeine Buchhandlung den Autoren fortan zu größerem Selbstbewußtsein. Allein schon der Hinweis auf die wesentlich höheren Einnahmen in Dessau gab ihnen die Möglichkeit, mit den anderen Verlegern günstigere Vertragsabschlüsse auszuhandeln, wie das Herder sogar mit Hartknoch versuchte.

In der Erregung der Vormärz-Zeit, als die Schriftsteller auf Bundesebene ihre Rechte zu verbriefen und Sanktionen gegen den Nachdruck ihrer Werke durchzusetzen versuchten, ist die Allgemeine Buchhandlung noch immer lebendig. Der fortschrittsbewußte kritische Schriftsteller Carl Julius Weber schreibt in dieser Phase der sozialen Auseinandersetzungen: «Die Idee einer Buchhandlung der Gelehrten, die zu Dessau entstand, verdiente wieder aufgegriffen zu werden, wenn der Bundestag mit Abschaffung des Nachdrucks und der damit zusammenhängenden Buchhändlertaxe scheitern sollte, wie wir fast annehmen müssen.» Der Kampf der Autoren gegen die Phalanx der Verleger und den Börsenverein, der sich gegen die Schriftsteller organisiert hatte, spitzte sich in der Zeit des Kaiserreichs erst noch weiter zu. Im 19. Jahrhundert entstanden nach dem Modell der Dessauer Gründung und aus den gleichen Intentionen eine Reihe weiterer Unternehmungen, unter anderem in Berlin eine «Neue Societätsbuchhandlung», in Hadamar (hier sogar eine «Neue Gelehrtenbuchhandlung»), in Dresden, Hamburg, Straßburg; zu nennen sind ferner die Bemühungen C. F. Bahrdts im Rahmen seiner Deutschen Union der XXII, Novalis und andere; keine dieser Gründungen hatte die Durchschlagskraft und Publizität des Dessauer Vorstoßes, wie sie auch die vorausgegangenen Versuche nicht gehabt hatten (Bachmann/

Gleim; Göckingk/Bürger; Bode/Lessing und andere). Aufs «Große und Ganze» gerichtet (Goethe), markieren daher die beiden Dessauer Institute, obwohl auch sie letztlich scheiterten, die wichtigste Etappe dieses Ringens um Unabhängigkeit des Autors vom Verleger.

Die Chalkographische Gesellschaft zu Dessau
und die übrigen bildenden Künste zu Lebzeiten Erdmannsdorffs

Mit noch einem Projekt ging man in Dessau aufs «Große und Ganze»: Man hatte sich kein geringeres Ziel gesetzt, als den Engländern das Monopol der Kupferstecherei abzujagen, wie man in der Gründungsurkunde der Chalkographischen Gesellschaft, eines weiteren kapitalistischen Großunternehmens, proklamiert.

Der eigentliche Vater des Gedankens war der Hildesheimer und Paderborner Domherr Friedrich Moritz von Brabeck, der die Dessauer Aufklärung von jeher unterstützt hatte und sich für «die allgemeine Reformation der Menschheit» engagierte, indem er sogar unter den Katholiken für Basedows Philanthropin warb. Auf seinem Besitztum Söder hatte er eine beachtliche Gemäldesammlung zusammengebracht und das Gut zu einem Klein-Wörlitz umgestaltet. Er hatte dort auch bereits ein kleines Kupferstecherinstitut gegründet. Für das Gelingen seines großen Plans konnte er sich aber nur vorstellen, daß das Unternehmen vom Dessauer Kreise als «dem Beförderer alles Guten» übernommen werden müsse.

Tatsächlich waren dann mit Waldersee als Präsidenten der Gesellschaft, mit Erdmannsdorff als künstlerischem und Bertuch als kaufmännischem Direktor die besten Voraussetzungen geschaffen, und in Dessau war ein «geeigneter Vereinigungspunkt» gefunden, dieses «würdige Institut» (Goethe) zu einer erfolgversprechenden nationalen Angelegenheit gedeihen zu lassen.

Aus dem ganzen deutschsprachigen Raum strömten die hervorragendsten Stecher und Zeichner in das nunmehrige Zentrum der bildenden Künste zusammen; Dessau erfüllte von Jahrzehnt zu Jahrzehnt mehr die hohen Ansprüche Winckelmanns und aller in gleicher Weise an einem klassizistischen Kunstbetrieb Interessierten zur Wiedergeburt der deutschen Kunst im griechischen Gewande. Goethe und Meyer unterstützten von Weimar aus mit ihrer Kunstzeitschrift «Propyläen» dieses hoffnungsvolle Kupferstich-Etablissement, Wieland im Teutschen Merkur. Goethe war auch bald nach der Eröffnung (Oktober 1796) trotz unwirtlicher Jahreszeit im Januar 1797 in Dessau – seine letzte Reise dorthin –, um sich an Ort und Stelle umzusehen und sich mit den Stechern auszutauschen. Den bedeutendsten, Johann Peter Pichler aus Wien, suchte er sogar in seiner Privatwohnung auf.

Hauptanliegen der Chalkographischen Gesellschaft war die Reproduktion berühmter Gemälde zur Verbreitung des «guten Geschmacks» – auch sie hatte also ein pädagogisches Anliegen. Wie das Dessauer Theater durch Aufnahme vertriebener Künstler seinen offiziellen Anfang nahm, so auch die Chalkographische Gesellschaft: Aus Düsseldorf, wo sie zum Teil am gleichgelagerten «Galeriewerk» beschäftigt waren, kamen Johann Georg Huck, Johann Joseph Freidhoff, Franz Xaver Gebhard und Johann Joseph Langenhöffel, den schon Brabeck als technischen Direktor eingebracht hatte. Für diesen Posten besaß Langenhöffel zwar die fachlichen, aber leider nicht die menschlichen Voraussetzungen. So vertrieb er Huck, der sich durch eine Folge von Stichen zur Französischen Revolution bekannt hatte, wie auch Pichler bald durch seine Eifersucht. Freidhoff war ein bedeutender Meister der Schabkunst, der seinen Lehrer Huck noch übertraf.

Der begabteste unter den jüngeren Künstlern war der geniale Vorlagenzeichner Heinrich Theodor Wehle[30] aus der Lausitz, der später auch durch seine Blätter von der kaukasischen Expedition bekannt wurde; leider starb er jung. Der technisch vollendete Kupferdrucker der Anstalt, Johann Christoph Senn, kam wie Pichler aus Wien und hielt Dessau die Treue; sein Grab auf dem Erdmannsdorff-Friedhof schmückte bis zur Rekonstruktion der Anlage der schöne trauernde Genius von Hunolds Hand. Senn stammte aus Basel, wo die Mechelsche Schule nach der Boydells in London und der Wiener Schule den ersten Ruf genoß. Der junge Halberstädter Buchhorn brachte es später zum Akademieprofessor in Berlin. Als Meister der Aquatintatechnik seien dann noch Johann Christian Haldenwang und Wilhelm Friedrich Schlotterbeck hervorgehoben.

Durch die Ungunst der Zeit – die Napoleonischen Kriege – bedingt, hat die Chalkographische Gesellschaft nur wenige Jahre bestanden. Die Auflösung wurde bereits 1803 beschlossen; die Abwicklung der letzten Geschäfte (Befriedigung der Gläubiger und Rückzahlung an die Aktionäre) zog sich bis 1810 hin.

Die Gesellschaft brachte in diesen sieben Jahren 163 Stiche und Schabblätter heraus, unterschiedlich in der Qualität, das Meiste sehr gut, einige Platten vorzüglich. Man war nach dem Urteil der Zeitgenossen durchaus den Engländern gleichgekommen, und dementsprechend wird der schnelle Untergang dieses «vaterländischen» Kunstinstituts auch lebhaft bedauert. Außer der ungünstigen politischen Situation und der unglücklichen Wahl des technischen Direktors gibt es freilich noch eine Reihe anderer Gründe für das Scheitern des Unternehmens, deutlicher ausgedrückt: für seinen Konkurs. Man hatte, um die Elite der Kupferstecher anzuziehen, hohe Einnahmen versprochen – für eine Platte (Die heimkehrende Herde Cl. Lorrains) wurden zum Beispiel Haldenwang 2800 Taler gezahlt! –, so daß nun die Stiche teurer wurden als geplant. Das brachte die ersten Absatzschwierigkeiten. Bertuchs kaufmännisches Geschick hatte eine weitgefächerte Vertriebsorganisation aufbauen können. Es hatten alle größeren deutschen Städte Lager, dazu die wichtigsten Handelsplätze des Auslands, Lissabon, Madrid, Paris, London, Neapel, Venedig, Basel, Zürich, Amsterdam, Harlem, Kopenhagen, Stockholm, Wiborg, Petersburg, Riga, Warschau, Prag, S. Thomas, Charlestown, New York, San Francisco. Trotzdem geriet der Fernhandel durch die territoriale Zersplitterung und die vielen kriegerischen Handlungen ins Stocken. Zweifellos waren auch die Sujets nicht immer glücklich gewählt. Hätte man sich erst einmal auf eine Auswahl der bedeutendsten Werke der größeren Galerien beschränkt, so hätten die Reproduktionen für den Absatz günstiger kalkuliert werden können. Hier setzt auch die Kritik ein, die Goethe im privaten Kreise – in Briefen an Meyer und Schiller – äußerte. In seiner Kunstzeitschrift blieb er bei der Empfehlung des Instituts, das seinen gleichgelagerten Weimarer Bestrebungen zur Hebung der Kunst so sehr entgegenkam. Da hebt er auch die vielen Blätter mit Darstellungen des Dessau-Wörlitzer Gartenreichs hervor, obwohl man ihm anmerkt, daß besonders die buntgedruckten nicht ganz nach seinem Geschmack waren. «Aber wer möchte nicht gern aus jenen reizenden Anlagen wenigstens ein Schattenbild mit nach Hause nehmen, um sich des genossenen Vergnügens einigermaßen zu erinnern?»

Für Franz war das Interesse an der Chalkographischen Gesellschaft aber gerade durch die Aussicht motiviert, auf diese Weise sein Landeskulturwerk in hervorragenden Reproduktionen doch noch «ins Publikum schicken» zu können, nachdem die vorausgegangenen Bemühungen mit Georg Melchior Kraus als Zeichner (schon seit 1783 begonnen) und Wiener Stechern aus bisher nicht geklärten Gründen keinen rechten Fortgang genommen hatten.[31] Tatsächlich machen die Dessau-Wörlitzer Veduten mehr als ein Achtel des Gesamtoeuvres der Chalkographen aus. Wir sind diesem Umstand sehr dankbar; lernen wir doch durch diese unter Erdmannsdorffs Aufsicht geschaffenen Ansichten die Dessauer Landschaftsgestaltungen mit den Augen ihrer beiden Schöpfer sehen.

Die Vorlagen, das heißt die Meister, die nachgestochen wurden, sind nach einem ziemlich klaren Programm ausgewählt, dessen klassizistische und landschaftliche Ausrichtung (die zahlreichen Claudes) unverkennbar Erdmannsdorffs Signum trägt. Dabei hat er aus seiner eignen Sammlung einige Vorlagen von Werken seines römischen Freundes Philipp Hackert beigesteuert. Von weiteren römischen Zeitgenossen finden sich Mengs, Angelika Kauffmann, Vernet, Reiffenstein; sodann Battoni und Rotari; Maler klassizistischer Gesinnung wurden, wie beispielsweise Nahl in Kassel, als Kopisten

der Vorlagen in den großen auswärtigen Galerien gewonnen. Außer Werken aus Dessau und Söder, den beiden Gründungsorten, wurden mehrere Bilder aus Kassel, Dresden und München kopiert, Berlin und Wien sind mit je einem Werk vertreten. Auch die älteren Meister wie Tizian, Correggio, Poussin, A. Carracci, Domenichino, Guercino sind von klassizistischen Theoretikern wie Mengs aufs Panier erhoben worden. Erdmannsdorff hat all diese Werke, wo er sie nur antraf, in seinem italienischen Tagebuch notiert und den Fürsten beredet, sie möglichst zu erwerben. Mehrere Carraccis hat er für den Festsaal des Wörlitzer Schlosses kopieren lassen. Die wenigen Niederländer stammen zum Teil schon aus Brabecks erster Auswahl; sie entsprachen dem klassizistischen oder dem Landschafterideal. Werke altdeutscher Malerei, die Franz als erster deutscher Sammler von Rang seit 1780 in großer Menge im Gotischen Hause zusammengebracht hatte, fanden offenbar nicht Erdmannsdorffs Billigung, sie fehlen im Œuvrekatalog völlig.

Die erzieherischen Absichten, die Erdmannsdorff im pädagogischen Dessau verfolgte, hat er durch das Stichewerk seiner eignen «Architektonischen Studien, gezeichnet zu Rom» (24 Blätter, gestochen von Schlotterbeck, Buchhorn und Hössel), unterstützt, zwei Jahre später durch «Studien für akademische Zeichner nach klassischen Originalen, vorzüglich Antiken … mit besonderem Fleiß zum Gebrauch der Schulen für bildende Kunst gezeichnet und in Crayon-Manier bearbeitet von J. J. Langenhöffel» (erstes Heft acht Blätter, mehr ist nicht erschienen).

1771, während seiner dritten Italienreise, hatte Erdmannsdorff von Franz den Auftrag, besonders auf das italienische Schulwesen acht zu geben – es ist das Jahr der Berufung Basedows nach Dessau. Erdmannsdorff, damals mit dem Bau des Wörlitzer Schlosses beschäftigt, fordert Zeichenunterricht als allgemeines Unterrichtsfach für alle Schulen und Stände, wenn man Kunstfertigkeiten und -verständnis in breiten Schichten, namentlich der für das Handwerk prädestinierten, ausbilden wolle. Er selbst hat zeitlebens «sein Haus zur Akademie» gemacht, hat seine Modelle und Vorlagenwerke den heimischen Handwerkern zur Verfügung gehalten und auch in seiner Berliner Zeit Außerordentliches unter den beteiligten Handwerkern gewirkt, wie ihm sein Meisterschüler Schadow in seiner Autobiographie fünfzig Jahre nach Erdmannsdorffs Tod bestätigt.

So verband er jetzt mit der Gründung der Chalkographischen Gesellschaft die Errichtung einer Landeszeichenschule und rief 1795 den Berliner Zeichner und Kupferstecher Carl Wilhelm Kolbe[32] nach Dessau zurück, der schon zweimal als Zeichenlehrer am Philanthropin tätig gewesen war. Mitglied der Chalkographischen Gesellschaft war Kolbe nicht.

Freilich ging die Landeszeichenschule schon mit Erdmannsdorffs Tod 1800 ein, und so kam, da bereits das Schiff der Chalkographischen Gesellschaft auf Grund lief, auch die Akademie nicht zustande, zu der die Landeszeichenschule ausgebaut werden sollte. Als ihren Direktor hatte man neben Kolbe wohl Johann Friedrich August Tischbein ins Auge gefaßt. Kolbe hielt trotz des Scheiterns von nun an Dessau die Treue und entwickelte sich hier zum Landschafter, als welcher er unter dem Namen «Eichen-Kolbe» in die Kunstgeschichte eingegangen ist. Am Dessauer Hof war der charaktervolle Mann eine ähnliche Graue Eminenz wie später Adolf Menzel für Berlin. Kolbe unterrichtete an der Hauptschule, unterwies aber auch außerhalb alle Stände in allen möglichen Techniken bis hin zur Porzellanmalerei. Seine herausragenden Schüler sind die Landschafter Johann Carl

Krägen (1781–1839) und Wilhelm Krause (1803 bis 1864)[32]. Selbst Adolf von Heydeck, Franz' Neffe, und sein Enkel und späterer Nachfolger Leopold Friedrich wurden von Kolbe zu tüchtigen Dilettanten der Stecherkunst, der Zeichnung und der Ölmalerei herangebildet.

Die Chalkographische Gesellschaft, der Ruf Dessaus als sich herausbildendes Zentrum der Gegenwartskunst, nicht zuletzt aber günstige Angebote des Fürsten bewogen auch Johann Friedrich August Tischbein, von Arolsen überzusiedeln. Er kam im gleichen Jahr wie Kolbe nach Dessau, wurde aber schon nach fünf Jahren als Nachfolger Oesers zum Direktor der Zeichenakademie in Leipzig berufen. Trotz seines relativ kurzen Wirkens in Dessau wird er von den vielen Vertretern der Tischbein-Dynastie durch den Beinamen «der Dessauer Tischbein» unterschieden, was seine innere Berechtigung vor allem dadurch erhält, daß er als Freund Erdmannsdorffs und Nachfolger Oesers in seinem künstlerischen Werdegang ganz in die Traditionslinie der Dessauer Winckelmann-Nachfolge geriet. In Dessau fühlte er sich sehr wohl, er hatte von Franz unter sehr vorteilhaften Bedingungen Aufträge für ganze Serien von Historienbildern für das Stadtschloß und für Wörlitz erhalten und entwickelte sich im Dienst Hans Jürges zum begehrtesten «Frauenmaler» der Zeit bei Aufträgen für die «Damengalerie», die der Prinz im Schlößchen Georgium und in seinem Dessauer Stadtpalais anlegte. Der Anstellungsvertrag, mit dem Tischbein nach Dessau abgeworben wurde, bestand darin, daß er bei vollem Gehalt jährlich sechs Monate reisen durfte. Zu den vielen kultivierten Bürgerhäusern der Stadt trat während seiner fünf Dessauer Jahre auch sein musikalisches Haus und öffnete sich einer viel gepriesenen Geselligkeit.[33] Franz und Erdmannsdorff schauten oft in sein Atelier, und eines Tages (am 3. Januar 1797) brachte Franz auch Goethe mit, obwohl er dessen Abneigung gegen den Dessauer Tischbein kannte. Franz «hatte aber geäußert, trotz seines Eigensinns solle Goethe den Vater besuchen», berichtet Tischbeins Tochter, die spätere Caroline Wilken. Tischbein porträtierte in Dessau nicht nur mehrmals Erdmannsdorff (einmal für Gleims Halberstädter Freundschaftstempel), sondern auch Gleim, Boettiger und andere berühmte Reisende, die gerade Dessau berührten.

Die große Epoche der Dessauer bürgerlichen Kunst hat auch eine Reihe großer Künstler hervorgebracht, die bereits echte Zöglinge des Dessauer Schulwesens in seiner geistigen Ausrichtung sind. Dies gilt letztlich auch von einem *Tafel* Dichter wie Wilhelm Müller, dem Sänger des *13* griechischen Freiheitskampfes («Griechen-Müller») und Vormärz-Liberalen. [34]

Ludwig Nikolaus Friedemann Hunold (1773 bis 1840) eröffnete nach dem Ende der Chalkographischen Gesellschaft in dem nun freigewordenen Gebäude, dem Kleinen Schloß, sein Bildhaueratelier – ein vielbeschäftigter und viel gesuchter und besuchter Meister, bei dem auch sein Berliner Kollege und Lehrer Johann Gottfried Schadow stets Quartier nahm, wenn er nach Dessau kam. Beide sind Schüler Erdmannsdorffs. Hunold hat Büsten von allen großen Dessauer Persönlichkeiten geschaffen. Seine schönsten Sepulkraldenkmäler sind nach der Kristallnacht auf dem israelitischen Friedhof zerschlagen worden, und nach dem Kriege wurden leider alle andern aus Unkenntnis ihres Wertes abgeräumt.

Ein weiterer bedeutender Bildhauer der Dessauer klassizistischen Schule war Franz Woltreck (1800–1847) aus Zerbst, ein enger Freund des kunstbegabten neuen Herzogs Leopold Friedrich. Wir verdanken ihm weitere Porträtbüsten und -reliefs des Dessauer Kreises. [35]

Als unmittelbare Schüler des Dessau-Wörlitzer Kulturkreises und des Zeichenlehrers Kolbe sind die Brüder Olivier, Franz Krüger und Wilhelm Walkhoff durch die Dessauer Hauptschule gegangen. Schon der Enkelgeneration gehört Hans von Marées an. Franz Krüger, der große Darsteller der Berliner Gesellschaft, den die Kunstgeschichte den «Pferde-Krüger» nennt, zeichnete als Dessauer Schuljunge seine ersten Pferde im fürstlichen Marstall. Auch Hans von Marées zeichnete in einer neuen Welle des Klassizismus-Verständnisses in der Heimat seiner Vorfahren die schönen Pferde im Wörlitzer Stall. [36]

Romantischere Wege schlugen Heinrich, Ferdinand und Woldemar Friedrich Olivier [37] und *Tafel* Wilhelm Walkhoff ein, indem sie das andere *15* Dessau, die Geburtsstadt der deutschen Neugotik, wählten. Ferdinand war 1807 mit Franz nach Paris gefahren, wo er zu weiteren Studien bis 1810 verblieb, schloß sich später in Rom Schnorr von Carolsfeld und den Nazarenern an, siedelte nach Wien über, malte Porträts und zeichnete die Salzburger Landschaft. Woldemar Friedrich ging 1811 zu seinem Bruder nach Wien, arbeitete unter Cornelius und Overbeck in Rom und wirkte dann in München. Sein Leben endete in Dessau, wohin auch Heinrich zurückgekehrt war, dem wir die Altarbilder für die Wörlitzer Kirche verdanken (eine Gemeinschaftsarbeit mit Ferdinand).

Johann Wilhelm Walkhoff (1789–1822) ist der Sohn des bedeutenden Schulmannes Johann Friedrich Walkhoff (1751–1839), welcher, *Tafel* wie Neuendorf aus Halberstadt berufen, im *9* Amt Gröbzig die Neuendorfsche Schulreform durchführte. Johann Wilhelm war sogar selbst Lehrer an der Hauptschule, bis Franz den Schüler Kolbes und Krägens zu weiterer Ausbildung nach Rom schickte. [34] Fern der eichenbestandenen Heimat, malte er eine «Gruppe immergrüner Eichen» im Park Chigi in Ariccia. Das hoffnungsvolle Mitglied der Künstlerkolonie schied allzu früh freiwillig aus dem Leben.

Erdmannsdorffs Nachfolger im Bauamt, *Tafel 12* Carlo Ignazio Pozzi (1766–1842), der 1798 als Theatermaler in Dessau begann, hat neben seinen exzellenten Bauten wie dem Vorderbau *Tafel 39* des Hoftheaters und dem Reina-Palais (erhalten hat sich nur eines der Leipziger Torhäuser) auch weiter gemalt, so im Reina-Palais das Deckengemälde im Großen Saal, während er für den Konzertsaal des Hoftheaters den tüchtigen, vielbeschäftigten Hofmaler Johann Heinrich Beck (1788–1875) hinzuzog. Beck war Schüler des Historienmalers Christian Ferdinand Hartmann, der, von Luise gefördert, mehrere Jahre in Dessau wirkte, hier auch eines seiner Hauptwerke schuf, Hektors Abschied (ehemals Schloßmuseum Dessau); es erhielt 1801 von Goethe den Weimarer Kunstpreis. Hartmann wurde dann Direktor der Dresdner Akademie, wo Beck mit Luises Protektion ab 1806 studierte. Bereits 1810 malte er das beste *Tafel 1* Altersbild seines fürstlichen Auftraggebers. Pozzi hat übrigens zu Luthers 350. Geburtsjubiläum den ehrenvollen Auftrag erhalten, die Stadtkirche zu Wittenberg neu auszugestalten.

Wir wollen nicht allein die Künstler von Profession, sondern auch besonders Kolbes Schüler herausstellen. Kolbe ist in seiner Breitenwirkung auf die Dessauer Kunstbildung kaum geringer einzuschätzen als Rust. Was Kolbe leistete, wurde durch eine erst kurz vor dem Zweiten Weltkrieg entdeckte Mappe transparent, die 300 Schülerzeichnungen enthielt. Sie sollen samt und sonders Überdurchschnittliches enthalten haben.[32] Kein Wunder auch in einer Stadt, die das Zentrum der bildenden Künste geworden war, wo sich jeder, auch der ärmste Judenjunge (so berichtet Ludwig Philippson aus seiner Kindheit) künstlerische Anregungen in den fürstlichen Schlössern und Gartenkabinetten holen konnte, da sie der Bevölkerung immer offen standen. Und nicht zuletzt boten «die schönen Gartenanlagen hinreichende Gelegenheit zur Kunstbildung, Werke aller Art von Baukunst – die ganze Stadt ist artig gebaut – das vortreffliche Theater, Sorge für Musik, mäßiger Reichtum und industriöse Tätigkeit, die noch durch die vielen Juden vermehrt wird – alles dies hat die Dessauer zu einem geschmackvollen Völkchen gemacht», wie der frührreife und frühvollendete Adolf Müller 1805 nach Bremen berichtet.

Musik- und Theaterleben in Franzischer Zeit

Erst vor dem Hintergrund all der progressiven Denkvorstellungen und ihrer Ausführung durch die fortschrittliche Dessauer Verwaltung wird es verständlich, welchen Schritt nach vorn das Dessau der Aufklärungszeit auch für das deutsche Theaterwesen bedeutete.[40]

Nicht daß es etwa besser war als das vielgerühmte Weimarer, an dem Goethe seit 1791 Schauspielleiter war – für die Oper gilt das freilich ganz uneingeschränkt. Immerhin aber hat Goethe die Dessauer 1794 und 1797 besucht und auch einige Hauptdarsteller des Schauspiels positiv besprochen, sie nach Weimar zu ziehen versucht und nach Schließung des Dessauer Theaters in Napoleonischer Zeit auch Zuzug erhalten: Für die Weimarer waren die Dessauer lange Zeit die ernstzunehmende Konkurrenz. Das zeigte sich alljährlich während der Gastspielzeit in Leipzig, wo die Dessauer viel mehr Zulauf hatten und folglich die Weimarer auf ihre Kollegen neidisch waren. Der Schauspieldirektor Friedrich Wilhelm Bossann (1756 bis 1813) – als freiwilliger Helfer hat er bei der Typhus-Epidemie sein Leben eingesetzt: ein typischer Vertreter des Dessauer aufgeklärten Humanismus – berichtet 1807 etwas naiv nach Hause: «Ich weiß nicht, wie es kommt, ich kenne außer dem Herrn von Göthe niemand von der Direktion, sie haben aber einen solchen Haß auf uns, daß sie uns, wenn es möglich wäre, vergiften möchten.»

Die Weimarer hatten aber noch aus einem ganz andern Gesichtswinkel allen Grund zu diesem Neid auf das Dessauer Ensemble: Hier gab es nicht die geringste Intrige, wahrlich eine Seltenheit im Bühnenleben, und – die Dessauer Schauspieler hatten um das Doppelte höhere Gagen als die Weimarer, wie Heinrich von Blumenthal/Becker nach Weimar berichtet. Während er bei seinem Schauspiel-Engagement in Weimar sein adliges Herkommen unter dem Pseudonym Becker verbergen mußte, konnte sich Karl August von Lichtenstein im aufgeklärten, verbürgerlichten Dessau als Theaterdirektor bereits ohne diese Standesrücksichten mit seiner Frau vor dem bürgerlichen Theaterpublikum präsentieren; das war ein absolutes Novum und wird außerhalb Dessaus aufgeregt registriert. Karoline Schlegel schreibt an Luise Gotter: «Weiß du denn, daß zu Dessau der Baron Lichtenstein nebst seiner Gemahlin ... unter den übrigen Schauspielern selbst mitgespielt hat ...» Auch Ludwig Devrient, einer der größten Schauspieler der Zeit, dessen eigentliche Karriere durch Dessau begann, «die Stadt, wo Devrients Genie sich entfaltete», legte im Dessauer Ensemble sein bisher gebrauchtes Pseudonym Herzberg ab (das er aus Rücksicht auf seine Familie angenommen hatte). Von hier aus trat er unter seinem richtigen Namen seinen Siegeszug durch die deutschen Theater an.

Man muß sich die verachtete Stellung der Schauspieler und Wanderbühnen in damaliger Zeit vor Augen halten, um zu ahnen, was es bedeutete, wenn sich in Dessau, das im Zentrum des öffentlichen Interesses stand, ein Wandel vollzog, der diesem Berufsstand soziale Anerkennung, das heißt bürgerliche Gleichstellung verschaffte. Das geschah nicht nur auf finanzieller Ebene: Die Integrierung der Schauspieler in die bürgerliche Gesellschaft war eben nur dadurch zu erreichen, daß aus Wanderschaustellern Vollbürger gemacht wurden. Dies, das heißt die Eintragung in die Bürgerrolle, konnte wieder nur erfolgen, wenn sie seßhaft wurden. Und derselbe von Blumenthal/Becker, dessen Klage über die Weimarer Schauspielergehälter wir schon vernommen haben, berichtet denn auch davon, wie Franz Sorge dafür getragen habe, daß den aus den Rheinlanden kommenden Schauspieler- und Musikerfamilien – Beethovens Bonner Lehrer Neefe war darunter – Häuser gebaut wurden. Durch den Franzoseneinfall war die Schauspieltruppe Friedrich Wilhelm Bossanns aus dem Rheinland vertrieben worden. Auf ihren Reisen kam sie mit Gastspielen auch nach Dessau, und Franz ergriff jetzt die Gelegenheit, der Truppe einen festen Halt zu geben und damit zugleich sein Bildungswerk nun auch durch die Schaffung eines beständigen Theaters zu krönen: Bisher «hatte ich mehr und anderes zu tun».

Theater hatte es allerdings immer gegeben, nachdem schon 1766/67, gleich nach der großen

Reise, unter Rusts Stabführung die fürstliche Kapelle gegründet worden war; zunächst, durch Luise gefördert, am Hof, dann im Rahmen eines Liebhabertheaters. Es gastierte in dem 1777 von Erdmannsdorff eingerichteten Schloßtheater. Gestützt auf so hervorragende Kräfte wie die Sängerinnen Niedhardt und auf die dem Chordirektor Rolle in Magdeburg entlaufenen Chorsänger, fand das gewachsene Ensemble dann eine ständige Heimstatt in einem Bürgerhause unter Leitung des Hofrats Leopold Herrmann (1754–1786). «Das Dessauer Theater ist sehr niedlich eingerichtet, und die Gesellschaft hat die Freundlichkeit gehabt, einen Platz darin für Fremde aufzuheben.» Ein hervorragender Akteur und wie Herrmann eine Seele des bereits ganz bürgerlichen Dessauer Gesellschaftslebens war auch der Kaufmann Wilhelm Gabriel Steinacker (1743–86) aus altangesehener Magdeburger Familie. 1777 hatte er die erste Leihbibliothek begründet, 1781 einen ersten Journallesezirkel. Binnen weniger Jahre hatte sich das Bürgertum in der liberalen Atmosphäre emanzipieren können. Zu den Schauspielern gehörten auch Lehrer des Philanthropins. Rust gab neben seinen Verpflichtungen bei Hofe wöchentlich ein öffentliches Konzert im Philanthropin, wo auch das Liebhabertheater verschiedentlich gastierte. Hier wurden oft auch Kinderschauspiele aufgeführt, die zum Teil von Institutslehrern (Rode, Matthisson, Sander und anderen) verfaßt waren.

Das Herrmann-Steinackersche Liebhabertheater und die Hofkapelle bekommen in den Tagebüchern aller Besucher, aber auch in den einschlägigen theaterkritischen Organen wie dem Gothaischen Theaterkalender oder der Berliner Literatur- und Theater-Zeitung ausgesprochen gute Kritiken, wie sie für eine solche Dilettantenvereinigung durchaus nicht selbstverständlich sind. 1777 wird sie erstmalig vorgestellt; 1781 heißt es: «... eine neue Zierde der Stadt, welche sich schon durch so viel Gutes und Schönes auszeichnet.» Dieses Ensemble gestaltete auch die Singspiel- und allegorisch-programmatischen Aufführungen anläßlich der Weihe der beiden ersten Schloßbauten Erdmannsdorffs. Bei Einweihung des Wörlitzer Schlosses am 22. März 1773 erstreckte sich die Szenerie über die ganze Landschaft, die man bis dahin für die Wörlitzer Anlagen ins Auge gefaßt hatte. Rust als exzellenter Kompositeur gab das Beste, was damalige Gesellschaftsmusik *Seite* zu bieten hatte. 39

Damit hatte man Geschmack am Freilicht-Theater gefunden, das lange unter aktiver Beteiligung des Hofes gepflegt wurde, hatte doch die Fürstin Luise, auch eine tüchtige Pianistin, schon seit ihrer Berliner Jugendzeit Theater gespielt. Bereits 1767 richtete sie mit einem englischen Besucher Schauspielaufführungen ein. Vor dem kunstsinnigen Friedrich Wilhelm II. von Preußen wurde später auch im Sieglitzer Park gespielt, wo sogar Franz mit agierte. Rust hatte zuvor mit seinen Sängerinnen Niedhardt in Potsdam gastiert, sie nahmen den Wettstreit mit der berühmten Mara auf, während Rust mit Friedrich Wilhelm, damals noch Prinz von Preußen, musizierte.

Ein Jahr nach der Wörlitzer Schloßweihe schenkte Franz seinen einstigen Erbprinzensitz «Vogelherd» Luise zum Geburtstag (am 24. September 1774). Das später Luisium genannte Schlößchen stand erst im Rohbau. Ne- *Tafel* ben der Aufführung des Singspiels «Elysium» V von Anton Schweitzer – der elegische Weiher war zum Styx geworden – wurde die Schenkung wieder von symbolischen Szenen mit Rustscher Festmusik umrahmt. Luise Niedhardt (später Oliviers Frau) «sang mit einer Stimme, die alles um sie her zum Elysium zauberte».

Das Liebhabertheater verlor unendlich viel, als der Kaufmann Steinacker infolge seines Konkurses 1784 Dessau verlassen mußte und nach Wien ging. Wie schon zuvor (die Kaldesche Truppe spielte 1771 im fürstlichen Reithaus) konnte der einmal geweckte Theaterhunger des Dessauer Bürgertums einstweilen nur durch Engagements umherziehender Wandertruppen befriedigt werden. Ab 1789 gastierte Bellomo in der alten Orangerie. Das bereits erwähnte Gastspiel der Bossannschen Truppe 1793 gab schließlich die Entscheidung für die Gründung eines Staatstheaters 1794, auch wenn es durch die enge Bindung an den Fürsten und die Besoldung durch ihn auf dem Status eines Hoftheaters verblieb.

Es war dennoch eine ganz neue Stufe der Theaterwirksamkeit erreicht, ein Theater als moralische Anstalt, die sich da als weitere Bildungsinstitution in des Wortes eigentlichem Sinne auftat. Von den sozialen Aspekten haben wir schon gehört. Der Theaterneubau, Weihnachten 1798 eingeweiht, Erdmannsdorffs letzter Bau, liefert weitere ganz neue soziale Aspekte, die von den Reisenden mit Aufmerksamkeit konstatiert und notiert werden, doch davon später. Der Bühnenvorhang dokumentiert deutlich genug die aufgeklärt-pädagogische, in Abwandlung Horazischer Formulierungen typisch dessauische Zielsetzung: «Mögen wir spielend belehren und durch Unterricht nützlich werden.»

«Gewohnt, jede Kunstangelegenheit ins Große zu nehmen» (Spieker), so gedieh auch das Theater den Dessauern aufs beste. Besonders das Ensemblespiel wird immer wieder gerühmt, was vom Schauspiel ebenso wie vom Orchester gilt. Bei Gastspielen im durchaus anspruchsvollen Leipzig gab es immer höchste Begeisterung, im Frühjahr 1800 wurden in zwei Monaten allein 44 Opern gegeben, und die offizielle Kritik schrieb: «Diese Dinge waren weit vorzüglicher, als was wir jemals hier gesehen und gehört haben. Besonders dürfte man auch schwerlich viele Orchester zusammenfinden können, welche so viele Geschicklichkeit, Genauigkeit, Kraft und Fluß verraten.»

Das war Rusts Verdienst, der ein Orchester geschult hatte, in dem «jeder Solist ein Virtuose» war. Ebenso hoch ist Rusts Leistung als Musikerzieher großen Stils zu werten,[10] wie es wohl nur in der Aufklärung, speziell im aufgeklärten Dessau möglich war: Aus einer Stadt, die ehedem nur vom Dessauer Marsch und dem hier erfundenen Gleichschritt der Leopoldinischen Grenadiere widerhallte, hat Rust nach einhelligem Zeugnis der Zeitgenossen innerhalb zweier Jahrzehnte ein Musikzentrum ersten Ranges geschaffen. Aus seiner Schule erwuchsen schon am Philanthropin Geigenvirtuosen wie Mengden, der bereits bei Bezug der Universität Göttingen sich dort öffentlich hören lassen konnte.

Was Rust erreichte, war von großer Nachwirkung. Dem weltberühmten Oxforder Sanskritisten und vergleichenden Religionsforscher F. Max Müller (dem Sohn Wilhelm Müllers) erscheint das Dessau seiner Kindheit «ganz in Musik getaucht» ... «solche Städte gibt es heutzutage (1900) überhaupt nicht mehr». Aus der biedermeierlichen Idylle, in die «das liebe Dessau» (Ottilie von Pogwisch/Goethe) inzwischen abgesunken war, berichtet ein unbekannter Tharandter Forststudent 1837: «Wahren Sinn zeigt ganz Dessau – wie ich sehr schnell erkannte – für Musik. Geht man etwa Nachmittags von zwei bis drei Uhr durch die Cavalierstraße promenieren, so schallt Musik von rechts und links, von vorn und von hinten schönste Musik heran!» Aber schon zur Hohen Zeit des Dessau-Wörlitzer Kulturkreises schicken die

Gebildeten der Nation ihre heranwachsende Jugend nach Dessau, so Caroline Schlegel ihre Tochter Auguste Böhmer, der sie ans Herz legt (1799): «... thue Deine Ohren auf, um recht zu hören, was die andern spielen und singen, damit Dir ein inneres Verständnis aufgehe. Laß keine Operette ungehört vorbeygehen. Was es kostet will ich schon bezahlen.»

Das Schauspielrepertoire umfaßte, wie man anhand der gut geführten Theaterchronik leicht feststellen kann, im ersten Jahrzehnt «aufgeklärte» bürgerliche Stücke, vorwiegend von damals viel gespielten, heute völlig von der Bühne verschwundenen «Theaterdichtern», das heißt in der Mehrheit von Schauspielern, die für das Theater (meist das eigene) schrieben, was das für menschliche Tugend empfängliche bürgerliche Publikum gern hörte und sah; oft waren es Stücke mit flacher Schwarz-Weiß-Zeichnung der Charaktere. Jeweils dutzendweise erscheinen die Titel von Friedrich Ludwig Schröder, Hagemann, Kotzebue (dessen Bewerbung als Theaterdirektor zu spät eintraf) oder Iffland, der auch selbst in den Hauptrollen ganzer Gastspielserien seiner Stücke auf der Dessauer Bühne auftrat (und Lesungen veranstaltete). Auch der große Ochsenheimer gastierte. Neben vergessenen Stücken Bretzners, Gotters, Hubers, Lafontaines, Spieß', Walls, Zschokkes und vieler andrer, auch Bearbeitungen Shakespeares, Diderots, Molières und Voltaires, entdeckt man schließlich Goethes Clavigo. Während Shakespeares Hamlet immer auf dem Spielplan stand und blieb, erfolgte für die deutschen Klassiker der Durchbruch erst spät, nach Abgang Lichtensteins. Von Schiller wurde zuerst Kabale und Liebe aufgeführt, dann die Jungfrau von Orleans und Fiesko ab 1802 (der Tell 1806). Den Spielplan bestimmte jetzt Bossann. Er ist deutlich progressiver, hält aber auch Iffland und vor allem Kotzebue weiterhin die Treue. Für 1807 fehlen alle Nachweise, es ist aber wieder mit einem sehr langen Gastspiel in Leipzig zu rechnen, wo man ohnehin während der Franzosenjahre jeweils das Winterhalbjahr über gastierte. 1808 erscheinen Schillers Don Carlos und Wallensteins Lager sowie Shakespeares König Lear auf dem Spielplan.

Man vermißt Lessing, der mit den Juden, der Minna von Barnhelm und Emilia Galotti bereits auf dem Spielplan des Liebhabertheaters gestanden hatte, wo sich an berühmteren Bühnenautoren auch schon Brandes, Engel, Hippel, Gotter, Schummel, Voltaire, Weiße finden.

Trotz des beachtlichen Angebots ist nicht zu übersehen, daß Dessau eine Musikstadt geworden war, das Schwergewicht also entschieden auf der Oper lag. Das Theater verlor aus diesem Grunde zum Beispiel das große Talent eines Costenoble, der in erster Begeisterung von der Dessauer Neugründung angezogen worden war. Dieses Überwiegen der Oper ist nicht allein der Trend in den fürstlichen Residenzen, wie eine zeitgenössische Klage über das Leipziger Theaterangebot deutlich werden läßt. Im übrigen waren die meisten Schauspieler damals auch gleichzeitig Sänger, und in beiden Fächern wird den Hauptakteuren, Bossann, vor allem seiner Pflegetochter und deren Mann (dem Ehepaar Mittel), sodann Bullinger, Frank, Frey, Wessel, der Madame Jaime und dem Ehepaar Sehring, um nur diese wenigen Namen zu nennen, vielfaches Lob in den damals renommierten Zeitschriften zuteil.

In jenen Jahrzehnten spielte neben der Oper noch das Singspiel eine bedeutende Rolle auf dem Spielplan. Mit dem «Elysium» des beliebten Anton Schweitzer wurde das Liebhabertheater 1774 ins Leben gerufen und das Schloßtheater 1777 eröffnet; neben Stücken von Benda, Hiller, Reichardt floß ihm auch manches

Stück aus der heimischen Produktion von Rust und Neefe zu. Die Grenze zur Oper ist dabei nicht immer leicht zu ziehen. Aus der Wiener Schule im Umkreis Glucks und Haydns, die auch selbst im Spielplan erscheinen, finden sich mehrere Opern Ditters' von Dittersdorf, Salieris und Weigls; doch überstrahlt alle das Genie Mozarts, der in glanzvollen Aufführungen aller großen Opern einschließlich Titus und Idomeneo hervorragende Würdigung findet. Schon die erste Spielzeit brachte mehrere Aufführungen der Zauberflöte und der Entführung aus dem Serail. 1798/99, in der ersten Spielzeit des neuerbauten Hauses, stehen bereits vier Opern Mozarts auf dem Spielplan. Dessau wurde zur norddeutschen Pflegestätte Mozarts wie später als «norddeutsches Bayreuth» zur zweiten Wagner-Metropole.

Offenbar wurde es Brauch, jeweils am 1. Januar eine Mozart-Oper aufzuführen. Zum Regierungsjubiläum 1808 wählte man Glucks Armide als Festoper. Von einer Aufführung der Zauberflöte 1801 schreibt ein Reisender, sie «gehört unter die vorzüglicheren, welche ich von derselben zu sehen Gelegenheit hatte». Die immer wieder gerühmte Genauigkeit des Orchesters vermerkt noch nach fast einem Jahrhundert Richard Wagner anläßlich einer Aufführung von Orpheus und Eurydike 1872: «Ich bezeuge laut, nie eine edelere und vollkommenere Gesamtleistung auf einem Theater erlebt zu haben ... eine musikalische Leistung von solcher Korrektheit und Schönheit, wie ich sie nirgends sonst auf einem Theater antraf.»

Eine Vielzahl von Opern und ihre Komponisten sind heute nur noch dem Kenner geläufig: Bierey, Gyrowetz, Hofmeister, Julius Miller oder Winter; Süßmaier (mit drei Opern vertreten) ist nur durch seine Beziehungen zu Mozart in Erinnerung geblieben. Theaterdirektor von Lichtenstein brachte selbst eine Reihe damals erfolgreicher Opern orientalischer Sujets auf die Bühne (die Libretti waren von ihm selbst oder von Behrisch), das neuerbaute Theater wurde 1798 mit Bathmendi eingeweiht. Mit Leopold Reinicke und seiner gefeierten Oper Adelheid von Schroffeneck (nach Behrisch) machte sogar noch einmal ein Dessauer in seiner Vaterstadt mit einer «nationalen» Oper Furore. Von den zeitgenössischen Italienern erscheinen Anfossi, Cimarosa (Die heimliche Ehe, Wien 1792), Cherubini (Wasserträger; Faniska), Guglielmi, Paër, Paisiello.

Überraschend hoch ist der Anteil von französischen Komponisten der Revolutionsepoche: Grétry und sein Freund und Schüler D'Alayrac, Méhul, Monsigny, Audinot, Henri-Montan Berton, Isouard und der junge Boieldieu (Kalif von Bagdad, 1800). Der Einfluß der ersteren erfaßte die zeitgenössische Musik nach Mozart in besonderem Maße, sosehr Beethoven, der auch auf ihren Schultern steht, und die deutsche Romantik den Ruhm der Franzosen aus heutiger Sicht verdunkelt haben. Die Orientierung des Opernspielplans auf Mozart wie auf die progressive französische Musik spricht für sich.

Wir beenden diese summarische Übersicht mit der kriegsbedingten Schließung des Theaters 1810. Doch gab es keine wesentliche Unterbrechung des Theaterlebens, da eine große Zahl an Akteuren, wie Bossann und Thieme, mit auskömmlichen Pensionen in Dessau verblieb, ebenso die Kapelle und ihr Leiter Jacobi. Im leerstehenden Theater, aber auch im Hause des Erbprinzen (und in einigen Bürgerhäusern, soweit sie große Säle enthielten) wurde vom «Dilettantenverein» das vorhandene Repertoire,

69
Dessau, Lustgarten: Stadtschloß und Orangerie, 1793/1794.
Kupferstich von Johann Gottlieb Böttger, 1801
70
Dessau, Lustgarten: Pavillons Elbe und Mulde, 1774/1775

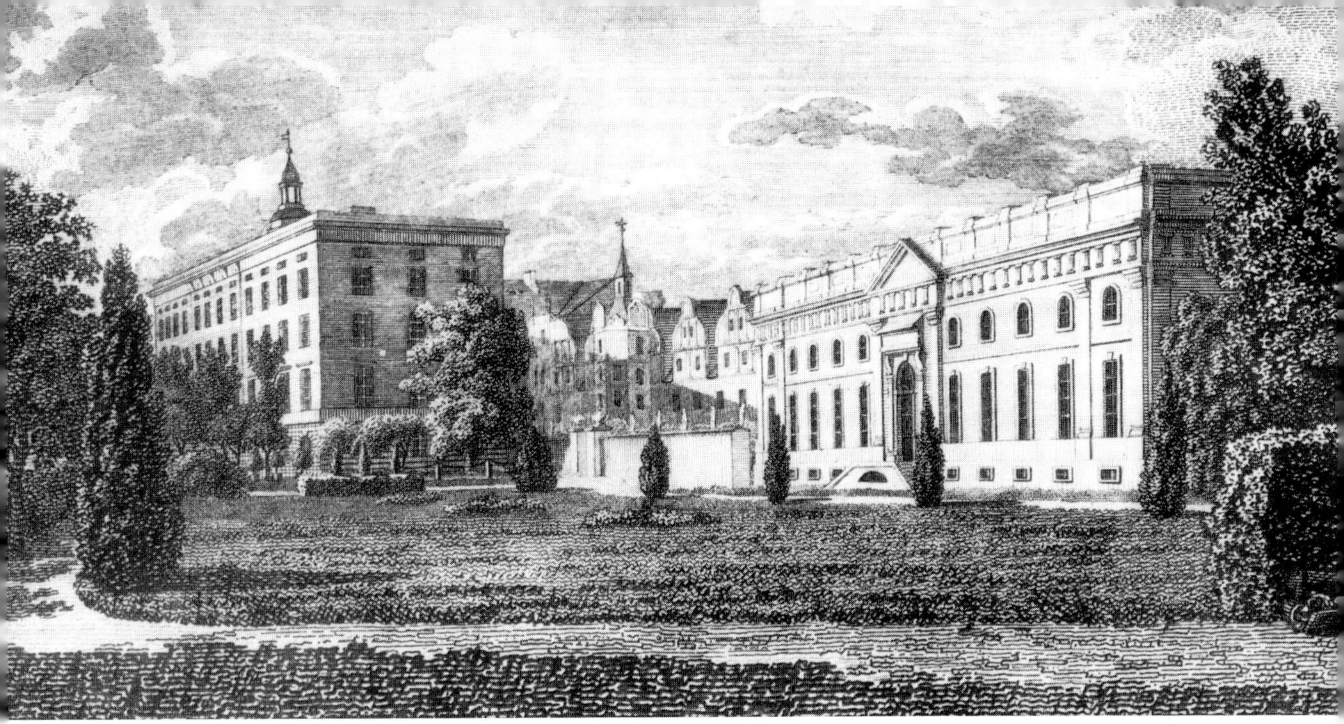

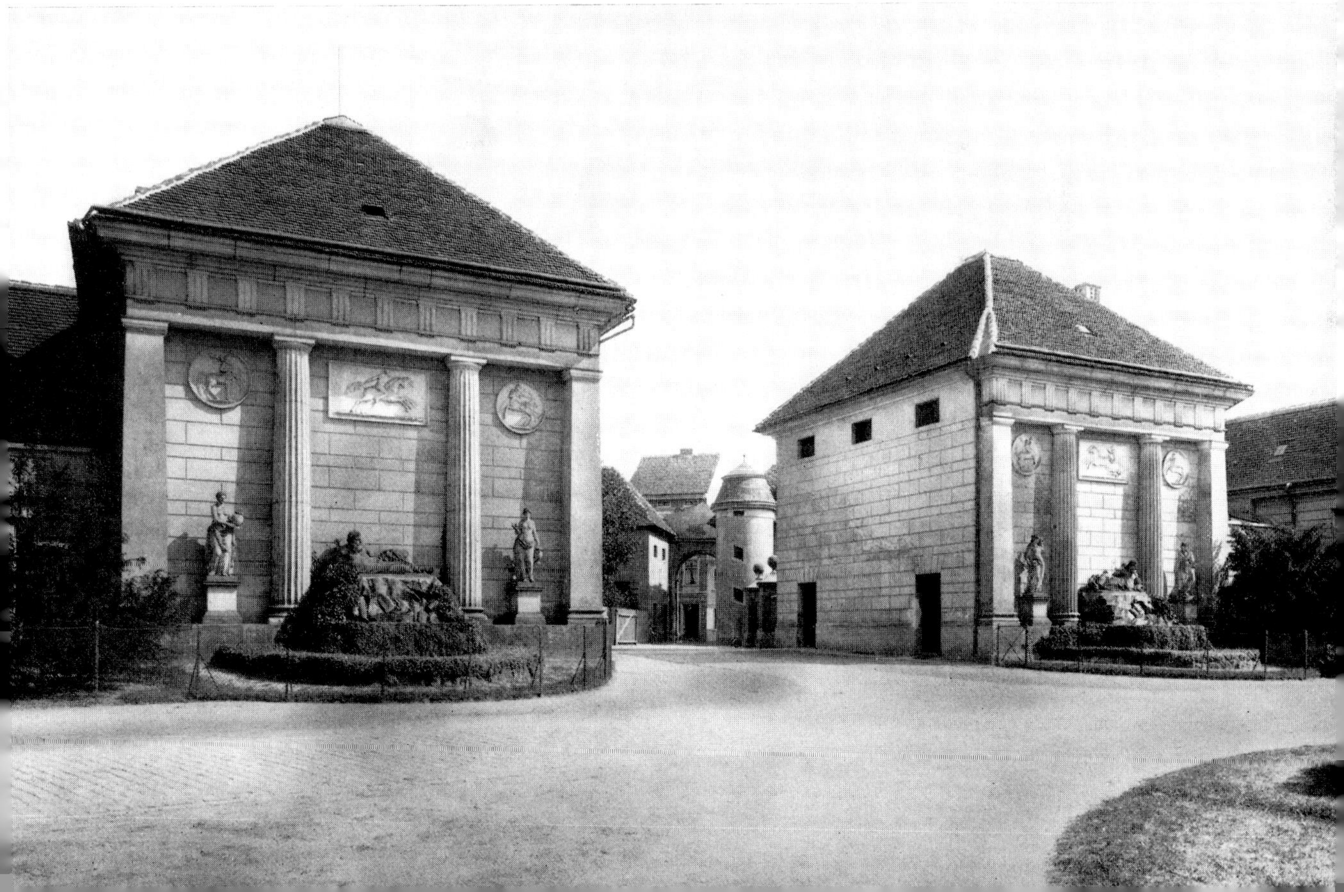

71, 72
Dessau,
Muldbrückenhäuser,
1796/1797

73
Dessau, Pappelallee in der Wasserstadt mit Unterweg (links)

74
Schloß Luisium, 1774–1778,
mit der Palladiobrücke, 1776
75
Luisium, Verschleiertes Bild zu Saïs
östlich des Triumphbogens

76
Luisium, Triumphbogen
und Verschleiertes Bild zu Saïs, um 1785

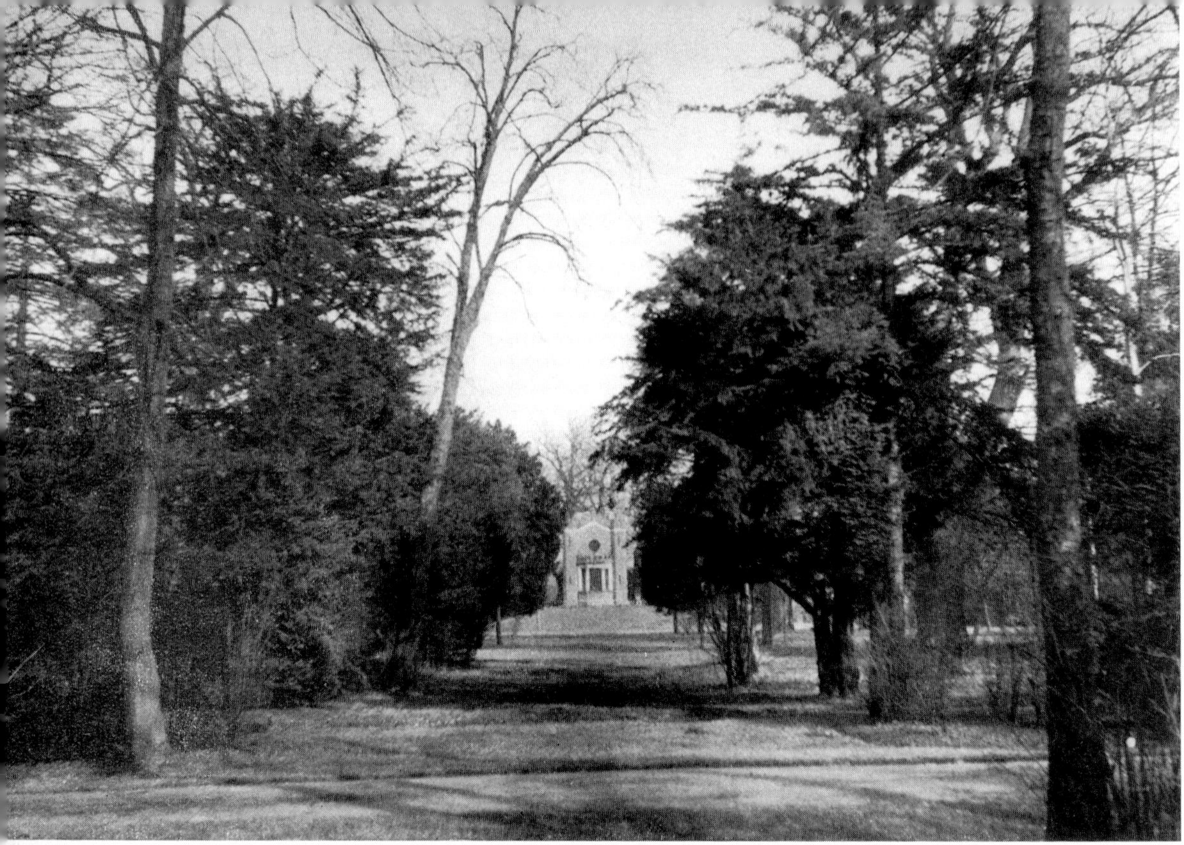

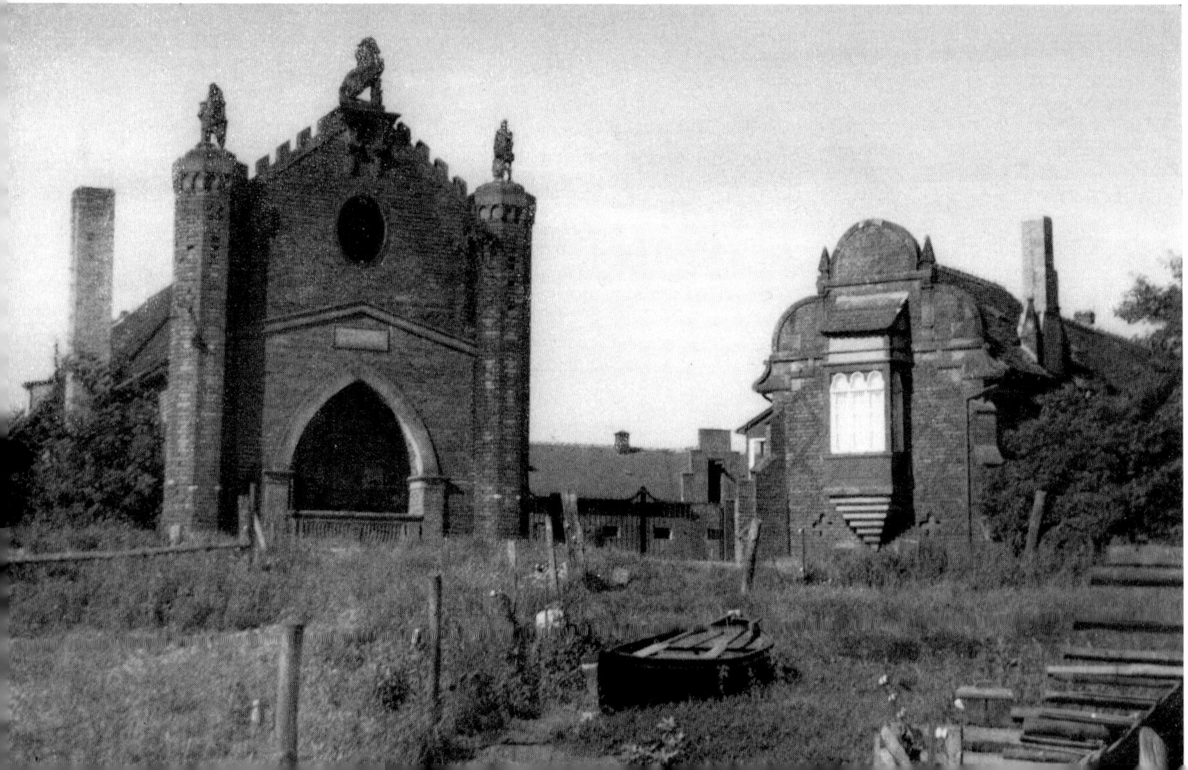

77
Luisium, Tiefenzug zum Gotischen Haus (Schlangenhäuschen), 1794/1795
78
Luisium, Fassaden des Gestüts, 1779–1781

79
Luisium,
Gotisches Gattertor,
1815/1816

80
Luisium, Quellherme, um 1780
81
Luisium, Pegasusbrunnen, 1781/1782

darunter sogar die Zauberflöte und die Entführung aus dem Serail, weitergeführt und jeden zweiten Sonntag gespielt. Ab 1815 gab es wieder reguläres Theater.

Versteht sich, daß in Dessau, dem Zentrum der bildenden klassizistischen Künste, auch die Ausstattung, Garderobe und Dekorationen die vorzüglichsten waren. Quaglio, aus Wien beziehungsweise Mannheim, wurde für den Anfang verpflichtet und brachte Pozzi mit, der dann in Dessau blieb. Der Schauspieler Carl Friedrich Kunz, der sich als Freund Devrients längere Zeit in Dessau aufhielt, schreibt in seinen Erinnerungen davon; auch daß das riesige Theater in «der stark besuchten Stadt» immer gefüllt war und «sich damals mit den vorzüglichsten Deutschlands messen konnte; es besaß Schauspieler, besonders aber Sänger, die zu den ausgezeichnetsten zu zählen waren, ... nebst einem Opernvorrath, dem wenige gleichkamen usw. Ich habe Opern auf diesem Theater gesehen, wie zum Beispiel Palmyra, Lodoiska, Titus usw., deren Darstellung zu dem Prachtvollsten gehörte, was ich je erblickte...» Zum Vergleich: Anläßlich einer Leipziger Inszenierung von Cherubinis Lodoiska durch die bekannte Secondasche Truppe bemerkt ein Kritiker 1802 in der Zeitung für die elegante Welt: «... eine Oper, die man ... in Dessau sehen muß, wenn man einen würdigen Begriff davon erhalten will.»

Daß eine solche Musikkultur natürlich beste Konzertaufführungen ermöglichte, bedarf keiner weiteren Ausführung. Neben sinfonischer und Kammermusik waren auch die großen Oratorien des Jahrhunderts (Händel, Graun, Hasse, Haydn) in bewunderten, viel frequentierten Aufführungen zu hören; mit Haydns «Schöpfung» gastierten die Dessauer auch 1802 in Wittenberg zur Dreihundertjahrfeier der Universität.

Und was vom Opernensemble galt, wird nicht minder am Schauspiel bewundert. Der Däne Eggers urteilte schon über das Liebhabertheater: «Ich habe mehrere Verbindungen dieser Art kennen lernen, aber keine, wo es so deutlich ward, wie viel der richtige Geschmack zur Wahrheit und Feinheit des Spiels vermag. Die Vorstellung, die ich sah, hat mir eben so viel Vergnügen gemacht, als ich je bei dem Spiel der vollkommensten Schauspieler empfand.» Der angesehene Theaterkritiker August Kuhn schreibt 1806: «Die Darstellung war, wie man sie von Dessauischen Schauspielern gewohnt ist, sehr ausgezeichnet.» (Zur Ausstrahlung nur so viel, daß es am Ende der großen Zeit auch in Kleinstädten wie Sandersleben und Wörlitz leistungsstarke Liebhabertheater gab.)

Wie die Schauspieler selbst «ihr Theater» sahen, beweist am besten Devrient, der aus Verärgerung über Bossann von Dessau geschieden war und trotzdem Jahrzehnte danach an Kunz schreibt: «Ja, ja, theuerster Freund! Wir wissen, was wir wissen, wenn wir uns der schönen Tage von Aranjuez erinnern.» Die Schließung des Theaters 1810 wird sogar in Gedichten beklagt:

«Nie seid Ihr wieder einer *Kette* Glieder ...
O fändet Ihr doch einst ein Dessau wieder!»

War schon die Stammbesetzung in Oper, Schauspiel und Orchester ungewöhnlich gut, so gelang es außerdem auch noch, die bedeutendsten auswärtigen beziehungsweise ausländischen Sänger, Schauspieler und Solisten zu Gastspielen zu verpflichten: Ochsenheimer, Costenoble, Iffland; die Flötisten Tauber(t) und Vanhall und den Oboisten Carlo Besozzi sowie Carl Philipp Stamitz und immer wieder «böhmische Musikanten». Dies hielt während des ganzen 19. Jahrhunderts an mit Namen wie Paganini, Liszt und Sarasate. Mit Neefe hatte

Dessau ab 1794 einen hervorragenden Konzertmeister bekommen; als er 1796 starb, wurde er durch einen andern großen Virtuosen der Zeit, Louis Massonneau, ersetzt, der wohl von dem Legationsrat Friedrich Adolf von Lehmann gewonnen werden konnte. Dieses Mannes, den Erdmannsdorff als Kulturagenten nach Dessau hatte ziehen können, muß für das Kulturleben von 1798 bis 1818 unbedingt gedacht werden; Lehmann, laut Johann Friedrich Reichardt der beste Klavierspieler der Zeit, machte Dessau auch jeweils mit den neuesten Klavierkompositionen Beethovens bekannt. Reichardt selbst war oft monatelang in Dessau; die Fürstin Luise gab ihm bekanntlich das Geld für den Ankauf in Giebichenstein, als Reichardt wegen seiner revolutionären Gesinnung am Berliner Hof in Ungnade gefallen war.[9]

An einer Aufführung von Schillers Jungfrau von Orleans hebt die Zeitung für die elegante Welt 1802 das Ensemblespiel in einem Stück hervor, an das selbst die größten Bühnen in Deutschland nur mit Schüchternheit herangehen könnten. «Nicht auf das einzelne muß hier gesehen werden, sondern auf den durch schnelles Ineinandergreifen der Szenen, durch Präzision und Harmonie des Spiels glücklich hervorgebrachten Effekt des Ganzen.» Während die Weimarer in Lauchstädt über Disziplinlosigkeit und Kirschkernsalven der halleschen Studenten zu klagen hatten, wurden die «Carawanen» der Hallenser, aber auch die Leipziger und Wittenberger Studenten von dem vielgerühmten Dessauer Gesellschaftston, von dem im nächsten Abschnitt zu sprechen ist, eingefangen und eingebunden. Das Theater war auch allen, die das Gartenreich besuchten, eine willkommene Bereicherung oder sogar Entschädigung, wenn sich die Witterung oder die Jahreszeit unwirtlich zeigten; vermutlich ist die Einrichtung des ständigen Theaters auch aus dieser Absicht heraus geschehen. Wir haben von der Fassadenpolitik des Dessauer Reformkurses gesprochen: Das Theater und allein schon dessen Gebäude, Erdmannsdorffs letzter Großbau, setzte dieser glänzenden Fassade weitere Lichtpunkte auf.

Erdmannsdorff hat Zeit seines Lebens mit der Erneuerung der Theaterbaukunst gerungen. Im Einklang mit seinen Studien über die Theater der Antike und der Renaissance, besonders Palladios, suchte der Aufklärer und Klassizist nach einer überzeugenden Lösung. Von der Einrichtung und Ausstattung des Liebhabertheaters im Krezschmarschen Hause 1775, an der Erdmannsdorff sicher beteiligt war, wissen wir nichts. Mehr können wir schon von dem wenig später errichteten Schloßtheater (1777) sagen, das sich nach Rodes Angaben einigermaßen getreu rekonstruieren ließ.[41] Der Freund Erdmannsdorffs verweist bereits darauf, daß der Baumeister sich an die Vitruvsche «Anordnung eines Lateinischen Theaters» gehalten habe, und im Kleinen ist dieses Haustheater nach dem gleichen Prinzip erbaut, das Erdmannsdorffs großes ruinenromantisches Freilichttheater auf dem «Stein» (um 1790) aufweist. Über die andern ephemeren Freilichtbühnen für die festlichen Einweihungen des Wörlitzer Schlosses (1773) und des Luisiums (1774) sowie im Sieglitzer Park ist leider nichts bekannt. Ebensowenig wissen wir von der Herrichtung des alten Reithauses und der alten Orangerie als Interimstheater für die verschiedenen reisenden Theatergesellschaften. Wie ein gewaltiges Amphitheater mit antikischer Skene (die sogenannte «Klostermauer»!) mutet das große Rund zu Füßen des Weinberghauses im Kühnauer Park an. Aber das wäre schon, wenn die Deutung stimmt, das Nachleben Erdmannsdorffscher Ideen eines Volkstheaters unter seinem kongenialen Nachfolger im Bauamt Carlo Ignazio Pozzi, der schließlich auch das Weinberghaus erbaut hat. Denn beginnend mit dem Liebhabertheater über das Amphitheater im Stein, hat Erdmannsdorff in brüsker Abkehr vom Stil der Hoftheater sich Zuschauerraumgestaltungen zugewendet, die Ausdruck seiner demokratischen Gesinnung sind.

Von der Bürgerschaft Magdeburgs erhielt er den Auftrag, für die Elbestadt ein Theater zu entwerfen. Schon die begeisterte Aufnahme dieses Baues (1794) durch aufgeklärte Zeitgenossen zeigt, wie sehr dieser kleine Vorläufer (300 Sitzplätze) des Dessauer Theaters von 1798 als etwas Neuartiges empfunden wurde: «Als das neuste Schauspielhaus ist es gewiß das geschmackvollste; alle Schnitzereyen und Bildereyen, die man an den Logen in andern gewohnt ist, fallen hier gantz weg, sondern Simplicität mit schönstem Geschmack verbunden machen es für das Auge sehr anziehend.»

Tafel 35 Im gleichen Jahre wurde in Dessau für die nun fest engagierte Bossannsche Theatertruppe die Fürstliche Reitbahn, die gerade 1791 vollendet war und wegen ihrer geschmackvollen Einrichtung und der allegorischen Ausstattung durch Erdmannsdorff und Doell wieder die Bewunderung auf sich zog – Carl August Boettiger und Rode lieferten detaillierte gedruckte Beschreibungen – als Interimstheater umgebaut, der Auftrag für den Theaterneubau aber sogleich vergeben; wegen finanzieller Schwierigkeiten zögerte sich jedoch der Baubeginn noch hinaus.

Noch ist der Grundstein nicht gelegt, da interessiert sich bereits der Däne Staffeldt 1796 für den Bau, und Boettiger verfolgt vom gleichen Jahr an in mehrmaligen Anfragen den Fortgang des Baugeschehens; von der Projektierung weiß auch der Fürst von Ligne in Wien. Goethes Erwartungen sind auf das höchste gespannt. Da er sich derzeit selbst mit Theaterbaugedanken für Weimar trägt, schickt er den

Hofbaumeister Johann Friedrich Rudolf Steiner nach Magdeburg und Dessau, und Erdmannsdorff gibt ihm, an seinen Weimarer Freund adressiert, sogar die Entwurfzeichnungen für das Dessauer Theater mit.[42] Für den Schweizer Prediger Häfeli in Bremen steht es fest, daß das Erdmannsdorff-Theater, «wenn es vollendet ist, gewiß an Geschmack und Zierlichkeit das erste in Deutschland sein wird». So sehr ist Erdmannsdorffs Ruhm inzwischen gefestigt.

Immer wird mit dem Namen Erdmannsdorffs der Bau des Wörlitzer Schlosses verbunden, das sein erstes großes Werk war. Keineswegs minder wichtig ist dieser sein letzter Großbau, der leider schon durch den Brand von 1855 vernichtet wurde und dem Geschichtsbewußtsein damit entzogen ist. Seine Bedeutung liegt vor allem in den ideologischen Ansätzen. Daß Erdmannsdorff auch hier mit der barocken Tradition brach, sollte ihm von einem Vertreter des Hochadels, dem sonst so eifrigen Bewunderer alles Dessauischen, Carl August von Weimar, noch Jahrzehnte später (1825) sehr übel vermerkt werden, indem er dieses Erdmannsdorff-Theater «wohl für die Wurzel alles neuern Übels» erklärt. So wünschte er sich – im Gegensatz zu Goethe – offensichtlich nicht den Neubau des Weimarer Theaters. Gerade aus dieser späten Ablehnung geht die große Nachwirkung des Erdmannsdorff-Theaters auf die nächsten Jahrzehnte hervor. Langhans bildete es im Jahre 1800 ab, und noch Schinkels Berliner Schauspielhaus zeigt im Zuschauerraum bei den Rängen und in der Deckenbemalung unverkennbar Erdmannsdorffs Einfluß.[43]

Erdmannsdorff hatte sich auch hier für die antike Form der Sitzanordnung entschieden, *Tafel* 37, 38 die den demokratischen Vorstellungen von bürgerlicher Gleichheit entsprach. Es gab keine Fürstenloge mehr (erst der Nachfolger des

Fürsten Franz hat sie wieder einrichten lassen). Erdmannsdorff hat den Sitz des Fürsten in die Mitte des «Cerkels» plaziert, in Absprache mit Franz, der damit, wie beim kommunalen Friedhof wenige Jahre zuvor, das bewußte «Heruntersteigen von den Thronen» des gewollt aufgeklärten Regenten ad oculos demonstrieren wollte, eine Geste, die wir wieder der Fassadenpolitik zuschlagen könnten, die aber von den Bewunderern Dessaus sehr freundlich aufgenommen wurde: «Während die Fürsten im barocken Zuschauerraum von ihrer Rangloge aus das bürgerliche Publikum ‹übersahen›, oder falls sie ihren Sitz im Parterre hatten, die Hofgesellschaft um sich versammelten, bedeutete für Dessau die Verlegung des Fürstenplatzes in das Parterre die Anerkennung des um ihn sitzenden nicht-höfischen, bürgerlichen Publikums» (H. Müller). War der Fürst nicht anwesend, konnte jeder, auch der subalterne Bediente, seinen Platz einnehmen.

Die fürstliche Dienerschaft hatte übrigens ständig freien Eintritt. Da auch für alle anderen Besucher mit drei Groschen der Eintrittspreis sehr gering war, konnte jeder der nicht einmal 10 000 Dessauer sich oft den Theaterbesuch leisten. Daher war das Theater mit seinen über 1000 Plätzen an den drei wöchentlichen Spieltagen stets voll und überfüllt. Sicher haben auch die vielen Fremden in der Saison einigen Anteil daran; vor allem aber sollte das Theatererlebnis der eigenen Bevölkerung zugute kommen, über deren bemerkenswert hohen Bildungsstand noch zu sprechen sein wird. Die Schaubühne als moralische Anstalt: hier war sie nach den aufgeklärten Erziehungsgrundsätzen weitgehend verwirklicht – oder, wie es eine Dessauer Theaterakte der Zeit bescheidener ausdrückte: Eine «Schule zur individuellen Ausbildung des Geschmacks und der Kunst» war entstanden.

Zudem war Erdmannsdorff nach eingehendem Studium zeitgenössischer Fachliteratur eine gute Akustik gelungen. Friedrich Schneider, der große Komponist des «Weltgerichts», der 1821–1853 das Orchester leitete und dem Dessau den zweiten Höhepunkt seines Musiklebens verdankte, schreibt gleich nach seiner ersten Konzertprobe: «Die Musik klingt herrlich darin.» Auch das Entreegebäude hatte Erdmannsdorff bereits entworfen, zur Ausführung kam es durch die Napoleonischen Kriege erst lange nach seinem Tode, 1820/22. Sein inzwischen zum Nachfolger im Bauamt aufgestiegener Schüler Pozzi erweiterte und übersteigerte den zierlichen, aber etwas akademischen Erdmannsdorffschen Fassadenentwurf und hat damit einen der schönsten Bauten des deutschen Klassizismus geschaffen.

Tafel 39

Das Erdmannsdorfftheater brannte 1855 aus; den Wiederaufbau gestaltete der jüngere Langhans in Anlehnung an München und andere Residenztheater. Dieses Haus diente der immer noch hohen Theaterkunst Dessaus bis 1922. Dann brannte es ebenfalls aus, und das Theater wurde nicht wieder aufgebaut; es zog erneut in die Reitbahn, bis Dessau 1938 wieder eines der größten und modernsten Theatergebäude erhielt.

Karte Seite 247, *19

Während das Entreegebäude des Erdmannsdorffschen Theaters mit seinem Konzertsaal alle bisherigen Brände überstanden hatte, erhielt die Fassade Pfingsten 1944 einen Volltreffer, wurde aber sofort notdürftig ausgeflickt. Am 8. März 1945 brannte der Konzertsaal aus, 1949 wurden die beiden stehengebliebenen Säulen der Vorhalle gesprengt. 1965 entschied man sich endgültig gegen den Wiederaufbau; der einst beeindruckendste Bau der alten Magistrale der Stadt, der eleganten Cavalierstraße, machte einem völlig neuen Gebäude Platz.

Die Stadt der Aufklärung:
Das Dessau Erdmannsdorffs

Bereits über das Dessau des Jahres 1778 schreibt ein Besucher des Philanthropins, der hallesche Lehrer Jakob Gottlieb Isaak Bötticher: «Die Stadt empfiehlt sich durch die unverdorbene schöne Natur, welche in ihren Gebäuden herrscht, und durch die Geräumigkeit und Reinlichkeit ihrer mehresten Straßen; so daß man eben deshalb freyer zu athmen glaubt als in andern ResidenzStädten.»

Hier ist in knappen Worten treffend die Bausubstanz einer Stadt erfaßt, die schon in diesen frühen Jahren – die Dessauer Gesellschaftskultur ist gerade erst im Entstehen – als der Sitz der deutschen Aufklärung gilt. Zwanzig Jahre später notiert der Berliner revolutionäre Aufklärer Andreas Riem, ein weitgereister Mann: «Nirgends habe ich Avenues getroffen, die so mannichfaltig das Auge erfreuen und dem Geiste durch den edlen, guten Geschmack, womit sie angelegt sind, das reizendste Vergnügen gewähren.» Vom Großen Markt schreibt Udo von Alvensleben noch 1937, kurz vor dem Untergang: «Der Platz mit den Arkadenbauten des Cornelius Ryckwaerts, über den die alte Marienkirche aufsteigt, gehört zu den städtebaulichen Höchstleistungen in Deutschland.» Immer wieder wird die «edle Simplicität» der Bauart gerühmt – «die ganze Stadt ist artig gebaut» (Adolf Müller), die sich mit der «vernünftigen» Lebensweise der Bewohner decke: Hier möchte man bleiben, notiert ein Rousseau-Begeisterter, «in Dessau ist Arkadien und Einfachheit.»

Das Antlitz der Stadt war noch großenteils von der oranisch-holländischen Bauepoche geprägt, und diese hat in der niederländischen Frühaufklärung ihre ästhetische Wurzel. Sie ist dem nüchternen, funktionalen Baustil des damals wirtschaftlich progressivsten Landes Europas verhaftet. Die «kapitalistische Musternation des 17. Jahrhunderts» strahlte in der sogenannten «Niederländischen Bewegung»[21] auf Mittel- und Osteuropa aus. Erdmannsdorff als Stadtbaumeister von Format und Intuition hat an die vorhandenen Traditionen unmittelbar angeknüpft. Der erste von ihm geleitete Bau, das spätere Olbergsche Haus, setzt das schlichte Dessauer Barock fort; in direkter Holland-Nachfolge stehen auch die pilastergegliederten Fassaden des Stallmeistergebäudes, des Palais Branconi (Kristallpalast) und der Orangerie. Und selbst die Schloßbauten zu Georgium und Luisium und die kleinere Variante, der Elbpavillon (Georgium) verfolgen, da Erdmannsdorff Nicolaus Goldmanns Civilbaukunst als Vorlagenwerk benutzt, noch immer diese Traditionslinie. Vom gleichen Goldmannschen Idealentwurf eines «freystehenden Hauses» beeinflußt, nur palladianisch variiert und unmittelbar aus Hirschfeld (III, 16) angeregt, gibt sich auch das Wörlitzer Rathaus.

Erdmannsdorffs bedeutendste städtebauliche Leistung aber war der Dessauer Lustgarten, die Einfahrt aus dem «Ostpark», von Wörlitz her, gewissermaßen das Entree der Stadt. Mit dem von Baalbek inspirierten Orangeriegebäude hat er eine großartige Synthese hergestellt zwischen seinem «archäologischen Klassizismus» und dem strengen Rokokoklassizismus Knobelsdorffs, dem «in einfacher Schönheit hingezauberten» Dessauer Stadtschloß.

Tafel 18

Tafel 27

Tafel 32, 69, *Seite* 33, *Tafel* II, V, 67

Seite 142

Tafel 69, 70

Das
freystehende
Hauß

142

Tafel
27
–34 Von Erdmannsdorffs Bürgerbauten in Dessau war oben bei seiner Biographie ausführlich die Rede, dort sind sie aufgezählt. Die Umsetzung aufgeklärt-humanistischer Ideale in die Bauaufgaben der bürgerlichen Gegenwart wirkte, wie wir hörten, auf die Dessauer Gesellschaftskultur in einem ebensolchen Maße wie Rusts musikpädagogisches Werk oder Kolbes kunsterzieherisches Wirken neben dem insgesamt hervorragenden Schulwesen der Philanthropisten. Noch das ganze 19. Jahrhundert hindurch sind «die gebildeten Dessauer» sprichwörtlich. Sie besaßen auch eine öffentliche Bibliothek von 40 000 Bänden – welche Stadt vergleichbarer Größe hatte das aufzuweisen? Den freien gesellschaftlichen Umgangston aller Tafel
14 Stände schildert der Dichter Friedrich Matthisson in seiner Autobiographie schon für die frühen achtziger Jahre: «In Dessau herrschte damals ein Gesellschaftston, der bei allen gebildeten und empfänglichen Fremden die Wirkung hervorbrachte, daß die freundliche Stadt mit Bedauern von ihnen verlassen und mit Vergnügen wieder besucht wurde.»

Offensichtlich war das für Deutschland ein unerhörtes Novum, wie das Zeugnis des dänischen Staatsbürgers Christian Ulrich Detlef von Eggers (1780) bestätigt: «Von dem geselligen Ton hatte ich so viel Gutes gehört, daß ich mich ungemein auf diese Stadt freute … von dem gotischen Zeremoniell und dergleichen selbst gemachten Plagen der Menschheit soll man so wenig dort antreffen, daß man fast zweifeln mögte, ob man auch in einer hochfürstlichen Residenz sich befinde …» «Man muß

Nicolaus Goldmanns Idealentwurf eines freistehenden Landhauses (oben links), und dessen Umsetzung durch Erdmannsdorff:
Luisium (1774, oben rechts), Georgium (1780/81, unten links), Elbpavillon (nach 1780, Mitte) und
Rathaus Wörlitz (1790–95, unten rechts)

selbst gehen, selbst hören, selbst sehen, wie Jude und Christ mit Loben und Danken und Glückwünschen nie scheinen aufhören zu können», hatte J. G. I. Bötticher 1778 geschrieben. Die «Standesunterschiede» fielen nun auch äußerlich nicht mehr ins Auge, wie begeisterte Reisende berichteten. Dafür hatte schon die einheitliche Uniform der Schüler des Philanthropins gesorgt. Man bewunderte um die Jahrhundertwende aber auch die geschmackvolle allgemeine Dessauer Mode, die große Ausstrahlungskraft bekam.

Mit dem toleranten Umgang aller Stände und der Volkserziehung sind wesentliche Punkte der aufklärerischen Popularphilosophie in die Praxis umgesetzt. «Was für ein anziehender Ort ist dieses Dessau», resümiert Wekhrlin 1791, «und welch ein Unterschied zwischen Volk und Volk», heißt es bei Riem 1796.

Im gesellschaftlichen Leben der Stadt spielte um die Wende zum 19. Jahrhundert das «Casino» eine große Rolle, ebenso die vielen geselligen Zirkel in bürgerlichen Häusern. Aber selbst die Häuser des Erbprinzen, Waldersees und der Hof öffneten sich. «Das Zwanglose und Freundschaftliche, das man in den gesellschaftlichen Zirkeln findet» (Spieker), wird immer wieder hervorgehoben. Die Festtage des Jahres verbringt man – wie zur Zeit des Liebhabertheaters im Krezschmarschen Hause – jetzt im Casino, in Rusts, Oliviers, Berenhorsts, Rodes, Dörings, Feders gastlichen Häusern, man verschwägert sich untereinander, wie auch die gleichgesinnte Weimarer «höhere» Gesellschaft gern Töchter aus Dessau heiratet; über Goethes und Bertuchs Schwiegertöchter wie über Knebels Verwandtschaft werden die Kontakte immer enger. Bewundernd berichtet der aus Bremen stammende Medizinstudent Adolf Müller nach Hause: «Ihr glaubt gar nicht, wie gesellig und lustig die Dessauer Familien leben. Sie machen nur Einen großen Zirkel aus, der gleichmäßig unter sich zusammenhängt; die Kunst unbewußt in sich tragend, machen sie nicht jene falschen Prätensionen auf Gelehrsamkeit wie hier in Halle... Hier benimmt man sich allgemein etwas steif und vornehm und fremd; ... wie natürlich zuvorkommend ist man dagegen in Dessau gegen den Fremden, dessen mögliche Verlegenheit sich durch die Avancen von allen Seiten leicht verliert. Noch den Tag, an dem wir von dort fortgingen, wurden wir zu einer Klopfballpartie eingeladen, an der alle – auch die Mädchen – Anteil nehmen.»

Das freiere, ungezwungene Benehmen, die geistige Beweglichkeit und der beachtliche Bildungsstand der Dessauer Mädchen – sie hatten 1786 unter Neuendorfs Direktorat ebenfalls eine Hauptschule erhalten – werden in den Reisejournalen von Dessaubesuchern oft erwähnt. «Sie entsprechen beinah dem Ideal der Mehrheit der Männer», schreibt Ottilie von Pogwisch, Goethes spätere Schwiegertochter, etwas abschätzig über ihre Altersgenossinnen. Sie konnte der philanthropistischen Pädagogik kein größeres Lob aussprechen!

Noch mehr als Adolf Müller aus Bremen, der mehrmals zu Kurzbesuchen in Dessau war, fühlten sich länger hier anwesende «Ausländer» von der Dessauer Gesellschaft angezogen und geprägt. Das schönste Zeugnis liefert uns der Philologe Philipp Buttmann in seiner Autobiographie: «Für meine Bildung war dieses Jahr von dem entschiedensten vorteilhaften Einfluß; und dankbar erkenne ich es an, daß von dem Grade von Welt- und gesellschaftlicher Bildung, dessen ich fähig bin, mein Aufenthalt in Dessau den Grund gelegt hat. Zugleich gewährten Zirkel, wo Frohsinn mit Anstand gepaart waren, dem Herzen die nötige Erleichterung... Bei Nennung des Namens Berenhorst regt sich in meinem Herzen eine Mischung von Liebe, Ehr-

furcht und Bewunderung, die als eines der beseligendsten Gefühle, so lange ich bin, mich begleiten wird. August von Rode und C. F. Feder und die mit ihnen durch Bande des Blutes verbundenen redlichen und liebenswürdigen Menschen haben durch die Freundschaft, derer sie mich würdigten, und durch den Einfluß, welchen diese Freundschaft auf meinen sittlichen Wert hatte, Rechte in meinem Herzen erworben, welche sich unmittelbar an die Pflichten der Natur anschließen.»

Wir gehen sicher nicht fehl, wenn wir der Persönlichkeit Erdmannsdorffs einen entscheidenden Einfluß zuschreiben. Seine «humanitas et urbanitas» zog an und strahlte aus, er galt seinen Zeitgenossen als das «Orakel des Geschmacks» schlechthin. «Wenn im folgenden Jahrhundert», so schreibt C. A. Boettiger 1800 in seinem Nachruf auf Erdmannsdorff, «eine Geschichte des verbesserten, das heißt vereinfachten Geschmacks der Teutschen mit unparteiischer Würdigung der Männer, die dazu wirkten, geschrieben werden soll, so wird der Name Erdmannsdorff gewiß in der ersten Reihe zu lesen seyn.»

Diese Prophezeiung scheint erst jetzt, in der zweiten Hälfte des 20. Jahrhunderts, in Erfüllung zu gehen, wie auch der gesamte Dessau-Wörlitzer-Kulturkreis, der lange vom Ruhme Weimars und Preußens verdunkelt war, eine gerechtere Würdigung erfährt. In der Fachwissenschaft setzt sich die Erkenntnis durch, daß Dessau nicht nur gleichberechtigt neben, sondern auch zeitlich vor Weimar und anderen Zentren der Klassik einzuordnen ist; daß Weimar sogar Dessau viel zu danken hat – Hans Thümmler spricht wegen der engen Beziehungen und Verflechtung von einem nachgoethischen Kulturkomplex Weimar-Dessau. Auf politischem und sozialem Gebiet hat Dessau mehr geleistet als Weimar (Fritz Hartung).

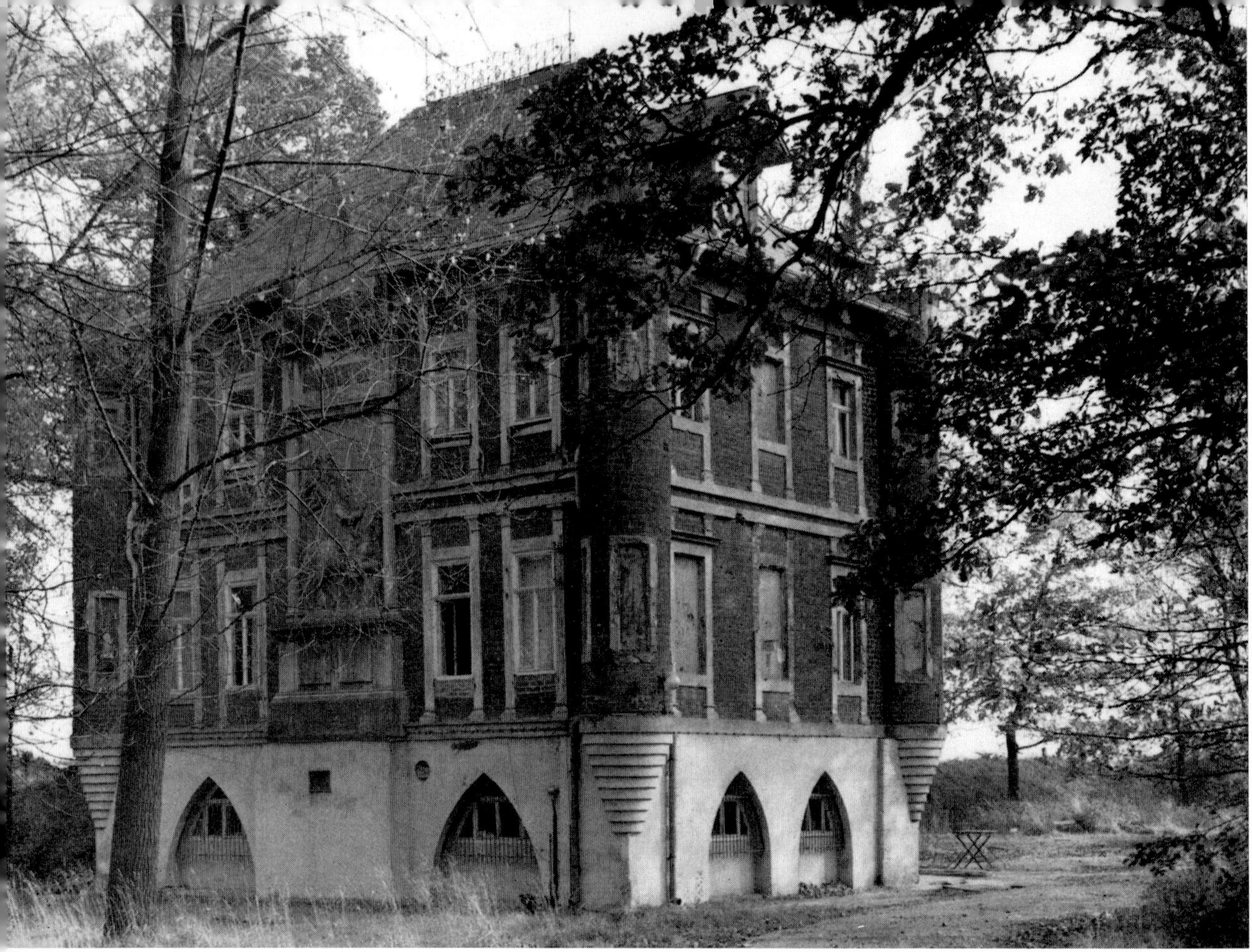

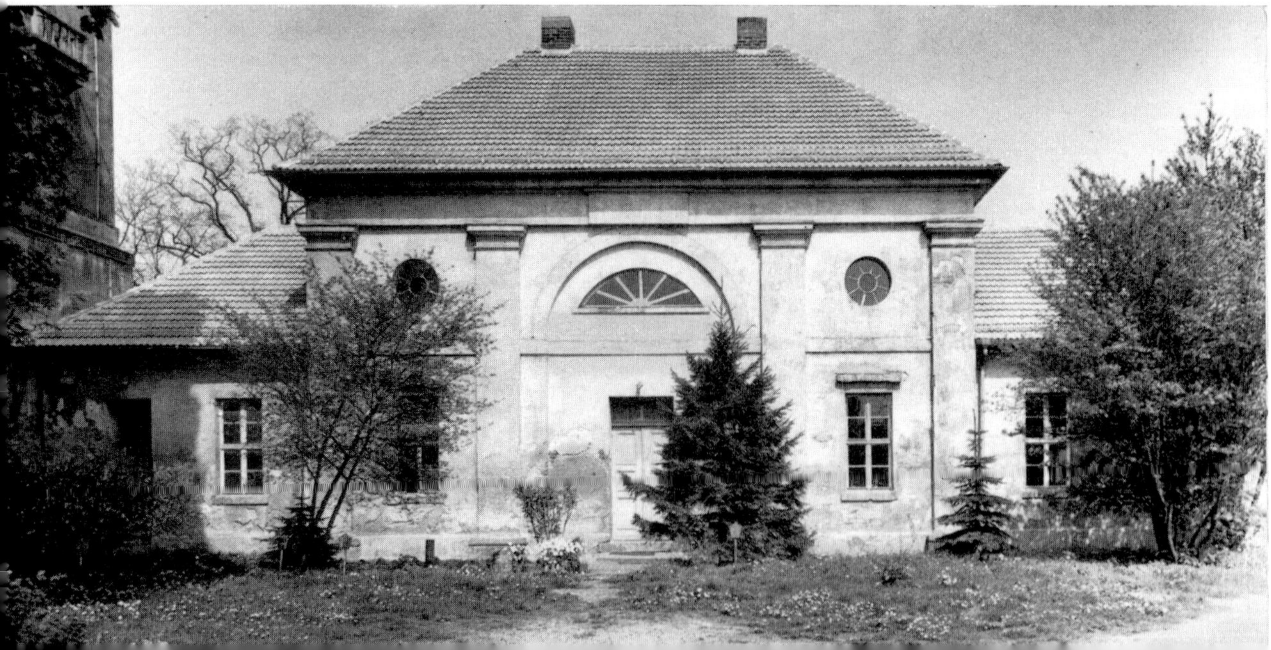

84
Raststätte Schwedenhaus,
an der Hauptfassade Relief
der Lorbeerkrönung Gustav Adolfs
von Friedrich Wilhelm Eugen Doell,
1784/1785
85
Raststätte Elbzollhaus
an der Elbbrücke, 1788/1789

86
Sieglitzer Berg: Solitüde, 1777–1783, und Verfallenes Monument.
Tuschzeichnung von Georg Melchior Kraus, 1783
87 (folgende Seite oben)
Die Sieglitzer Solitüde von Süden
88 (folgende Seite unten)
Sieglitzer Berg, Solitüde, Federskizze von Friedrich Gilly, 1797
89 (übernächste Seite)
Sieglitzer Solitüde, Saal

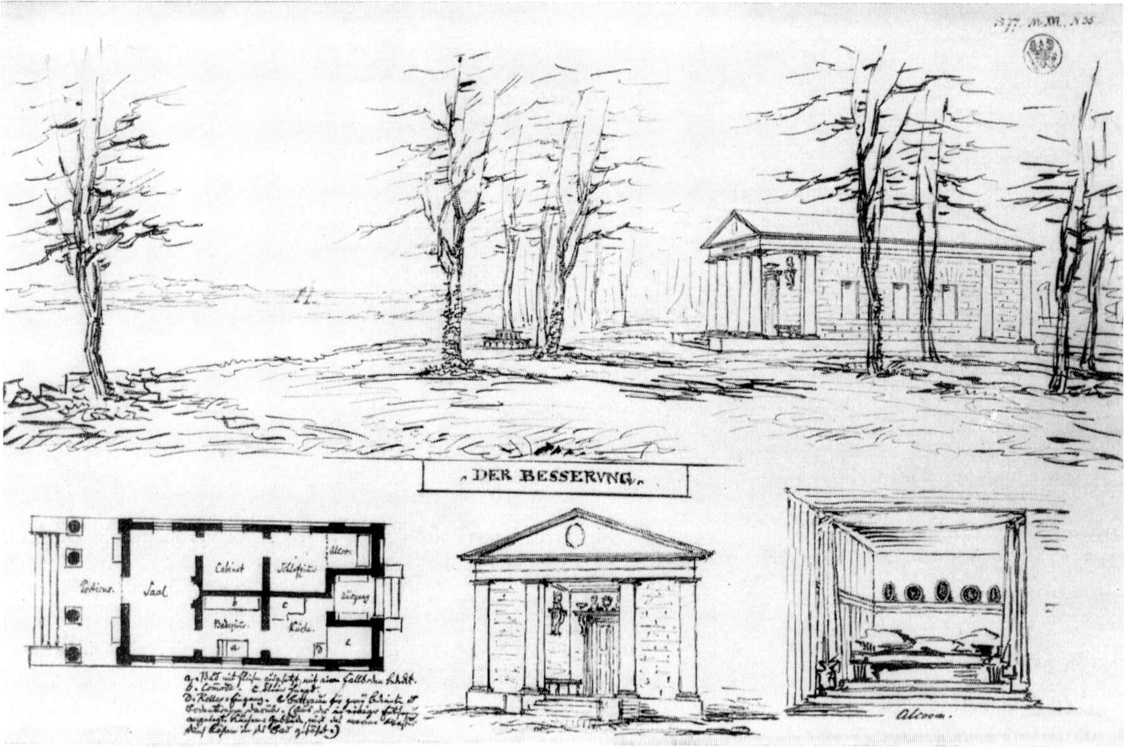

DER BESSERVNG.

Alcova.

90
Wallwachhaus am Berting,
1799/1800
91
Wallwachhaus
Dianentempel
am Vockeröder Deich,
um 1772

92
Anlagen am Bertinghaus

93
Großes Wallwachhaus
Mittelhölzer von Süden
mit seitlichen Blendfassaden,
1772
94
Großes Wallwachhaus
Mittelhölzer von Norden

95
Wörlitz, Zeremonienhaus
des jüdischen Friedhofs,
um 1788
96
Dorfschule Griesen, 1788

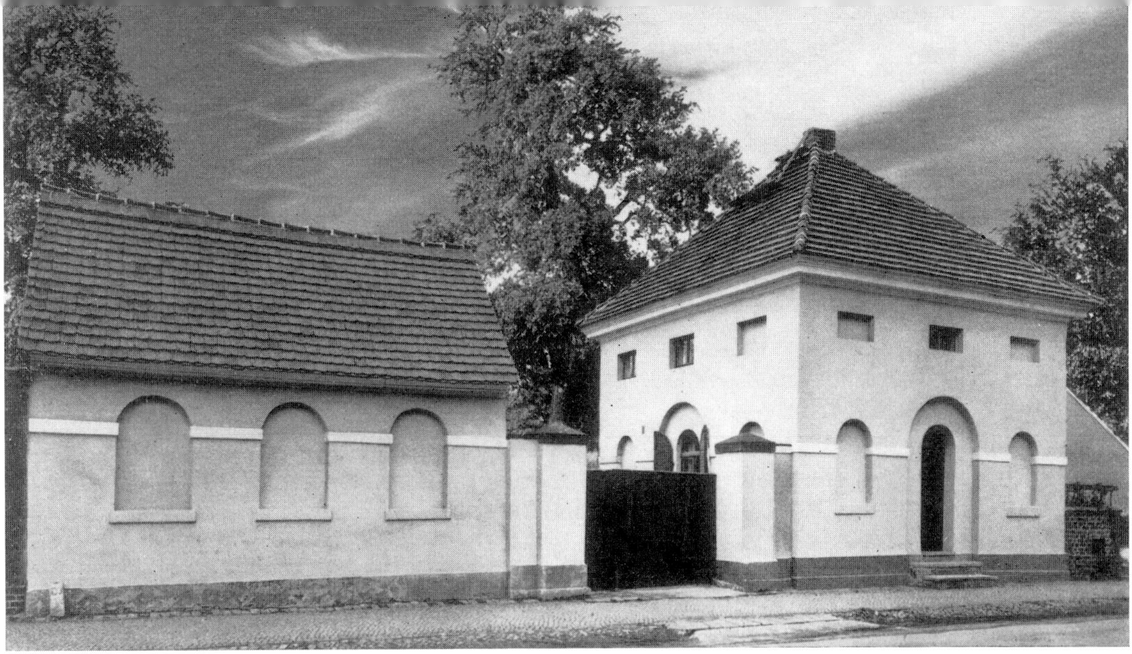
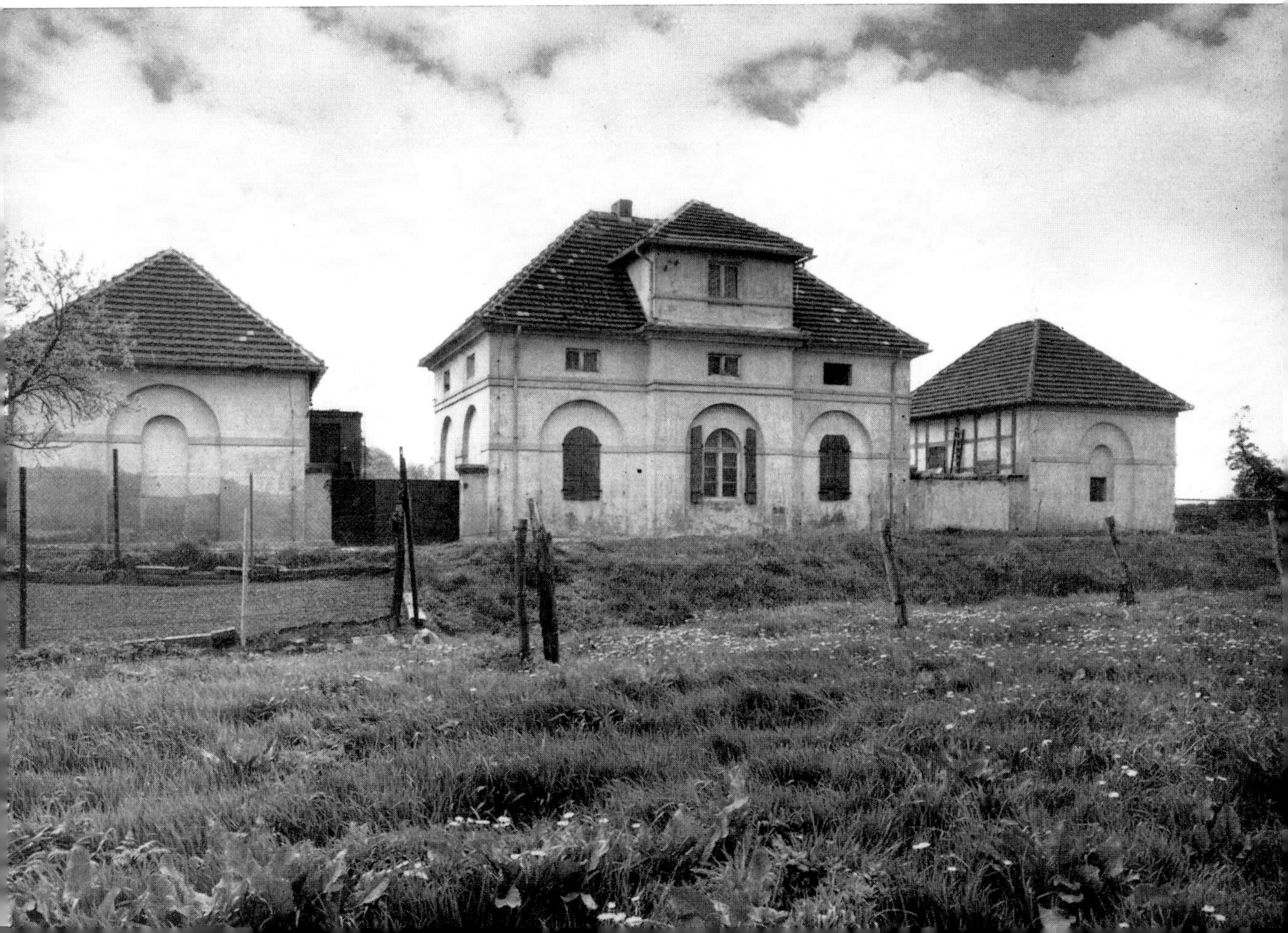

97
Wörlitzer Anlagen,
Wachhaus zum Pferde, 1769
98
Das Vorbild:
Eingang zur Villa Hadriani
bei Tivoli
99
Wörlitzer Auenlandschaft
am Redding

Auch hinsichtlich der Bedeutung Dessaus für die Kunstgeschichte beginnen sich die Wertungen gerechter einzupendeln: Nicht erst die großen preußischen Zeitgenossen wie David Gilly, Langhans und Schinkel (die Erdmannsdorffs Nachfolger waren), sondern Erdmannsdorff und der Dessauer Reformkreis sind die Bahnbrecher des Klassizismus in Deutschland.

Was Erdmannsdorff in dieser Hinsicht, als Architekt und Stadtbaumeister, geleistet hat, konnten wir dem Leser hier vorführen – an Ort und Stelle *sehen* kann er es nicht mehr. «Dessau fuit» – Dessau ist gewesen, schrieb Rode, als Erdmannsdorff und Franz gestorben waren. Nun, nach den furchtbaren Zerstörungen des zweiten Weltkrieges, ist das Dessau der Aufklärung auch äußerlich ausgelöscht.

Nach jahrzehntelanger geistig-kultureller Stagnation im Anschluß an ihre große Epoche hatte sich die Stadt schließlich dem technischen Fortschritt geöffnet und einen enormen wirtschaftlichen Aufschwung genommen. In den zwanziger Jahren unseres Jahrhunderts machte sie wieder in aller Welt von sich reden. Wir nennen nur das Bauhaus mit Gropius, Kandinsky, Feininger, Klee, Maholy Nagy, Mies van der Rohe usw., auf der anderen Seite den genialen Erfinder auf den Gebieten der Wärmetechnik, des Motoren- und Flugzeugbaus Hugo Junkers, durch dessen industrielle Großunternehmen Dessau binnen weniger Jahrzehnte zur Großstadt wuchs. In ihrem Kern aber blieb der Charakter der einstigen Residenzstadt mit ihren herrlichen Anlagen und schönen alten Bauten erhalten – bis durch den zweiten Weltkrieg die

sorgsam gehütete Tradition mit einem Schlage ihr Ende fand.

Nachdem vereinzelte Bombenangriffe die nunmehrige Hauptstadt des Nazi-Gaus Magdeburg-Anhalt schon 1940 erreicht, größere Luftangriffe seit Pfingsten 1944 die Innenstadt schwer getroffen hatten, machten britische Bomberverbände sie in der Nacht vom 7. zum 8. März 1945 nahezu völlig dem Erdboden gleich. Mit 84 Prozent hatte Dessau der größte Zerstörungsgrad einer deutschen Stadt betroffen – und das sozusagen fünf Minuten nach Zwölf, als der Krieg längst entschieden war.

Der Neu- und Wiederaufbau nach dieser schrecklichen Zeit mußte Nöte lindern, er mußte zweckgerichtet und rationell sein, und er hatte mit geringen Mitteln auszukommen. Denkmalpflegerische Rücksichten hatten da wenig Raum, auch wenn bei den Neubauten der fünfziger Jahre die Versuche, die Dessauer Bautradition Erdmannsdorffscher Prägung fortzusetzen, unverkennbar sind. In jener Zeit großer gesellschaftlicher Umwälzungen mußte der historisch getreue Wiederaufbau einer ehemals fürstlichen Residenz als Ganzes ohnehin außerhalb jeder Diskussion stehen. Und außerdem rangierte in der kunstgeschichtlichen Wertung die spätere deutsche Baukunst, speziell die des 18./19. Jahrhunderts, weit hinter Romanik und Gotik; die Bausubstanz des «weißen Gipsklassizismus» war leider nicht von so wehrhafter Dauer wie die Bauten des Mittelalters.

Alle diese Umstände brachten es mit sich, daß in den ersten beiden Jahrzehnten der Nachkriegszeit noch eine Reihe historisch wertvoller Gebäude, die den Krieg überstanden hatten oder deren Restauration möglich gewesen wäre, verlorengingen. Dessau ist eine neue, eine ganz andere Stadt geworden; die Spuren der alten sind nur noch an wenigen Stellen erkennbar.

Mehr erhalten hat sich vom Dessau-Wörlit-

100
Auf dem Wall in den Wörlitzer Anlagen
101
Rotes Wallwachhaus, 1772,
mit vor den Deich gepflanzten Eichen (Eisbrecher)

157

zer Gartenreich. Der heutige Besucher kann noch einen deutlichen Eindruck von der einstigen Gestaltung gewinnen, wenn es auch hier naturgemäß und gerade durch die Industrialisierung des Mittelelbe-Raums Einbußen gegeben hat. Dem renommierten «Gartenreich», das in aller Munde war, wollen wir uns jetzt zuwenden. Die Begeisterung der Zeitgenossen kannte keine Grenzen. «Um diese Zeit waren die Reisen nach Dessau, jedesmal auf drei bis vier Wochen, 1800, 1803, 1805, Lichtpunkte in unserem, respektive meinem Leben, Dessau im Glanz der schönen Sommerzeit ein El dorado», lesen wir in einem Memoirenwerk.

Das Gartenreich:
Kulmination der Dessauer Aufklärung

«Doch nun auf zum wachenden Wallen, ihr Füße! und tragt mich vorwärts ins liebliche Ländchen und ins Eden des Fürsten von Dessau», notiert der Schweizer Peter Scheitlin 1802 unweit der Stelle, wo Franz Böschings Laura empfindsam ausruft: «Das ist der Pfad in Eden», und ihr aufgeklärter Vater sie auf den Boden der Wirklichkeit zurückruft: «Es ist die Straße nach Dessau.»

Heute gehört die gesamte Dessau-Wörlitzer Kulturlandschaft zu den «Denkmalen von besonderer nationaler und internationaler Bedeutung»; sie steht somit in der Zentralen Denkmalliste, in der die kostbarsten Denkmalobjekte der DDR zusammengefaßt sind.

Der Dessau-Wörlitzer Kulturkreis erreichte seinen ersten Höhepunkt im Philanthropismus, der zusammen mit der Wiedererweckung des Sports als schulische Angelegenheit von Dessau «in alle Welt ausging». Er kulminiert erneut in der Schaffung des «Gartenreichs», wie die Zeitgenossen das Land Anhalt-Dessau apostrophierten. Dadurch wurde nicht nur die bewunderte «schöne, durch Kunst verherrlichte Gegend in einem wohladministrierten und zugleich äußerlich geschmückten Lande» (Goethe) geschaffen, sondern – es wird sich noch vielmals wiederholen: Diese Landeskultur diente unter einem humanen Regiment zugleich auch wieder der Pädagogik, einer Volksbildung im weitesten Sinne.

Mit ihrer Neigung zu Symbolik und Allegorisierung ist die Gartenkunst des Barocks und, in gesteigertem Maße, die des Rokoko schon vielfach lehrhaft. Aber nicht daran knüpft die Dessauer Landschaftsgestaltung an. Nach ihrem Wahlspruch *das Nützliche mit dem Schönen* [44] kam sie den utilitaristischen Zielstellungen der Aufklärungspublizistik entgegen und gestaltete das «Schöne» nach den Forderungen der Aufklärungsphilosophie. Damit trug sie zugleich zur «Läuterung» des Menschengeschlechts in seinem Verlangen nach irdischer Glückseligkeit bei, wie es Shaftesbury auf die kurze Formel gebracht hatte: «Das Gute und das Schöne sind ein und dasselbe.» Dazu wurde das Ideal einer zeitgemäßen Erneuerung der Antike als Grundlage für die «Moderne» eingebracht.

Auf diese Weise ließ Dessau die bürgerliche Kultur erstmalig und überzeugend Gestalt werden und propagierte so aufgeklärtes Denken im eignen Lande wie unter den zahlreichen empfänglichen Besuchern, die es von hier durch ganz Europa verbreiteten. Und diese Besucher können sich in ihren enthusiastischen Äußerungen nicht genug tun. Hatten doch hier ihre Illusionen von einem möglichen Reich der Vernunft deutlich sichtbare Erfüllung gefunden. Franz Volkmar Reinhardt sprach vom «Schauplatz für vernünftige Menschen»; für den exaltierten russischen Fürsten Putjatin erscheint die Dessauer Landeskultur als «ein Garten Gottes», für den bürgerlichen Aufklärer Abbegg ist sie «ein Garten für den Menschen».

Wie sehr der «neue Stil», der englische Garten, Ausdruck des bürgerlichen Emanzipationsstrebens war, ist oft dargestellt worden. Im Bunde mit dem englischen Klassizismus palladianischer Prägung ist von A. von Buttlar neuerdings so formuliert worden, daß die englischen Landsitze das «Symbol eines liberalen Weltentwurfs» seien. Was dort in England in der ersten Jahrhunderthälfte noch alleiniger Ausdruck der zeitgenössischen Philosophie ist – die bezeichnendsten Beispiele des dulce et utile in Popes Garten zu Twickenham und die landesgestalterische Erweiterung der Idee durch seinen Zunftgenossen, den Dichter William Shenstone in den vielgerühmten «Leasowes» in Worchestershire –, das wird nun unter den volkserzieherischen Tendenzen des Dessauer Kreises etwas gänzlich anderes, schlägt in eine Qualität von nicht geahnter Dimension um, die die englischen landschaftsgestalterischen Vorbilder an Umfang und Intensität weit hinter sich läßt.

Nur so, in dieser Gesamtsicht, ist die in unseren Augen allzu enthusiastische Begeisterung der Zeitgenossen für das Dessauer Gartenreich überhaupt zu begreifen. Und diese Begeisterung erklärt es, warum sich so viele Details der Dessau-Wörlitzer Glanzpunkte, vielfach gebrochen und meist vereinfacht und abgeschwächt, in der materiellen und geistigen Kultur ganz Europas, aber besonders im deutschsprachigen Raum, bis ans Ende des 19. Jahrhunderts wiederfinden.

Fürstliche Landsitze, «Solitüden», Schlösser «Sanssouci» oder «Monrepos» gab es überall in den feudal regierten Staaten; ganze Ketten solcher Lustschlösser und -gärten umsäumten und umsäumen die einstigen Residenzen. Auch Dessau umgeben diese «Diamanten und Perlen», wie Wolke sie in einer Werbeschrift für sein Philanthropin anpreisend mit ins Spiel bringt: Kühnauer Park und Georgium im Westen, die Haideburg im Süden, der Dessauer Lustgarten am Stadtschloß und von dort ausgehend der «Ostpark» über das Luisium, den Sieglitzer Park, Fliederwall-Krägen-Berting-Park, Wörlitz; dazu Oranienbaum und der Drehberg, die einstige Volksfeststätte. Wir werden sie einzeln noch kurz beschreiben und ihre speziellen pädagogischen Aspekte zu skizzieren suchen, Wörlitz ein eignes Kapitel widmen. Karte Seite 249

Von den Leasowes schreibt die Gartenhistorikerin M.-L. Gothein, daß Shenstone die gesamte Dorfflur mit Vorwerken und Wäldern in «gepflegte Natur» umwandelte, um so «die Ausblicke herauszuheben, die Oberfläche mannigfaltig zu gestalten, die Wege verschlungen zu ziehen, die Wasser zu schlängeln. Dies tat er mit so viel Urteil und Phantasie, daß sein kleines Besitztum zum Neide der Großen und zur Bewunderung der Geschickten wurde; eine Anlage, die von Reisenden besucht und von Zeichnern abgezeichnet wurde.» Es unterliegt keinem Zweifel, daß Franz und Erdmannsdorff die Leasowes bereits auf ihrer ersten Englandreise besucht haben. Gleich nach ihrer Rückkehr wurden auf einem Territorium von 25 Kilometer Länge und oft mehreren Kilometer

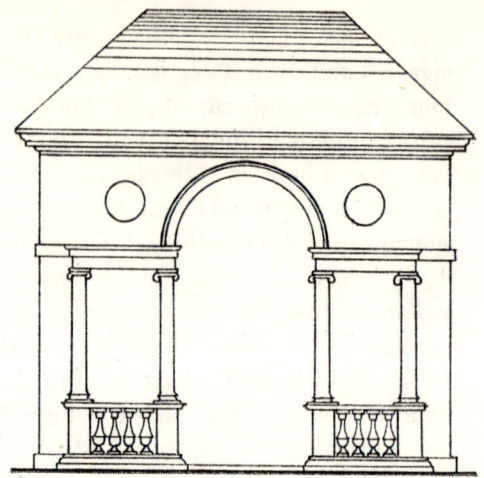

Umsetzung des Serli-Palladio-Motivs durch Erdmannsdorff: Englischer Sitz, 1764/65, Amaliensitz, um 1793,

Breite in den nicht für den Ackerbau nutzbaren Überschwemmungsgebieten der Elbe und Mulde die «Dessauer Anlagen» begonnen, sie waren unter dieser zeitgenössischen Bezeichnung ein Begriff; so hat J. P. Lenné diese Landeskultivation größten Stils noch 1824 in einem Aufsatz als mustergültig und derzeit noch einmalig in Deutschland herausgestellt. Durch sie gewann Franz seine «weltweite Bedeutung als Landespfleger» (G. Däumel, 1961).

Diese «Dessauer Anlagen» sind noch mehr: Sie umfassen auch die Ausgestaltung der Fernverkehrsstraßen zu sogenannten Gartenlandstraßen – über zwanzig lassen sich nachweisen –, bei denen außer mehrfachen Reihen von Alleepflanzungen besonders die sogenannten *Tafel* «Unterwege» landschaftlich verschönert wur-
73 den, wobei man auch die Wünsche der Fußgänger in die Gestaltung einbezog. So konnten sie in der heißen Jahreszeit «in duftendem Schatten» wandeln, wenn Reiter und Kutschen auf den stark frequentierten Straßen den Staub aufwirbelten. Daß diese Straßen in hervorragendem Zustand waren, ist schon im Straßenbaukapitel mit Stimmen der Zeitgenossen be-

legt; C. A. Boettiger notiert vom Fliederwall: «Die herrlichste Chaussee bringt hier selbst die trägsten Pferde in Trab.»

Sitzbänke oder Feldsteinsitze mit schönen Fernblicken gab es allerorten zum Ausruhen; manche «Sitze» in anspruchsvoller architektonischer Gestaltung nach Erdmannsdorffs Entwurf: Überdacht dienten sie als Regenschutzhäuschen. Mehrmals hat Erdmannsdorff hierbei das von ihm auch sonst oft verwendete «Serli-Palladio-Motiv» von der Basilika zu Vicenza gewählt, ein Motiv, das er schon in England vielfach abgewandelt vorgefunden und im «Englischen Sitz» (nach einem Vorbild in *Tafel* Stourhead) am Wörlitzer See zum ersten Mal 105/106 gestaltet hatte; ihm folgten noch in den achtziger und neunziger Jahren der «Fürstensitz» und der «Amaliensitz» im Bereich des Westparks.

Wo die Landstraße nicht durch Dörfer und somit an Gasthöfen vorbeiführte, waren alle vier bis fünf Kilometer Raststätten errichtet, klassizistisch oder gotisch zur Belebung des Landschaftsbildes von Erdmannsdorff entwor- *Tafel* fen, wie das Elbzollhaus gleich hinter der Des- 85

160

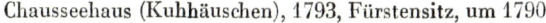

Chausseehaus (Kuhhäuschen), 1793, Fürstensitz, um 1790

sauer Brücke, wo der aus dem schlecht regierten Anhalt-Zerbst Kommende sogleich eine Erfrischung genießen konnte; ein paar Kilometer weiter das Elbhaus, ehe der Wanderer die zum Georgium gehörenden Gartenpartien erreichte, von denen es nicht mehr weit bis an die Stadt war.

Der von Süden Einreisende gelangte zuerst an das «Finkenhaus» (an der heutigen Fernverkehrsstraße 184 von Leipzig nach Dessau in Höhe des Raguhner Bahnhofs gelegen), von wo er einen schönen Blick über die gut bebaute Feldflur hatte, «über jäh gesenkte Pläne», den Steilabfall zum Urstromtal der Mulde, welches ebenfalls von hier noch überschaut werden konnte, bis an den Rand der Dübener Heide. Wir besitzen keine Abbildung davon. Dafür blieb bis heute der «Heidekrug» leidlich erhalten, meisterlich in eine leichte Straßenbiegung plaziert, so daß er sowohl von Süden als auch von Dessau her schon von weitem für den Wanderer als nächstes Ziel und Rekreationspunkt zu sehen ist. Seine Fassadengestaltung hat durch Neuputz viel von ihrem Charme verloren. In die Nordseite sind große Fenster eingebrochen

Seite 162

worden. Der Bau ist von weitem her eindrucksvoller, als er an wirklicher Größe hergibt, ein Prinzip, das für viele Erdmannsdorffbauten in der Landschaft gilt. In ihrer Dreigliedrigkeit verdecken sie oft die wenig anmutige Bauweise mitteldeutscher Dörfer.

Besonders im Wörlitzer Raum findet sich dieses architektonische Motiv, am prächtigsten bei der Wörlitzer Ökonomie, dem «Tempel der Ceres», wie er sich dem von Osten ins Land Einreisenden präsentierte, ein deutlicher Nachklang des Besuches der von Palladio erbauten Albani-Villa Emo. Vereinfacht, aber ähnlich gegliedert, ist der Mehrzweckbau zu Riesigk (Wallwachhaus; Mittelbau Schule, im Erdgeschoß rundbogig; Gemeindebäckerei).

Die Dreigliedrigkeit zeigen auch die Schule zu Griesen und das Zeremonienhaus des jüdischen Friedhofs zu Wörlitz, endlich das «Große Wachhaus» an den Mittelhölzern. Die vier letztgenannten Dreiergruppen richten zudem ihre Schaufassade auf die Wörlitzer Gartenanlagen, waren damals durch die zahlreichen Sichtschneisen Blickfänge (Points de vue) und bezogen so für die Wörlitz-Enthusiasmierten

Seite 163

Seite 163

Tafel 96, 95, 93, 94

die weite Dorflandschaft des «Wörlitzer Winkels» mit in die Parkgestaltungen ein.

Die Dorfflur ist aber auch anderwärts großartig gestaltet worden; am schönsten, wie noch heute ablesbar, im Bereich Waldersee und Mildensee. Im letzteren wurden drei Dörfer zu einer Einheit verbunden, die an der Brücke Tafel 135 durch den Hügel mit dem Turm der acht Winde (auch: Napoleonsturm) zusammengefaßt wurde. Wie in den großen Gestaltungen wird auch hier die klassische Antike bewußt mit dem neugotischen Vierungsturm über der spätromanischen Pötnitzer Konventskirche in Kontrast gesetzt.

Doch zurück zum Heidekrug: Hier tritt der Reisende in die Dessauer Heide ein und verfolgt die Straße, die ihm schon längst als «der Pfad in Eden» gepriesen wurde. «Im Vordergrund sondern nun, lieblich wie Reihen junger Tänzerinnen, in endlosen Linien reizende Akazien von den lachenden Feldern die Straße… Diese Regelmäßigkeit und Anmuth bepflanzter schnurgerader Chausséen ist ein Charakterzug dieses Landes, den ich … einem jeden wünschte» (F. Bösching, 1801). James Boswell, der reisende Engländer, rühmt bereits 1764, daß man «den Wald auf säuberlich angelegten Straßen» bequem durchqueren könne, und gedenkt der «noble forrests of Anhalt-Dessau» auch in einem Brief an seinen Freund Samuel Johnson. Man wandelt eine halbe Stunde zu Fuß (J. G. I. Bötticher, 1778), um «die vortrefliche Gegend und den so ebenen Weg» recht zu genießen. Daß die Wälder «die größten Parks» waren, haben wir schon im Forstkapitel gehört.

Damit haben wir uns der wiederum geschickt in die Landschaft eingepaßten «Haideburg» genähert. Die Straße F 184 ist heute in weitem Tafel IV, 83 Bogen herumgeführt. Damals sah man den neugotischen Turm dieses Gebäudes von weither. Von Dessau war die Haideburg, die nicht nur fürstliches Forsthaus war, sondern auch einen Ausschank beherbergte, nur fünf Kilometer entfernt. Man konnte den Turm bereits vom Neumarkt aus sehen.

Noch vor der Haideburg nahm die Leipziger Chaussee die von Halle kommende Straße auf. Diese war nicht minder schön gestaltet: «Ich trat bald in einen Wald ein», schreibt Scheitlin

Raststätte Heidekrug, 1789

Palladios Villa Emo bei Fanzolo mit ihren Nachbauten:
Wirtschaftshof in Wörlitz, 1783–87, Kommunalbau in Riesigk: Wallwachhaus / Schule / Dorfbäckerei, 1789

1802, «durch den die Straße regelmäßig, breit und eben läuft in mancher Krümmung.» Diese Krümmungen sind sehr berechnet geschaffen – die letzten dieser schönen Schwünge finden sich an der Fahrstraße nach Kühnau –, um schöne Baumgruppen oder die genannten Raststätten und andere Nutzbauten, Waldhüterhäuschen, Geräte- und Wallwachhäuser, Tore, zu Points de vue werden zu lassen.

Von der Haideburg bis zum Leipziger Tor war aber die hier schnurgerade «Heidestraße» mit Pappeln gesäumt, die erste Pappelallee Deutschlands; sie «sind zum Erstaunen groß, ich wüßte nicht, daß ich irgendwo so starke Stämme gesehen hätte», druckt Eggers 1810, und auf dem Stich J. G. Böttgers («Triumph der schönen Gartenkunst») zehn Jahre zuvor sind sie ebenfalls schon von beachtlicher Höhe.

Noch schöner war die andere Hauptstraße des Gartenlandes, auf der man sich auf die «Wallfahrt nach Wörlitz» begab, wie es damals hieß. «Ich sollte das nicht Garten nennen», schreibt der Fürst de Ligne, «was der Fürst von Dessau als Landschaft gestaltet hat, und das was sich vor allem von seiner Residenz bis Wörlitz ausdehnt; denn seine Kanäle, seine prächtigen Wiesen und Massen von Eichen, die Platanen und italienischen Pappeln, Koniferen usw. verbinden die beiden Wohnsitze.»

Die Auenlandschaft mit ihren herrlichen *Tafel* Solitäreichen, um deretwillen sich namhafte 99 Künstler einfanden, forderte geradezu zu englischer Gestaltungsweise heraus: Sie war der englischen Hutungslandschaft sehr ähnlich, weshalb sich auch Engländer immer sehr wohl fühlten. Boswell notiert schon 1764: «Pracht-

163

voll sind die Dessauer Jagdforsten mit ihren uralten Eichen», und so hätte er, wie er Johnson versichert, hier «in perfect happiness» sieben Tage Vergnügens mit kaum sieben Stunden Melancholie genossen. «Schönere Eichen sah ich nie», schreibt Bösching, und viele Weitgereiste des reisebegeisterten Zeitalters folgten ihm nach.

Vom Dessauer Schloßgarten, der damals bezeichnenderweise dem Publikum geöffnet war, und dem Lustgarten nimmt der «Ostpark» seinen Anfang. Zu Füßen des Stadtschlosses mit dem «Doppelantlitz eines Jünglings und eines Greises» (des Johannbaus von 1531 und des rokokoklassizistischen Knobelsdorff-Torsos) schuf Erdmannsdorff mit Eyserbeck 1775 den alten Renaissancegarten zu einem Garten in Form

Seite 11

Tafel 19, 16, 17, 69

eines antiken Hippodroms um – drei weitere im Gartenreich verteilte sollten folgen. (Dieses Motiv lebte in der Gartenkunst vom Charlottenhof in Potsdam-Sanssouci bis zu Gustav Meyers Treptower Park nach.) Nicht nur der Hof, sondern auch die Bürger und die Schüler des Philanthropinums hatten die Möglichkeit, sowohl im Lustgarten-Hippodrom als auch in den anderen derartigen Anlagen zu reiten und reiten zu lernen.

Die Längsseite des Lustgartens nahm ab 1790 das Erdmannsdorffsche Orangeriegebäude ein. Die Nordseite mit den Marställen war schon 1775 durch die beiden Pavillons geschlossen, vor deren Tempelfassaden mit dem Plastik-Programm den heimischen Flußgöttern Elbe und Mulde (einer Rom-Reminiszenz von der Kapi-

Tafel 69

Tafel 70

Dessau, Lustgarten in Form eines antiken Hippodroms, 1775

Erdmannsdorff-Architekturen am Diepold-See:
Chausseehaus (Kuhhäuschen), 1793, Muldbrückenhäuser, Berenhorsts Gartenhaus, nach 1790

tolstreppe) in geradezu antikischer Gläubigkeit gehuldigt wurde.

«Angenehm ist der Spaziergang im Lustgarten Morgens», schreibt Rode in seinem «Wegweiser durch die Sehenswürdigkeiten in und um Dessau», der ein an Vitruv geschultes klassisches Werk unsrer Literatur geworden ist, «wenn die langen pyramidenförmigen Schatten der Lombardischen Pappeln und der Cedern sich über den offenen betaueten Circus wankend hinstrecken; die Linden im Garten unterm Schlosse die sonnigen Rasenplätze gleichsam mit einer golddurchwirkten Schattenkante einfassen und alles im heitern Strale des Morgens lacht: ... Allein nichts übertrifft den Genuß, bei stillem Mondscheine, unter dem Geräusch des nahen Wasserfalls, am Ufer des Flusses zu sitzen ... während daß in den dämmernden Gängen umher, gleich den Schatten Elysiums, alle Stände vermischt lustwandeln ...»

Tafel
71,
72 Über die viel bewunderte Muldbrücke mit den Erdmannsdorffschen Torhäusern – Goethe besah sie im Bau, die Dessau-Enthusiasten stellen sie an Schönheit über die Dresdner Augu-

stusbrücke – («hier zahlte ich nun willig das Brückengeld», notiert Scheitlin!) führte die «Wallfahrt nach Wörlitz» auf einem hohen Damm, dem 1769 geschaffenen «Promenadenwall», zur Jonitzer Mühle. Der Damm diente dem Zweck, den Wanderer zu Hochwasserzeiten trockenen Fußes nach Jonitz (heute Waldersee) gelangen zu lassen. Zugleich gestattete der erhöhte Standpunkt Fernblicke in die weite gestaltete Auenlandschaft des Vorderen Tiergartens oder in die Tiefe des Diepolds, eines hübsch ausgeformten Seestücks, das ebenso wie der ganze Promenadenwall 1937 leider dem Autobahnzubringer zum Opfer gefallen ist. Dies bleibt um so mehr zu bedauern, als der Promenadenwall zusammen mit der Muld-Promenade bereits «Volksgärten» und damit die ersten kommunalen Parkanlagen Deutschlands waren. Erdmannsdorffsche Architekturfassaden umstanden den Diepold: Auf der Höhe die Muldbrückenhäuser und am Beginn des Walls ein Chausseehaus, das seiner bukolischen Reliefs wegen im Volksmund das «Kuhhäuschen» hieß, in der Tiefe ein niedliches Gar-

noch heute gewunden verlaufenden Deich – seiner Originalbepflanzung ist er längst verlustig
gegangen – gelangte man nach Naundorf und
schließlich zum neugotischen Schwedenhaus, *Tafel*
84
wieder einer Raststätte am Deichdurchlaß, das
erst in jüngster Zeit dem Verfall preisgegeben
wurde. Es war mit einem Flachrelief des Schwe-
denkönigs Gustav Adolf (von Doell) geschmückt, der nahebei, unter der Löbbenbrücke
versteckt, mit knapper Not nachsetzenden kai-
serlichen Truppen entgangen sein soll. So die
«Sage»; vermutlich hat das Relief sie aber erst
geschaffen.

Hier begann der großartigste Teil des weiten
Ostparks, den zu schildern die «Pilger» nach
Wörlitz nicht müde wurden. Die Landschaft der
Solitäreichen, die im tiefen Grund mit den «un-
endlichen Weiten» (Hermann Conradi) des
Sieglitzer Parks sich vereinen, ist freilich durch
die gegenwärtig unausbleibliche Industrialisierung des Mittelelbe-Raums, durch eine Heiz-
trasse und ein Gemüsekombinat, stark beein-
trächtigt worden. Die Zeitgenossen urteilten
einst: «Unstreitig ist dieser Weg von drei Stunden einer der angenehmsten im nördlichen
Deutschlande, man glaubt in einem großen
Park zu wandeln … schneller als man es
wünscht, ist man in Wörlitz.» «Überhaupt hat
die englische Gartenkunst nirgends einen höheren Grad der Ausbildung erreicht als hier.»
«Noch auf keinem Fleken des Erdbodens dachte
ich so oft an Griechenland und besonders an
Attika als auf dem Wege nach Dessau, einem
der reizendsten, den man wandeln kann.» «Wie
oft dacht ich von der Strecke von Wörlitz nach
Dessau ille mihi ante omnes angulus mundi ri-
det (‹jener Erdenwinkel jauchzt mir vor allen
andern entgegen›, Catull).» Es ist dies das Pro-
gressivste, was die Dessauer Garten- und Landschaftskunst jener Jahrzehnte geliefert hat:
Hieran und an die Schochschen Wiesen brauch

Neugotische Doppeltürme Mosigkau, 1780

tenhaus, das Berenhorsts Sommerrefugium
war.

Man konnte nach Jonitz/Waldersee auch
durch die Wasserstadt und die Pappelallee gehen, wo sich sogar der Unterweg erhalten hat.
Tafel
73 der als Radfahrweg ausbetoniert wurde. Die
ursprüngliche Allee mußte zwar 1876 wegen
Altersschwäche der Bäume gefällt werden, sie
wurde jedoch im Jahr 1930 historisch getreu
nachgepflanzt.

Von der Jonitzer Mühle führt die Kastanien/
Lindenallee, die erste Pflanzung des Fürsten
Franz von 1762 (also noch während des Sie-
benjährigen Krieges), ins Luisium. Auf dem

ten die Nachfolger, vor allem Lenné und Pück-ler, nur anzuknüpfen.

Über den Vasenwall (die beiden Vasen ver-schwanden erst mit dem Bau des Gemüsekom-binats) erreichte man mit weiten Ausblicken über die Feldflur auf die Waldsäume, auf das Wachhaus «Dianentempel» und auf die hüb-sche neugotische Doppelturmkirche das dama-lige Fischerdörfchen Vockerode.

Am Ortseingang Vockerode grüßte den Wan-derer ein gleichfalls neugotisch aufgeputztes Gasthaus. Zusammen mit der gut ins Dorfge-füge und in die Landschaft eingepaßten, eben-falls neugotischen Kirche gab es dem flachen Lande weithin das Gepräge. Das taten auch die neugotischen Kirchtürme zu Mosigkau und Ro-sefeld an der Ausfallstraße nach Westen in Richtung Köthen. In Vockerode erreicht man einen neuen Höhepunkt der «Gartenlandstraße» nach Wörlitz, indem man zum Nelsonhügel (1805) und auf den Elbdeich gelangt. Zur Lin-ken erblickt man nun den Strom, der sich aber

Tafel 91, 131

Seite 166

Eremitenkapelle (Rauhes Wachhaus) am Fliederwall, um 1775

167

bald im weiten Wiesengelände gegen die bewaldeten Fläminghöhen verliert, zur Rechten dagegen in der Tiefe den von vielerlei Gehölzen beschatteten schönsten der «Unterwege», der sich dem Wasserweg des Krägen anschmiegt. Oft erweitert sich der Krägen seeartig und eröffnet wechselreich eine Fülle der herrlichsten Ausblicke. Mancherlei Bauten, Deichhäuser, wie die «Eremitenkapelle» («Rauhes Wachhaus») und Berting-Haus sind in die Landschaft eingefügt, auch eine Grotte, die in ein Feldstein-Rund führt, von dem man einen weiten Ausblick auf eine langgestreckte Seefläche des Krägen hat.

Seite 167, Tafel 90, 92

C. A. Boettiger beschreibt 1797 den «Fliederwall» (der Name ist modern) ganz begeistert: «Man kommt zu dem Elbdamm, auf welchem man fast eine ganze Stunde lang in stäter Abwechslung bald zwischen eng zusammenschließenden Hecken, die im Frühling durch ihren Blütenschnee, in der jetzigen Jahreszeit durch die roten, vollen Träubchen ihrer Beeren belustigten, ... hinfliegt.

... Dabei ist jede Abdachung dieses Dammes aufs sorgfältigste mit zwei-, dreifachen Reihen von Obstbäumen bepflanzt, die zu verschiedenen Zeiten blühen und reifen und dadurch eine neue Mannigfaltigkeit aus Pomonas Füllhorn über diese Gegend streuen.» Die Obstplantagen sind verpachtet, die Wallwachhäuser dienen den «Obstern» zu zeitweiliger Unterkunft. «Der Fremde glaubt anfänglich, diese Gebäude wären bloß zur Verzierung da, wird aber aufs angenehmste überrascht, wenn er erfährt, daß hier nichts vergeblich stehe und alles zugleich putzen und nutzen müsse.

Die letzte schöne Szene öffnet sich, wenn man ohngefähr eine halbe Stunde vor Wörlitz den Elbdamm verläßt, der sich nun links tiefer hinab schlingt, unten im Hintergrunde des weiten Wiesenangers ein großes Wachhaus (Mittel-

Tafel 93, 94

hölzer) trägt, das für mehrere Gegenden des Parks einen schönen Augenpunkt darbietet, und auf der hintern Seite des Parks wieder zum Vorschein kommt.

Indem man nun diesen Damm herabrollt, hat man vor sich eine freundliche Pappelallee, die hier und da mit beblümten Halbkreisen und Sitzen ausgeschnitten ist, die Aussicht auf die vorderste Spitze des Parks und die sogenannte Rousseaus-Insel.»

Tafel 102

Es liegt leider an dieser letzten Strecke längs der einst «lachenden Wörlitzer Wiesenanger» derzeit noch die Schutthalde von Wörlitz, der sich – Zugeständnis an die zahlreichen Gäste des Parks – ein riesiger Parkplatz anschließt. Damit wurde auch der Zufahrtskanal von Vokkerode durch den Krägen in den Wörlitzer See verschüttet: Der heutige Besucher kann den tieferen Sinn, den die Schöpfer gerade der Gestaltung des Eingangs von Wörlitz gegeben haben, nicht mehr erkennen. Denn hier, wo die Hauptstraße des Gartenlandes die Wörlitzer Anlagen, das *«Allerheiligste»* des Gartenreichs (C. A. Boettiger) erreicht, wurde Rousseau eine Naturovation gebracht. Das Erinnerungsmal ist ein Kernstück der Dessau-Wörlitzer Gestaltung: das sinnfälligste Bekenntnis zur Natur und zu einem der Bahnbrecher eines neuen Zeitalters.

Der liberale Kulturhistoriker Carl Julius Weber beschreibt seinen Eindruck vom Gartenreich so: «Je einförmiger und sandigter die Gegend, je armseliger die Dörfer und je schlechter die Wirtshäuser sind, wenn man von Berlin oder Leipzig aus das Anhaltische betritt, desto reizender erscheint uns solches ... mächtige Wälder, fette Wiesen, fruchtbare Getraidefelder, Heerden von zahmem und wildem Vieh, große Alleen und Dämme, Obstbäume, freundliche Städte und Dörfer und Nachtigallen empfangen uns: Und nun erst die Anlagen eigentlicher Kunst!»

XII
Wörlitzer Anlagen, Kirchhof.
Graues Haus, 1789 / Galerie 1804/1805 / Kirche, 1804–1810 / Sarkophag, 1773, und Brunnen, 1787 /
Marstall, 1789 / Küchengebäude, 1770/1771

LUISIUM: Der Dessauer Dichter Wilhelm
Müller, der «Griechen-Müller», wie er damals
im Vormärz wegen seines revolutionären Engagements für den Freiheitskampf des griechischen Volkes genannt wurde, hat das Luisium
als «des Landes schönsten Garten» gepriesen.[45]

Tafel
13

Karte
Seite
250

Der einstige «Vogelherd», wie das Gelände
mit einem Miniaturschlößchen bis 1780 hieß,
war das Sommerhaus des Erbprinzen Franz.
Hier erhielt er seine Jugenderziehung und die
Ausbildung in den fürstlichen Vergnügen, in
Jagd und Spiel. Alte Pläne weisen noch die
Kegelbahnen auf (wie eine solche auch in Wör-
litz, dem einstigen Jagdschloß der Dessauer
Fürsten, noch unschwer in der schiefen Ebene
vom Englischen Sitz zum See herab zu erken-
nen ist; der erste Bau Erdmannsdorffs, der
Englische Sitz, hat durch diese Schneise seinen
Standort erhalten).

Neben den ersten Arbeiten in Wörlitz begannen auch hier die englischen Gestaltungen, zu
denen die Altwässer der Mulde geradezu einlu-
den. 1774 war der Rohbau des jetzigen Schlosses, Erdmannsdorffs Meisterwerk, so weit gediehen, daß Franz eine offizielle Schenkung des
Gebäudes und des Terrains um den Weiher an
seine Gattin mit einem großen Gartenfest und
der Freilichtaufführung von Schweitzers «Elysium» (nach J. G. Jacobi) in Szene setzen
konnte, jener erwähnte Markstein auch in der
Vorgeschichte des Dessauer Theaterwesens.

Tafel
V

Ein engerer Bezirk, fast quadratisch, ist ka-
stellartig durch Wälle gegen das Muldehoch-
wasser geschützt. Die äußere Packlage von mör-
tellos geschichteten Feldsteinplatten sollte an
die Römerwälle in Schottland erinnern; sie
schützt diese Deiche zugleich gegen den Eisgang
des Frühjahrshochwassers. Wieder ist das Nützliche mit dem Schönen oder wenigstens dem
Interessanten und Wissenswerten verbunden,
wieder sind Impressionen der Englandreise

umgesetzt, wieder wird zusätzlich Bildung und
Geschichte vermittelt: So bot sich der Hadrians-
wall in seinem heutigen Erhaltungszustand dar.

Meisterlich ist hier große alte Gartenkunst
dem neuen Stil verschwistert. Dem Uneinge-
weihten kaum bemerkbar, steht das Schlößchen auf einem Acht-Strahlen-Stern. Da die
«Alleen» nicht beschnitten, sondern als Waldsäume die Sichtschneisen «natürlich» begren-
zen, glaubt man sich in einen Naturgarten versetzt. Die weitausladenden Tiefenzüge (nach
Norden drei bis vier Kilometer bis zur Elbe geführt) eröffnen herrliche Landschaftsbilder, die
damals noch Rudel von Wild und zahmem Vieh
belebten. Die verständnisvolle Rekonstruktion
ist jetzt im Gange; sie wird die beabsichtigten
Wirkungen wieder deutlich sichtbar werden
lassen. Diese acht Sichtschneisen schauen vom
Umlauf der Schloßhöhe nach Norden in die
Waldeser-(Waldersee-), Saugarten- und Kohl-
hau-Allee. Nach Osten führt eine «Triumph-
straße» – links von den Stämmen der Eßkasta-
nien wie von einer Portikus gerahmt – zum
Triumphbogen, hinter dem das Verschleierte
Bild zu Saïs erscheint – eine Idee, in der sich
Rokoko, Klassik und Romantik, Schiller und
Novalis, die Hand reichen.

Tafel
77

Tafel
75,
76

Die südöstliche Sichtöffnung erschließt den
Weiher, der sich in einer beruhigend wirken-
den Biegung rechts herumzieht, so den Blick
weiterleitet auf die Südschneise, wo das zugleich
als Kirchturm genutzte Mausoleum der Fürstin
Luise sichtbar wird. Mit seinem Obelisken ist
es ein ins Monumentale gezogener klassizistischer Grabstein. Das Mausoleum war der letzte
Bau, den Franz, vom Krankenlager im Schloß
Luisium aus, noch selbst leitete. Bei einem
Sturz vom Pferde hatte er sich eine schwere
Verletzung, vermutlich eine Nierenquetschung,
zugezogen. Zehn Tage nach dem Unfall, am
9. August 1817, verstarb er im Luisium, einen

Seite
174

Luisen-Mausoleum (an der Jonitzer Kirche angebaut),
1816–1822

Tag vor Vollendung seines 77. Lebensjahres.
Fünf Jahre später, 1822, nach Abschluß aller
Bauarbeiten am Mausoleum, fand er dort neben
Luise seine endgültige Ruhestätte.

Nach Südosten zieht die Palladio-Brücke (in *Tafel* 74
Wörlitz als «Stufenbrücke» mit komplizierterem
Geländer wiederholt; Vorbild in Stourhead)
den Blick zu den neugotischen Gebäuden des
Gestüts; im Hintergrund sind die Türme der
Stadt Dessau zu sehen gewesen. Endlich ging
nach Westen ein weiter Tiefenzug, der im Hin- *Tafel* 65
tergrund die Pyramide am Gänsewall und das
Vasenhaus freigab und damit die Beziehung *Tafel* 56
zum Georgium herstellte.

Weitere gotische Gebäude kontrastieren –
wie in Wörlitz und Mildensee – mit den klas-
sisch-renaissancischen des Schlößchens, der
Orangerie, der römischen Porta triumphalis: *Seite* 175
die beiden Pavillons des Osttores, durch welches man den Wall betritt und in Richtung *Tafel* 79
Löbbenwiesen – Leiner Berg (Raststätte
Schweizerhäuschen erst um 1830 erbaut) den
Sieglitzer Park erreichen kann, und das soge- *Tafel* 77
nannte Schlangenhäuschen, im Volksmund so
genannt wegen des gotischen kupfergetriebenen
Wasserspeiers. Dieses von glücklicher Hand
entworfene Gebäude steht auf einem Hügel vor
einer Alteichengruppe und bildet zu diesen
einen wirksamen Farbkontrast. Hier hatten die
beiden bedeutendsten Dichter Dessaus, Wil- *Tafel* 13, 14
helm Müller und Friedrich Matthisson, zeitweilig ihren Sommeraufenthalt, und in den ersten
Jahren unseres Jahrhunderts schrieb Enrico
Toselli in diesem Refugium seine bekannte Se-
renade Rimzianto.

Tribute an den «empfindsamen» Zeitge-
schmack sind die Grotte, die zugleich einen erhöhten Gartensitz bildet, der rokokesk anmutende Faun als Brunnenherme (gefaßte Quelle *Tafel* 80
wie in Stourhead!) und endlich ein überdachter
Gartensitz. Aber vergessen wir über den Einzelheiten nicht die Gesamtheit: Wie kein andrer Garten der Zeit ist das Luisium ein Stimmungspark. Wilhelm von Kempen beschreibt
ihn so: «Wie dort der Waldsee in sanfter Kurve

Orangerie im Luisium, 1782–84

zwischen uralt knorrigen Eichbäumen stille liegt, im Scheitel seiner Biegung etwas erhöht das einfache, schlicht gelbe Schlößchen mit seinen freundlichen grünen Fensterläden, wie daneben eine weiße Brücke unendlich ruhig ihren Bogen über den Weiher spannt: Selten wieder wird ein Motiv gleicher Stille, gleicher Intimität zu finden sein ...»

Tafel 74

Karte Ausschlagtafel SIEGLITZER PARK: «Viele Wege führen nach Wörlitz» [46]: Man kann es auf der sechs Kilometer langen Achse über Oranienbaum er-

reichen, die heute der Autofahrer meist benutzt, eine schnurgerade geführte barocke «Magistrale», die Oranienbaum einst auf das Dessauer Stadtschloß bezog. Damals freilich zog man die eigentliche Hauptstraße des Gartenlandes über Schwedenhaus – Vockerode vor. Die dritte Variante führt durch das Osttor des Luisiums auf Wällen zu den Löbbenwiesen und durch die Kupenwiesen mit prachtvollen Solitärgruppen zum Sieglitzer Berg [47], auch er einst ein Stimmungspark, in einem engeren Bezirk durch Wildgatter eingegrenzt, in Wirklichkeit

175

wie das Luisium ein Park von unbegrenzter Waldung. Das war es denn auch, was die Zeitgenossen und besonders die Gartentheoretiker so enthusiasmierte. Mit dem Sieglitzer Park glaubte man endlich den «*deutschen Garten*» gefunden zu haben, eine Landschaftsgestaltung, die sich vom englischen Vorbild endgültig freigemacht hatte.

Drei Tore durchbrechen die Gatter. Indem Erdmannsdorff nach Dessau zu, der städtischen Kultur zugewendet, ein schlicht barockes und gegen Osten ein Festungs- und ein klassizistisches Tor setzte, hat er auch hier Überraschungsmomente oder ein diachronisches Bildungsprogramm beabsichtigt.

Die Nordseite, der Steilabfall zur Elbe hin, ist auf der ganzen Länge von einer Art Burgmauer aus Kalksteinen gesichert gewesen. Hier ist meisterhaft herausgearbeitet, was Harri Günther das «*Motiv des Weiterreichens*» nennt: Tritt man durch das Westtor, zieht das «Ver-

fallene Monument» (die kubische Basis und der Säulenstumpf einer geborstenen römischen Kaisersäule) den Blick auf sich, von hier geht es zum nahen Schlößchen Solitüde, «Der Besserung» geweiht. Sodann erblickt man am Wege zwei Statuen, nach diesen zieht schließlich der Hügel mit den empfindsam hingestreuten Burgtrümmern (Portalgewändestücke vom Dessauer Renaissanceschloß, 1980 entwendet) das Interesse auf sich, und endlich ist von dort aus das zugehörige renaissancische Burgtor zu sehen, das wieder unter den Alteichen und den auch für das Wild gepflanzten Elsbeeren, untermischt mit Weymouthskiefern, einen herrlichen Farbkontrast bildet. Zweifellos hat Sanderson Miller's «Burg» im mehrfach besuchten Prior Park bei Bath für dieses malerische Tor (des Wildgatters) die Folie geliefert. Der Wall wird am Waldausgang symbolhaft von einem Hirtenjungen und von Diana flankiert. Von hier zieht das weithin sichtbare Wallwachhaus «Dia-

Tafel 86

Tafel 87, 88

Tafel 91

Sieglitzer Berg, Dessauer (Kupenwall-) Tor, um 1780

Sieglitzer Berg, Wall- oder Burgtor, 1793, Klassisches Tor und Zippus, 1791/92

nentempel», das im Innern mit seiner schönen Rotunde – damals kuppelbekrönt – das Entree des Wörlitzer Schlosses vorwegnimmt – oder wiederholt –, den Blick des Wanderers auf sich.

Vom Hintereingang der Solitüde geht eine Sichtschneise auf einen Faun als Augenpunkt, am Sockel mit Inschriften zeitgenössischer Dichter, E. v. Kleists, Behrischs und Hagedorns, versehen. Man meint die Welt der griechischen Waldgötter aufzuwecken, «wenn Luna die schweigenden Hayne durchirret, belauschen uns Hirten und tanzen uns nach».

Tafel 86 Vom Hintereingang erblickt man außerdem nach rechts – wieder ein Fächerblick – das Verfallene Monument, in dessen schönem Innenraum die Küche versteckt war, nach links die Gedächtnisurne für einen bei Torgau gefallenen Verwandten des Fürstenhauses, den Grafen Wilhelm von Anhalt. Sie wurde «dem Mitwandler in Gefahren» von den überlebenden «zwei Freunden Franz und Berenhorst» gesetzt als Mahnung zum Frieden. Von hier schlängelt sich die Straße herab mit Blickrichtung auf den Opferstein (heute in Wörlitz), er stand in der Achse der klassizistischen Toreinfahrt.

Die Solitüde nutzte Franz unter anderem für seine medizinischen Kuren; er hatte sogar ein Badezimmer, das durch ein Röhrenwerk aus dem Küchengebäude (im Verfallenen Monument) mit Warmwasser versorgt werden konnte, wie F. Gillys Skizze ausweist. *Tafel* 88

Die Abgeschiedenheit war der Grund, weshalb Park und Solitüde, 1945 beschädigt, nicht ins Blickfeld landschaftspflegerischer Aktivitäten rückten. So fiel alles dem Verfall und der Zerstörung anheim; die Gebäude wurden schließlich 1979 geschleift.

KÜHNAUER PARK: Ehe wir uns der Krönung des Gartenreiches, den Wörlitzer Anlagen, *Karte Seite* 249 widmen, wenden wir uns dem «Westpark», Georgium und Kühnauer Park, zu. Der letztere ist die jüngste Anlage – und hätte doch, einer alten Überlieferung zufolge, mit seinen weiten Seeflächen der große Park werden sollen, ehe Franz sich plötzlich für den Wörlitzer See entschied.

Vergessen wurde Kühnau aber nie, und spätestens seit der Anlage des Georgiums wurde diese einzigartige Landschaft immer wieder in

Kühnauer Park, Löwentor, um 1832

Kühnauer Park, Weinberghaus, 1818–20

die Fernblicke einbezogen, auch wenn die eigentliche Ausgestaltung dessen, was wir heute vorfinden, erst 1805 durch den Erbprinzen Friedrich in Angriff genommen wurde. Durch die Napoleonischen Kriege blieb das großzügig Begonnene liegen und wurde erst von seinem Sohn, Franzens Enkel und Nachfolger, dem um die Landeskultur sehr verdienten Herzog Leopold Friedrich, in den zwanziger Jahren des 19. Jahrhunderts weitergeführt im Gedenken an seinen Vater (Sarkophag und Inschrift).

Wir verfolgen noch einmal das «Motiv des Weiterreichens» vom Georgium an: Betrat man Tafel 55 das Georgium durch das Sphingentor, fiel der Blick auf die Nachbildung des Borghesischen

Fechters, ehe sich die weite Fläche vor dem Georgenhause mit den Beigebäuden lichtete. Vom Schloß Georgium gehen die Sichtschneisen wie beim Luisium sternförmig in viele Richtungen, vor allem zum Rundtempel; wir verfolgen aber diejenige, die durch kleinteilige Gartenkabinette zu Carolinens Laube führt, von dort zu den «Sieben Säulen» (dem Saturntempel), einem der «Tore», die durch Wildgatter geschlossen wurden, damit das reichliche Wild nicht in die Pflanzungen dringen konnte. Tafel 57, 61

Durch die Säulen hindurch wird schon der gelb-weiß leuchtende Amaliensitz sichtbar, der wieder in einer Straßenkrümmung steht, und abseits der Fahrstraße, die nun in großzügigen Schwüngen weitergeführt ist, das Dianen-Rondell (Hippodrom), von dem aus man in der Ferne das Löwentor des Kühnauer Parks und noch weiter hinten das Tor mit den Matielli-Gruppen erblickt; in der Ferne erscheinen Kirche und Schloß. Das heute nach Pozzis Überarbeitung biedermeierlich anmutende Kühnauer «Schloß» ist schon um 1750 erbaut worden. Es diente seinerzeit dem Prinzen Albert zum Wohnsitz. Da dieser sich dem großen Landeskulturwerk seiner Brüder versagte, war er von Franz gewissermaßen in diesen entlegenen Winkel «verbannt» worden, er wurde als «der Kühnsche Prinz» bespöttelt. Das Schloß beherbergte dann im 19. Jahrhundert das anhaltische Landesmuseum, bis es 1919 ins Zerbster Schloß umzog, wo es am letzten Kriegstage unterging. – Der großartige Baumbestand des Schloßgartens, darunter gewaltige Tulpenbäume und Sumpfzypressen, wirkt vor allem bei den Fernblicken und über die Seefläche hin. Seite 160 Seite 178

Die eigentlichen Schwerpunkte der Neuschöpfung bilden die großartige neuromanische Backsteinkirche am See und das Weinberghaus auf der Höhe einer Düne, ein klassizistischer Viersäulentempel Pozzis, wie Erdmannsdorff

179

solche bereits in vier Varianten, zwei im Georgium, eine im Sieglitzer und eine im Wörlitzer
Park (Floratempel) erbaut hatte. Die große
Sichtachse läuft schräg vom Pronaos über den
See weit in die Auenwälder aus. Etwas unor-
ganisch ist ein Turm angefügt, der romantisch
an die uralte Burgstätte Quina (Kühnau) erinnern sollte; vor allem aber wollte man eine
Aussichtsplattform über die hohen Baumkro-
nen hinweg schaffen. Die «Burgsteinmauer» ist
ein weiteres romantisches Element, das wir
aber wohl, wie wir oben bereits angeführt haben, in Zusammenhang mit einem großräumig
geplanten Volkstheater als dessen Skene sehen
müssen.

Auch das Weinberghaus verfiel nach 1945.
Gegenwärtig wird es privat genutzt; leider ist
die vordere Cellawand nur primitiv wieder auf-
gemauert. Erfreulicherweise sind in den letzten
Jahren auch wieder Pflegearbeiten zur Erhaltung dieses Kleinods der Landschaftskunst angelaufen, das Ludwig Pinder viel zu früh, noch
im 18. Jahrhundert, ansetzt. Kühnau als der
Ausgang und Nachklang der Dessauer klassizistischen Gartenkultur zeigt vielmehr, zu welchen Leistungen die klassische deutsche Land-
schaftsgartengestaltung inzwischen fähig geworden war.

GEORGIUM: Das eigentliche Konkurrenz-
unternehmen – im guten Sinne – zu Wörlitz
sollte das Georgium[48] werden; es ist auch eine
der wenigen Anlagen, die schon an Ausdehnung
und in der Höhe des Stils mit ihm konkurrieren
können. Franzens Bruder Johann Georg (Hans
Jürge) ließ die Arbeiten unter der Oberbaulei-
tung Erdmannsdorffs 1780 beginnen. Der Wettstreit begann freilich von vornherein von un-
gleicher Position aus: Hier mußten öde Sand-
flächen für den Landschaftspark gewonnen
werden – Ackerfläche wurde kaum für die Gar-

tengestaltung vernutzt, was alle Zeitgenossen
hoch anrechneten. Außerdem fehlte dem riesigen Parkgelände die Seefläche, die Wörlitz beherrscht und diese Schöpfung aus den klassischen Landschaftsgärten überhaupt heraushebt.
Man hat in den zwanziger Jahren unseres Jahrhunderts im Rahmen des Arbeitsbeschaffungs-
programms diesem Mangel abhelfen wollen,
indem man Dessaus Schlittschuhteich schuf,
freilich im Stil dieser Zeit und nicht passend
für die Gesamtanlage. Die gegenwärtige Aus-
baggerung zu Füßen der Wallwitzberge könnte
die große, immer entbehrte Wasserfläche schaffen und die Landschaft wesentlich bereichern.
Sie könnte auch die alten drei Eilande wieder
herausarbeiten. Von einem Kanalsystem, auf
dem man auch gondeln konnte, war das Georgium in diese Richtung hin schon damals durch-
zogen.

Die zeitgenössische Begeisterung kannte wieder keine Grenzen. Dabei ist interessant, daß
von vielen Besuchern, die den Vergleich an-
stellen, dem Georgium wegen größerer «Natürlichkeit» vor den «Wörlitzer Kunstschöpfungen» (!) vielfach der Vorzug gegeben wird, so
von Novalis und C. A. Boettiger. Wir wollen
nur eine der typischsten Stimmen der Zeit, den
Schweizer Häfeli, auswählen: «In den weiten
Revieren von Georgium ... kann man tagelang
herumwandeln und wird immer von neuen Ge-
genständen überrascht. Seit fünf Jahren (das
heißt seit 1793) hat der Prinz noch einen Bezirk von beinahe einer deutschen Quadratmeile
mit seinen ersten Anlagen verbunden, und ich
fand in dem vergangenen Sommer eine Gegend,
wo ich sonst nur Holzungen, Wiesen und öde
Sandfelder gesehen hatte, mit Canälen durch-
schnitten, mit schattichten Gängen durchkreuzt,
mit interessanten Gesichtspuncten geziert, mit
aus- und inländischen Gewächsen bepflanzt,
mit Grotten, Tempeln und niedlichen Garten

Wohnhäusern bebaut, kurz in ein wahres Elysium umgeschaffen.»

Der damals bewunderte Meister der Landschaftsdichtung, Friedrich Matthisson, hatte nur ein Jahr zuvor mit Bezug auf die französische Gartenautorität der Zeit geschrieben:

Georgium! Wo Lethes Friede
Mild in der Schwermut Busen sinkt,
Kühn hat, was nur nach Idealen
Delilles Zaubertöne malen,
In Dir, der Sandflur abgerungen,
Zur Wirklichkeit sich aufgeschwungen.

Das Georgium gliedert sich in zwei Hauptgartenteile, den vorderen, den Schloßbezirk, und den sogenannten Beckerbruch mit der reizvollen Hochterrasse am Elbufer, den Wallwitzbergen und dem vorgelagerten Streitwerder. Beide Hauptteile verbindet als Knotenstelle der Fürstenplatz mit dem Denkmal des Fürsten Franz als römischer Gelehrter, eine Buchrolle in der Hand, «von dem Brvder gesetzet, / Wanderer Dir zvr Lvst, liebst Dv die Edlen vnd ihn», gleichzeitig mit dem Weimarer Denkmal für Franz (dem «Dessauer Stein» auf der Ilmhöhe beim Römischen Hause) errichtet.

Tafel 64

Georgium: Roter Bogen, um 1780,
Durchblick zum Obelisken

Die Franz-Statue wird – was in Wörlitz durch Brückenbogen geschieht – durch den Römischen, Weißen oder Drusus-Bogen wie ein Bild gerahmt: wieder (wie der Saturntempel) eine Erinnerung an das Rom-Erlebnis. Der Bogen überspannt dabei die Sichtachse, in der die Fahrstraße von Dessau (mit Unterwegen) geführt ist. Stadtwärts schauend, erblickte man *Tafel 66* die Pyramide von Erdmannsdorffs Grabbau für den Fürsten Eugen (1780; 1958 abgeräumt). Vor dem Weißen Bogen weicht die Straße aus der Sichtschneise, um in einem kurzen Bogenschlag durch eine Art Backsteintor, den Holländischen Bogen, der ein mit Kupferstichen *Seite 181* ausgeziertes Gartenhaus trug, hindurchgeführt zu werden. Dieser «Rote Bogen», in bewußter diachronischer Kontrastierung zum nahen Weißen, «Römischen» Bogen aufgeführt, bietet wieder die Rahmung eines Fernblicks zum Obelisken. Der Obelisk am Walldurchgang nahe dem *Tafel 68* Ostende des Kühnauer Sees, ein erneutes Rom-Zitat, ist in Wirklichkeit von Stourhead übernommen. Das Schöne, der Bildungseffekt, ist wieder mit dem Nützlichen verbunden: Wie dann vor allem im Ostpark die Wallwachhäuser mitunter noch durch «Orientierungspflanzungen» im flachen Lande weithin sichtbar gemacht wurden, so ist hier die Walldurchfahrt von weitem markiert. So konnte man in Katastrophensituationen weniger Ortskundige an die gefährdeten Deichstellen beordern. Der Obelisk ist ein Dreh- und Angelpunkt des Westparks: Von ihm aus gleitet der Blick westwärts *Tafel 53* über den Kühnauer See auf die Kirche und auf das Schloß.

Kurz darauf biegt man wieder in die schnurgerade Sichtschneise ein, hat nun den Weißen Bogen mit der Franz-Statue vor sich, um die der Fahrweg abermals herumgelenkt ist. Wo er wieder in die Achse zurückkehrt, erblickt man *Tafel III* seitlich die Ruinenbrücke (nach Hirschfeld) und die als Sitz und Sichtenfächer genutzte Turmruine, und dann wird der Blick von der letzten Attraktion, dem Elbpavillon, angezogen, der *Tafel 67* mit seiner Laterne eine schöne Aussicht bot, ehe die neugotische Wallwitzburg auf der höchsten Erhebung der Düne diese Funktion übernahm, wofür der Berg noch künstlich erhöht wurde.

Eine zweite Achse schneidet die erste rechtwinklig mitten im Park. Der Schnittpunkt liegt heute auf einer Wiesenfläche. Der sogenannte «Vertiefte Sitz», der ihn ursprünglich einnahm, ist verschwunden. Im Barock wäre hier ein großes Monument, das Schloß oder wenigstens das Franz-Denkmal, errichtet worden. Jetzt aber hatte der Besucher den Vorrang: Er konnte beschaulich in dieser Vertiefung sitzen und die Gartenräume genießen, die sich ihm von dort aus erschlossen. Der Blick zurück nach Dessau auf die Eugenspyramide wird überraschend *Tafel 66* nach Osten durch den Blick auf eine Pyramide ähnlicher Proportion wiederholt – ein altes Gartenmotiv, das vom Dessauer Tiergarten, wo zwei hölzerne Pyramiden im Barock die Sichtachse vom Stadtschloß nach Oranienbaum einfaßten, hierher übertragen wurde, allerdings in gänzlich andrer, nützlicher Funktion: Die zweite «Pyramide» dient als Deichschutz- *Tafel 65* haus.

Die zweite Achse führt in westlicher Richtung auf den Rundtempel (Monopteros)[49] zu (die *Tafel 57* Querachse zum Schloß mit dem Ionischen Tempel ist von Stowe transponiert), der Weg dahin schlängelt sich immer wieder hinein und heraus aus dieser Achse, wobei er viele Ausblicke in die Landschaft gewährt: zur Wilhelminenvase auf dem Elbwall, zum Elbpavillon und zum Kornhaus; nach links auf die Rückseite des Georgen- *Tafel II* hauses, Prinz Hans Jürges Sommersitz, das jedermann geöffnet war. Es enthielt eine reiche Gemälde- und Antikensammlung und hat heute wieder die Staatliche Galerie Dessau aufgenom-

Georgium, Ost- und Westfassade des Fremdenhauses, nach 1780: Stilfibel

men. So dient es erneut gleichzeitig zur Erholung und Bildung.

Bald schaut das Gästehaus durch, das von Erdmannsdorff als architekturgeschichtliches Belehrungsobjekt konzipiert worden ist, wobei die Himmelsrichtungen eine Rolle spielen. Die vier Fronten sind in unterschiedlichen Stilen gestaltet: nach Osten im gotischen, nach Süden im renaissancischen, nach Westen im niederländisch-barocken Stil, während nach Norden die klassisch ausgewogene «Moderne» des eignen Stilwillens Gestalt gefunden hat. In ihrer kühl-verhaltenen Mustergültigkeit hat sie tatsächlich spätklassizistische Entwicklungstendenzen vorweggenommen. Hier denken wir an Staffeldts Wörlitz-Sonett: «‹Einst› umarmt mit ‹Jetzt› sich..., Wo den Nord durchwärmt des Südens Milde.» Und Erdmannsdorff hat Goe-

Tafel 59

Tafel 58

thes Gedankenwelt aus Faust vorgedacht von der Vermählung griechischen und «nordischen» Geistes.

Sichtschneisen verbinden und verbanden den Rundtempel außer zur Pyramide noch mit dem Schloß, dem Küchengebäude, dem Fremdenhaus, der Dianastatue, dem Saturntempel; ob auch mit dem fernen Amaliensitz und einer dorischen Säule, ist heute fraglich, dann mit einem nahestehenden antikischen Tripus (Dreifuß-Opferkessel), mit dem Kornhaus, der Wilhelminenvase, dem Elbpavillon usw. Die Blicke lassen in der vorderen Partie, zu der noch die Gebäudegruppe Billard/Orangerie und das Blumengartenhaus gehören, in klassischer Schönheit die Antike wiederauferstehen (Oberthür), während die Rück (Ost-) Seite des Blumengartenhauses eine interessante Umsetzung des von

183

Kent in Rousham für Popes Freund Dormer geschaffenen Gartensitzes zeigt (Rousham hatten Hans Jürge und Berenhorst 1767 besucht).

Der hintere Bezirk enthält mit der Franz-Statue, einer Athena und einem Amor, dem *Tafel 56* Hermaphroditen und der sterbenden Schäferin («Kleopatra»), dem Widder-Altar, dem Vasenhaus, mehreren «Sitzen» (Vorderer oder Schwarzer, Fürsten-, Waldersee-, Berenhorstsitz), Lauben und anderen Kleinarchitekturen genug Bildungselemente der nachvollzogenen italienischen und der anderen Reisen, zeigt dann aber auch schon dicht beim Vasenhaus mit den Altdeutschen Gräbern eine nationale Komponente (wie in Wörlitz das Skaldengrab in Sichtverbindung zur «gotischen» Luisenklippe), die an die Bardendichtung Klopstocks und seiner Jünger anknüpft. Die deutsche Vorzeit hat auch auf der Burginsel mit der malerischen Ruinenbrücke und endlich in der Wallwitzburg *Tafel III* ihren Ausdruck gefunden.

Ein ideenreicher Garten, der die Gedankenwelt des klassisch-romantischen Zeitalters wie kaum ein andrer widerspiegelt und schon deshalb in einem Atemzug mit Wörlitz genannt und wie dieser erhalten und gepflegt zu werden verdient, ist er doch ebenfalls ein Kulturdenkmal von internationalem Rang.

Das «Allerheiligste»:
Die Wörlitzer Anlagen

Tafel VII –XII, 97 –130 137 Die Wörlitzer «Anlagen», wie sie bezeichnenderweise fast ausnahmslos bei den Zeitgenossen heißen, waren von vornherein als Muster gedacht, wie man ländliche Gebiete verschönern könnte. Der Begriff «Landesverschönerung» ist denn auch bei Matthisson zum ersten Male belegt: Von Dessau strahlte sie auf den ganzen Kontinent aus. Wie die Sieglitzer Waldeinsamkeit lediglich «geordnete Natur» im Zentrum eines forstlich und jagdlich genutzten Territoriums war, so ist es Wörlitz – das, was heute *Karte Ausschlagtafel, Vorderseite* schlechthin «Wörlitzer Park»[50] heißt – für die ländliche Gegend. Schon ein Blick auf den Übersichtsplan zeigt, daß diese «Anlagen» zum großen Teil bloße Galerie-Pflanzungen um die Kanäle und Wege sind: Große landwirtschaftliche Nutzflächen (Wolfs Feld, Hainichtenbreite, Pantheon-Breite, Steinbreite = Japanbreite) liegen noch heute von den Pflanzungen eingebettet. Was der heutige Besucher oft als Unterbrechung empfindet, wenn nicht gar als Zeichen, daß jene Partien des «Landschaftsparks» nicht fertiggestellt wären, war bewußt eingesetztes Stilmittel. Damals waren noch weitere Parkteile landwirtschaftliche Nutzfläche, die Neumarksche Insel großenteils Baumschule und Obstgarten; Obstbäume und Maulbeeren für die Seidenraupenzucht standen auch auf der heutigen Koniferenwiese vorm Gotischen Hause, in dessen Umgebung sogar Rinderzucht betrieben («Kuhstall») und moderne Ackergerätschaften vorgeführt wurden. Dies geschah der ackerbauenden Bevölkerung zum Vorbild und zur Anregung – wieder ein erster pädagogischer Aspekt, diesmal in Form einer «ökonomischen» Musterschau.

Eingang zu den Wörlitzer Anlagen: Rousseau-Insel, 1782

103
Eingang von Wörlitz: Gartenbibliothek, 1783/1784 /
Forster-Pavillon, 1782 / Eichenkranz, 1785/1786
104
Wörlitzer Anlagen: Hofgärtnerei und Palmenhaus, 1797—1799

105
Wörlitzer Anlagen, Englischer Sitz, 1764
106
Das Vorbild in Stourhead.
Zeichnung von Fredrik Magnus Piper, 1779

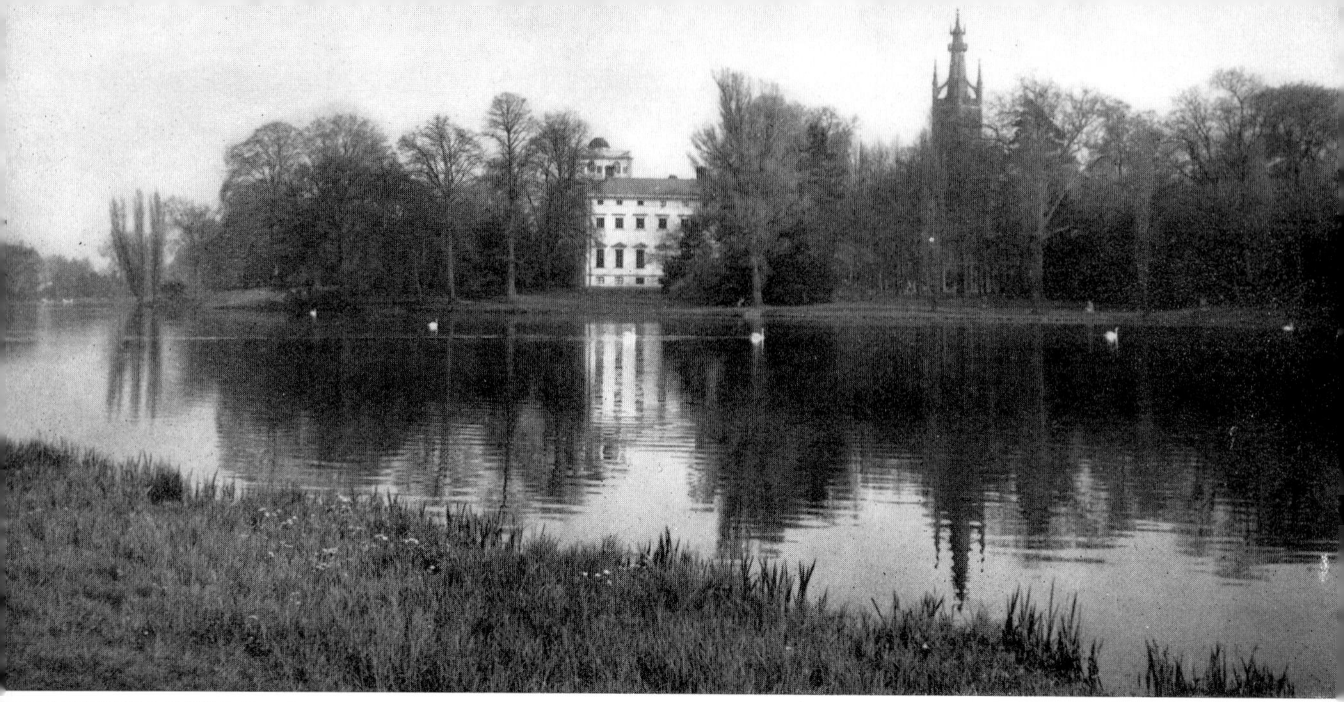

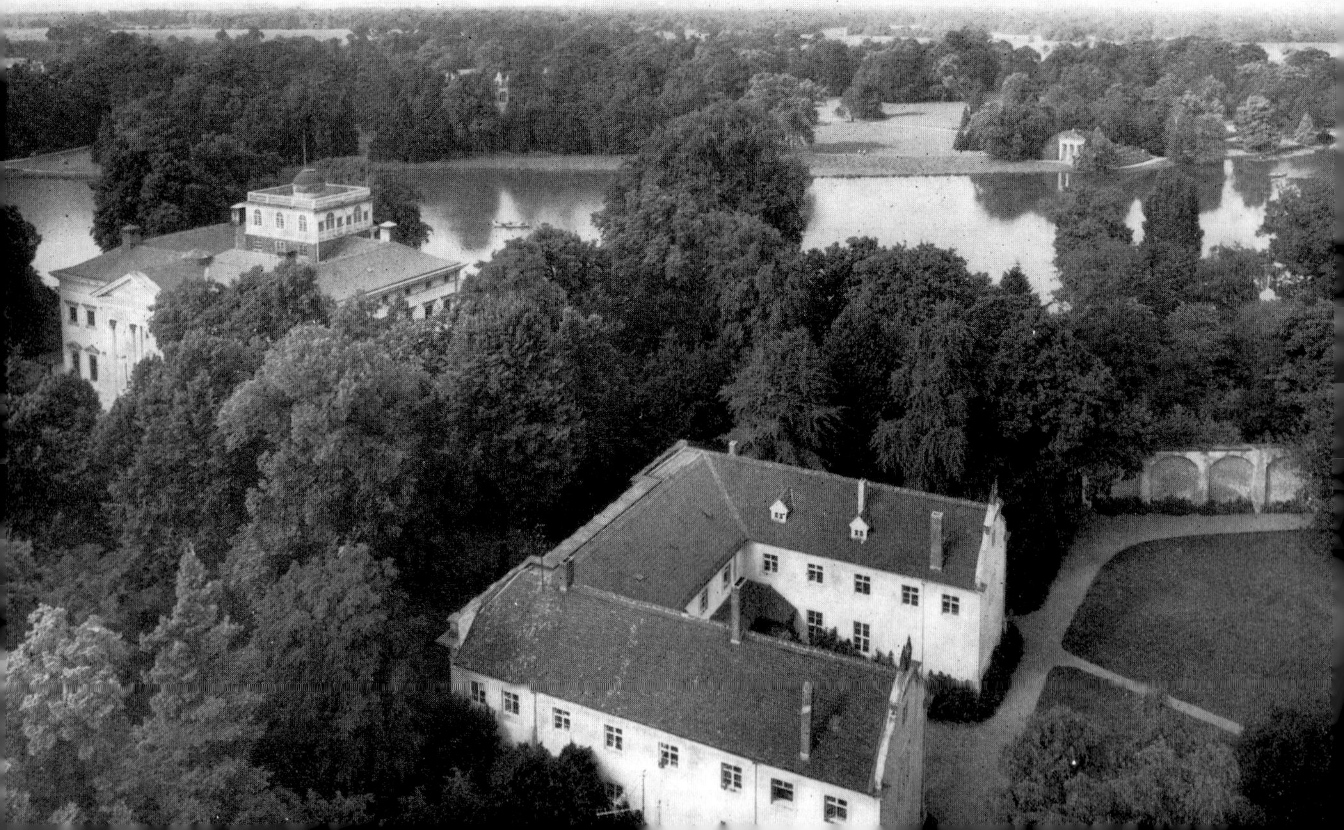

107
Morgenstimmung am Wörlitzer See
108
Die Wörlitzer Anlagen
vom Turm der Kirche aus gesehen
109
Der Stein: Villa Hamilton, 1791–1794,
mit pinienartiger Kiefer, Zustand 1930
110
Der Stein, Amphitheater, 1790

111
Fächerblick
vom Wall an der
Goldenen Urne

112
Blick von der
Wolfsbrücke
zum Venustempel,
1794

113
Wörlitzer Anlagen,
Floratempel, 1796
114
Die Anregung: Das Clitumnus-
Heiligtum bei Spoleto.
Kupferstich von Giuseppe Vasi
nach Richard Wilson

115
Wörlitzer Anlagen, Luisenklippe, 1797

116
Wörlitzer Anlagen,
Synagoge, 1788

117
Die Anregung: Der Portunus-
Tempel am Tiber bei Rom.
Radierung von Domenico Montagù
aus dem Stichewerk
von Jean Barbault, 1761

118, 119
Wörlitzer Anlagen, Grotte der
Egeria, 1790–1793, und ihr
Vorbild · Grotte der Egeria
an der Porta Capena in Rom.
Radierung von Barbault, 1761

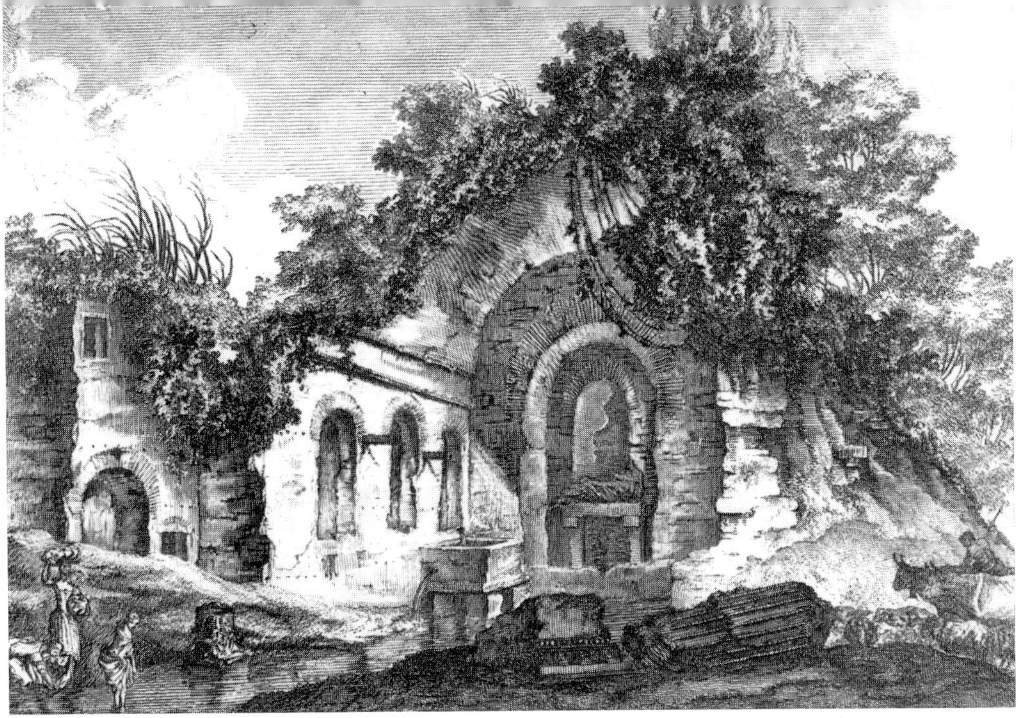

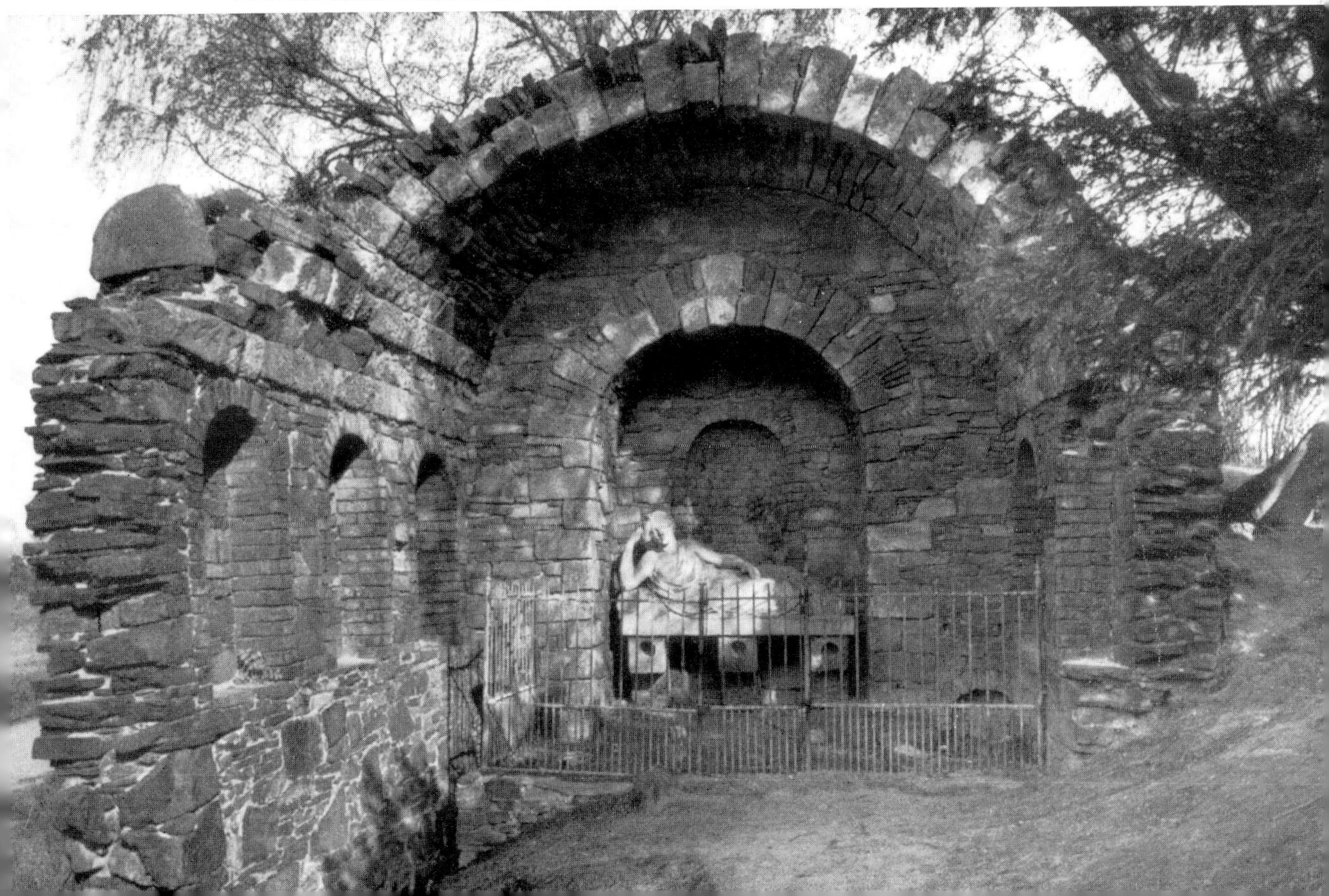

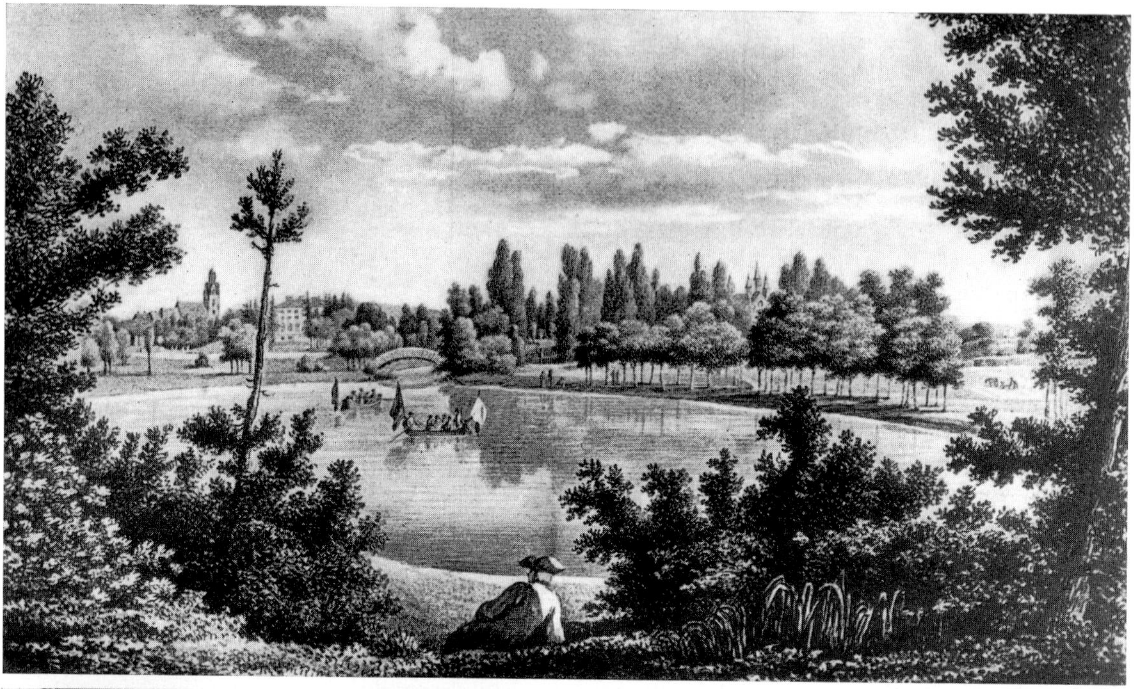

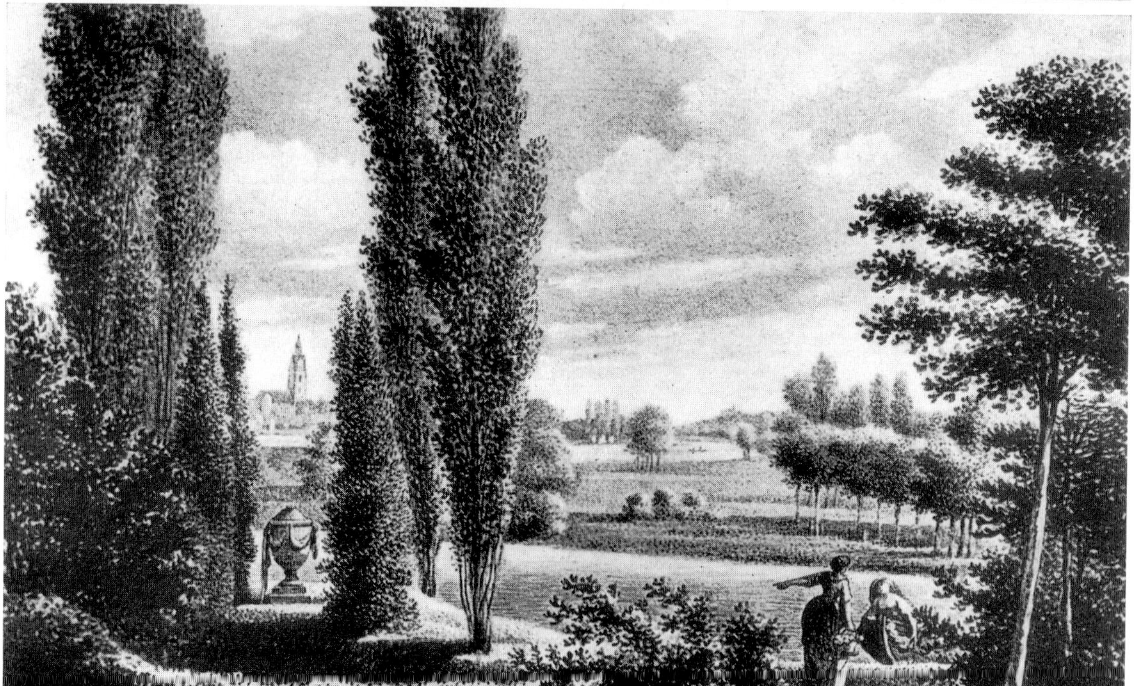

120, 121
Die Wörlitzer Anlagen.
Tuschzeichnungen von
Georg Melchior Kraus, um 1783

122
Der Stein, Vesuvausbruch.
Aquantinta von Wilhelm Friedrich Schlotterbeck nach Karl Kuntz, 1800,
herausgegeben von der Chalkographischen Gesellschaft zu Dessau

125
Wörlitzer Schloß, Festsaal

126
Wörlitzer Schloß, Musikzimmer

127
Wörlitzer Anlagen:
Gotisches Haus, Kanalfront, 1773
128
Das Vorbild:
Maria dell'Orto in Venedig.
Stahlstich von G. A. Troitzsch
nach P. Ahrens

129, 130
Gotisches Haus, Gartenfassade, 1785/1786,
und die Anregung:
das Heiligen-Geist-Hospital in Lübeck
131 (folgende Seite)
Vockerode, neugotische Dorfkirche, 1809—1812
132 (übernächste Seite)
Riesigk, neugotische Dorfkirche, 1797—1800

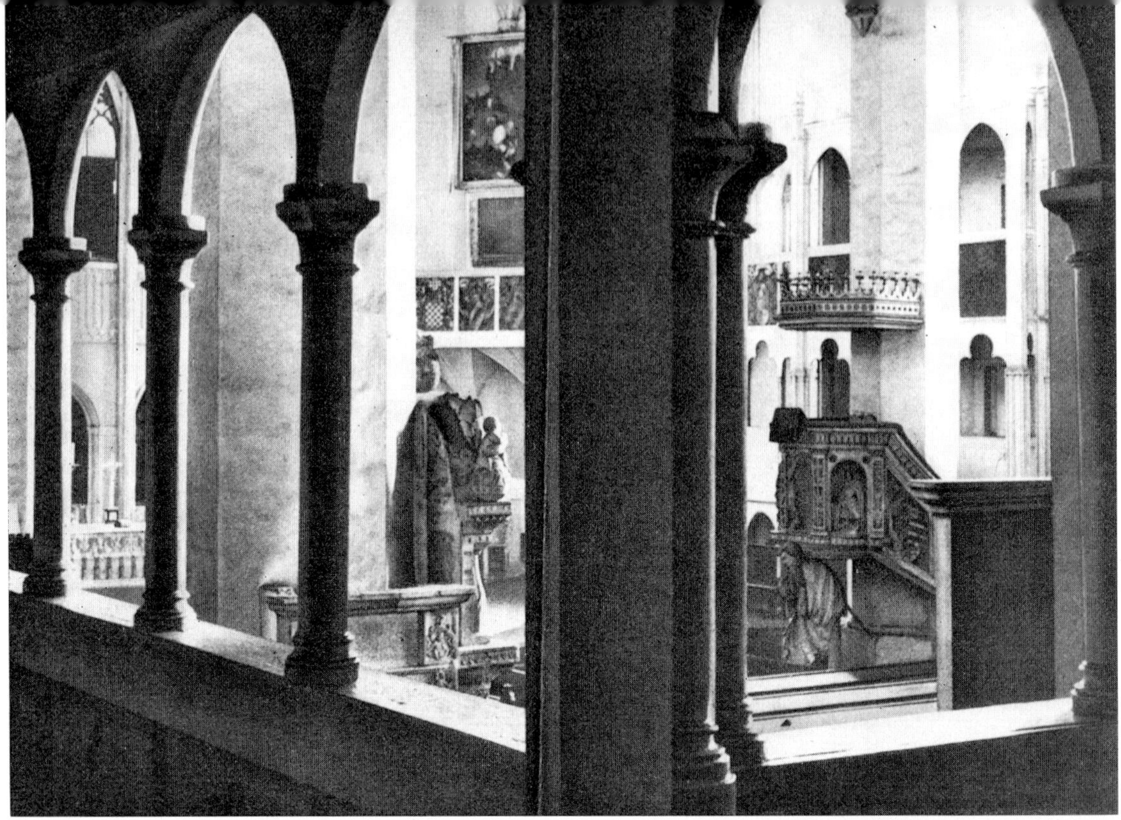

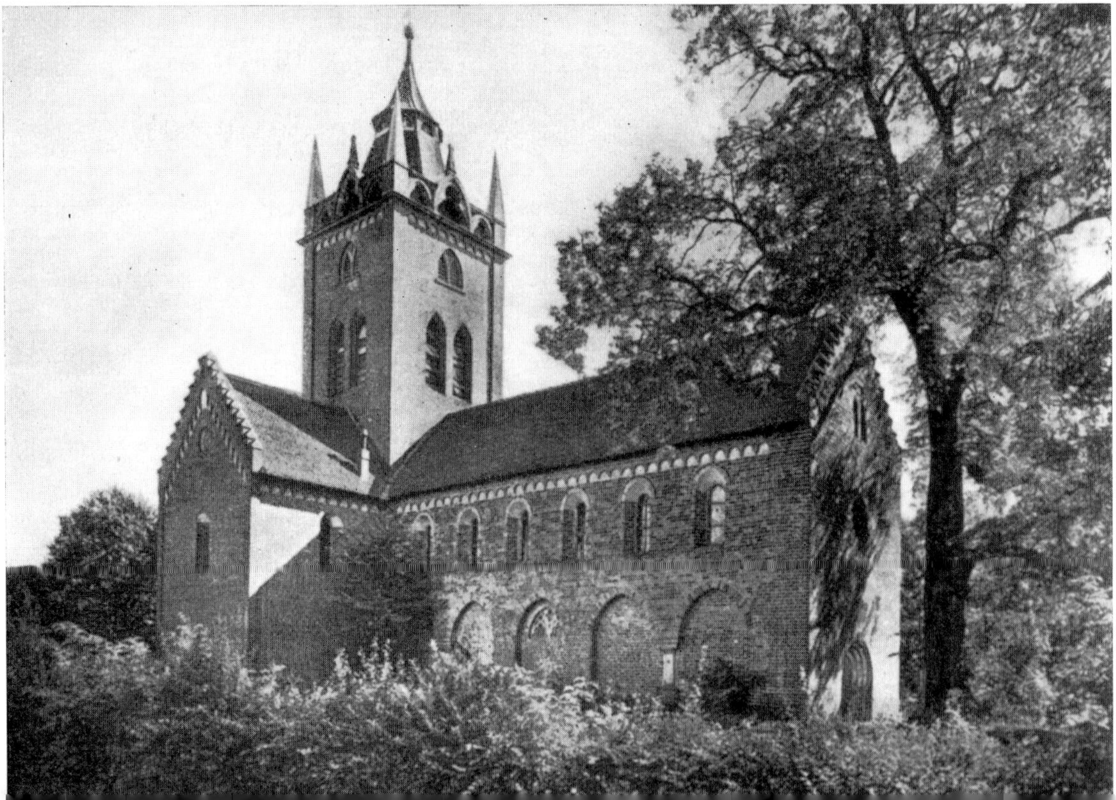

133
Dessau, Marienkirche, neugotische Emporeneinbauten, 1779–1783
134
Mildensee-Pötnitz: romanische Konventskirche
neugotisch restauriert, 1804–1806

135
Mildensee, Turm der acht Winde, 1809–1812
136
Das Vorbild:
das Horologium in Athen. Kupferstich

Die Zeitgenossen erkannten diese Einheit. So stellt Georg Melchior Kraus, der 1783 im Auftrage des Fürsten die über 20 aquarellierten Zeichnungen und Stiche für eine Vedutenserie begann, auch den Landarbeiter inmitten der gestalteten Partien dar. Dies muß als *ein* Gestaltungsprinzip herausgestellt werden, ehe die andern folgen. Denn dieses Wörlitz ist eine «in ihrer Art einzige Schöpfung von höchstem kulturgeschichtlichen und hohem künstlerischen Wert ... dies Wörlitz mit seinen vier Gärten, seinen sieben gewaltigen Kunst- und wissenschaftlichen Sammlungen ist ja eine Welt für sich, ist ja tatsächlich das Spiegelbild, der *Inbegriff* des reichen, nach allen Richtungen tapfer ringenden oder doch rührend tastenden Jahrhunderts» (Karl Emil Franzos, 1903).

In diesen vier (oder fünf) Gärten, die über den langen Zeitraum von vier Jahrzehnten entstanden (1764 begonnen), finden sich die «extremsten Disharmonien» als Ausdruck und Inkarnation des Zeitgeistes eines interessanten Jahrhunderts zu einem «wundersamen Vollakkord» zusammen (W. van Kempen, 1925), den schon der Zeitgenosse Wieland als den *Inbegriff des 18. Jahrhunderts*, des Siècle des lumières, bezeichnet hat.

Uns zeigt sich als der älteste Teil der *Neumarksche Garten* (benannt nach dem Gärtner Neumark, dem in den ersten Jahrzehnten die Pflege anvertraut war). Höher gelegen und von einem kleinen Wall umgeben, der ihn als Randweg (englisch: belt) umläuft, hat er die große, verheerende Überschwemmung von 1770 unbeschadet überstanden und ist bis heute in seiner verspielten Wegeführung ziemlich rein erhalten. Im Innern bestand er aber damals vorwiegend aus Baumschul- und Nutzgarten. Noch aus Rokokogeist stammende weitere Verspieltheit zeigt sich zum Beispiel im Labyrinth, das nach Rode ein Gleichnis zum Leben des Fürsten darstellt, mit den Büsten der Männer, die ihm zeitweilig Lehrer waren, Gellert und Lavater. Eine dritte Concha blieb frei: der Ansatz zu einer Galerie geistiger Ahnen, wie Franz sie in Stowe im Shrine of British Authors kennengelernt hatte. Meisterhaft beschreibt C. A. Boettiger die antikischen Intentionen beim Ausblick vom «Elysium» nach dem fürstlichen Grabmal am Drehberg.

Am 8. April 1770 war der mächtige Deich durch die im Elbhochwasser mitgeführten gewaltigen Eisblöcke gleich an zwei Stellen aufgerissen worden. Die einströmenden Fluten verwüsteten nicht nur die erst seit sechs Jahren begonnenen Pflanzungen, sondern überschwemmten das Ackerland des ganzen Wörlitzer Winkels, wo sie bis Weihnachten in gleicher Höhe stehen blieben. Durch die noch nicht gänzlich wieder geschlossenen Wälle drang das Sommerhochwasser des Jahres 1771 erneut ein (dies letztere Ereignis, im Hochwasserdenkmal durch den sogenannten Erbprinzenstein unweit Oranienbaum verewigt, ist immer wieder als das Datum der Katastrophe zu lesen). Wie verheerend diese Jahre sich auswirkten, bezeugen die im ganzen Reich folgenden Hungerzeiten um 1772.

Das Bodenrelief der Wörlitzer Anlagen, namentlich des *Schochschen Gartens*, und die «Insel der Fürstin» wurden grundlegend verändert. Diese Partie verschwand sogar ganz: Sie wurde in vier kleinere Inseln zerrissen, von denen erst sehr viel später zwei zur heutigen Roseninsel wieder vereinigt worden sind. Der heutige Kanal zwischen Neuer und Agnes-Brücke verlief vordem viel weiter östlich. Die Widerlagerreste

209

einer ihn überspannenden Brücke sind noch unweit des Wachhauses zum Pferde auf der Wiese zu erkennen. Überhaupt verdanken die Ausspülungen des Kleinen und Großen Wallochs mit zehn Meter Tiefe erst dieser Hochwasserkatastrophe ihre Entstehung.

Die Neugestaltung des Schochschen Gartens in den siebziger Jahren leitete den «zweiten Wörlitzer Stil» ein, mit dem Wörlitz seine überragende Bedeutung als «großes Muster» (Rode) für die Landschaftsgestaltung der Folgezeit gewann.

Der «dritte Garten» – wenn man die kleine Anlage östlich des eben genannten Kanals für sich nimmt – ist der *Garten auf dem Weidenheger*. Er enthält neben den auf Fernsicht berechneten und daher vergrößerten Kopien des Dornausziehers und der Venus aus dem Bade als Attraktionen die Schwimmbrücke und das Borkenhäuschen (die Wurzelhütte). Letzteres ist möglicherweise Wörlitz' Tribut an die «Otahiti»-Mode[51], wo doch die Südseereisenden Reinhold und Georg Forster selbst Wörlitz besucht haben. Wahrscheinlich steht es als Badehaus in Verbindung mit dem «Brummeisen», einem bis hierher geführten kleinen Seearm. Den Beginn der Anlagen des Weidenhegers bildet aber das *Tafel 97, 98* Wachhaus zum Pferde. Ein ähnliches Monument steht am Eingang der von den Dessauern so bewunderten Hadriansvilla bei Tivoli; und das Rosseführer-Relief am Wachhaus hat eine zum Tabernakel ausgebaute Rahmung erhalten, in Anlehnung an ein Relief gleichen Motives im Festsaal der Villa Albani bei Rom, unter dem die Dessauer oft gesessen haben mögen.

Südlich des Sees, auf dem «Hochufer» der Stadtlage von Wörlitz und mit dieser geschickt durch den regelmäßigen grünen Vorhof des *Tafel 116 103* Schlosses verbunden, liegt der vierte, der *Schloßgarten*, zwischen Synagoge und dem «Großen Gasthof», dem Eichenkranz, den

Tafel XII
Kirchhof mit seinem stimmungsvollen neugotischen Ensemble mit eingeschlossen.

Nach Osten (diesseits des Sees also ab Synagoge, auf dem jenseitigen Ufer östlich des Weidenhegers) beginnen dann die *Neuen Anlagen*, die, erst 1788 in Angriff genommen, noch größere Ackerflächen einschließen, noch mehr also bloße Galeriepflanzungen um Kanäle, Wege und am Elbwall sind: Die offene Landschaft dominiert. Die gestalterischen Höhepunkte sind das Pantheon, die Partie um das Rote Wallwachhaus und das Italienische Bauernhaus, die Seespitze mit dem «Stein» (auch der Vulkan oder Vesuv genannt). Das Italienische Bauernhaus ist ein Geschenk Carl Augusts von Weimar, der damit wie auch mit der Rüstung seines Ahnherrn Bernhard von Weimar zurückzuschenken suchte, was sein Dessauer Freund ihm so reichlich als Berater bei der Anlage der Weimarer Parke gegeben hatte. Auf der Ilmhöhe setzten Carl August, Goethe und Oeser ihm jenes «titanische» Denkmal mit der Inschrift:

FRANCISCO DESSAVIAE PRINCIPI.

Weitere Denkmäler für den bedeutendsten Gestalter der frühen deutschen Landschaftsgärten sollten bald in geistesverwandten Anlagen wie im Georgium und in Dieskau bei Halle *Tafel 63* folgen. Wie der Schochsche Garten, so hat auch die «Neue Anlage», der «dritte Wörlitzer Stil», ihre Nachfolger gefunden – vor allem dort, wo sie großräumig in die Landschaft ausgriffen – und weit auf den Kontinent ausstrahlt.

Wörlitz ist in den vier Jahrzehnten seiner Entstehung nie nach einem vorentworfenen Gesamt-«Plan» gestaltet worden. Wie Zeit und Geld und natürlich auch die Arbeitskräfte gerade zur Verfügung standen, wurden die kleinteiligen Gartenpartien weitergeführt. Das ist ein Wesenszug der meisten englischen Gärten; nicht anders war es in Weimar, und es hat seinen späten literarischen Niederschlag in Goethes «Wahlverwandtschaften» gefunden. Die vorhandenen Pläne von Wörlitz sind immer nur Zustandspläne, Bestandsaufnahmen, wie sie auch Voraussetzung waren für die Herausgabe gestochener Übersichtspläne, von denen der erste, der nicht stimmige Plan von Neumark und Propst, noch ohne die Neue Anlage, 1784 in die Welt geschickt wurde.

An der Publizierung seines Hauptwerks war Franz viel gelegen: Im Jahr zuvor hatte Georg Melchior Kraus die Zeichnungen für seine Sticheserie begonnen, von denen dann aus ungeklärten Gründen nur vier erschienen. Erst ein Jahrzehnt später verwirklichte die von Franz nach Dessau gezogene Chalkographische Gesellschaft mit 24 hervorragenden Blättern sein Vorhaben. Die gleichzeitig dem mit Erdmannsdorff befreundeten Philanthropinlehrer Goetze in Auftrag gegebene Gartenbeschreibung kam wohl wegen der Institutsquerelen ebenfalls nicht zustande. August Rode mußte schnell einspringen, und so erschien sein erster offizieller Führer mit dem Plan von Probst 1788 – noch vor Beginn der Neuen Anlage, so daß bereits zehn Jahre später eine gänzliche Neubearbeitung erforderlich wurde, die nun als dritter Band der «Sehenswürdigkeiten in und um Dessau» 1798 herauskam.

Wörlitz bietet sich dem heutigen Betrachter als ein «Gesamtkunstwerk» dar; es nimmt diese Entwicklung – wie so vieles andere – dem 19. Jahrhundert voraus, so wie es durch seine stilistische Grundkonzeption von größtem Einfluß war. Zum erstenmal kommt es bei dieser noch zu erläuternden Grundkonzeption zu historistischen Tendenzen und zur Stilmischung, wie sie für das ganze 19. Jahrhundert typisch wird. Selbst die Entwicklung zur Neorenaissance in der zweiten Jahrhunderthälfte ist eigentlich durch das Œuvre Erdmannsdorffs vor-

weggenommen oder zumindest vorgezeichnet, nimmt er doch ständig bewußten Bezug auf das Werk Palladios: Palladio-Zitate finden sich selbst an den kleinsten Bauten, zum Beispiel den «Sitzen», und waren so über das ganze Gartenreich verbreitet. Dabei verschmähte es Erdmannsdorff keineswegs, auch auf manieristische Vorlagen der Spätrenaissance zurückzugreifen, wie etwa die Leichenhalle in Wörlitz und ihr Pendant in einem anderen Friedhofsgebäude en miniature an die Kirchenfassaden vom Il-Gesù-Typ anknüpfen. *Seite* 212

Die begeisterten Besucher, auch die junge Architektengeneration des späteren Klassizismus, lasen sich gewissermaßen ein auf Stilformen, die aus aller Herren Ländern zusammengetragen waren. Und beherrscht bereits hier der ästhetische Gegensatz Klassizismus-Neugotik die Parkschöpfungen zu Wörlitz, Luisium und Mildensee, so wird das in der Folge verbindlich, ja aus dem Park heraus wird auch die Neugotik profaniert, so daß es im Laufe des neuen Jahrhunderts zu einem regelrechten «Zweiparteiensystem der Stile» kommt (Sedlmeyer).

Über die gesellschaftlichen Wurzeln von Klassizismus und Neugotik ist viel geschrieben worden. Der Klassizismus als Baugesinnung ist ein deutlicher Audruck des Erstarkens aufgeklärt-bürgerlicher Bewußtseinsbildung. Nicht minder aber ist die Rückbesinnung auf die Gotik ein Produkt der Aufklärung, die in historischer Schau die großen Leistungen des mittelalterlichen Stadtbürgertums zu würdigen begann, auch wenn für die praktische Nutzbarkeit neugotischer Formelemente nur der grundbesitzende Feudaladel in Frage kam. Im frühzeitig verbürgerlichten England, wo nicht einmal ein eigentlicher Barockstil entwickelt wurde und die auslaufende Renaissance kaum vom Klassizismus palladianischer Prägung abgesetzt ist, war die gotische Bautradition nie unterbro-

chen worden, sie lief nebenher weiter. Bis in die Franzische Zeit hinein wurde noch immer «gotisch» gebaut, sah man hierin die «nationale» Tradition, selbst wenn man sie jetzt mit dem Gothic Revival, dem Wiederaufleben der Gotik, gewissermaßen neu entdeckt zu haben glaubte. Die bedeutendsten Geister des Zeitalters, zum Beispiel der Schriftsteller Horace Walpole, pflegten diese «Neugotik» und erbauten sich in dilettierender Beschäftigung, wie sie Grundbesitzern, meist liberalen Whigs, anstand und üblich wurde, in Zusammenarbeit mit einem befreundeten Architekten oder wenig-

stens unterstützt von einem Baukondukteur, in ihrem Park einen Landsitz in gotisierenden Formen. P. Korneli (1962) hat die Anwesenheit der Dessauer bei der spektakulären Einweihung von Walpoles berühmtem Gotischen Hause zu Strawberry-Hill (1764) wahrscheinlich gemacht: Hier schlug bereits die Geburtsstunde des späteren Historismus; wiederum ist England der Ursprung des Stilgegensatzes, von dem die Wörlitzer Anlage lebt.

Sosehr die Neugotik in Deutschland später retrospektiv Lebensformen des feudalen Mittelalters heraufbeschwört: Für Wörlitz, von dem nun die Neugotik auf dem Kontinent ihren Ausgang nahm, trifft das alles noch gar nicht zu. Neben dem Englanderlebnis gewinnen hier kontemporäre «patriotische» Strömungen Gestalt (Herder, Goethes Schrift «Von deutscher Baukunst», G. Forster) als Ausdruck aufgeklärt-bürgerlichen Denkens in seiner revolutionären Frühphase, dem Sturm und Drang. Winckelmann glaubte die verlorengegangene Freiheit für den neuen Menschen im klassischen Altertum wiederentdecken zu können. Lange vor seinen Schriften und ihm unbekannt, ist 1741 in Stowe, einem der berühmtesten englischen Landsitze, der dem oppositionellen Whigoffizier Lord Cobham gehörte, ein gotischer Tempel geweiht worden als «Temple to the Liberty of our Ancestors», der Freiheit der Vorfahren. Die Dessauer wußten es. «Gotisch» ist den fortschrittlich denkenden Aufklärern ein nicht-barocker, nicht-feudaler Stil, die Baukunst des Städtebürgertums, und die Gotik «eine Periode der Freiheit» (Justus Möser).

Und 25 Jahre vor dem Beginn der eigentlichen Romantik brachte Franz in seinem «Altdeutschen Hause» (Goethe) spätgotische Gemälde und Glasfenster zusammen, lange bevor die Gebrüder Boisserée mit der Säkularisierungswelle durch den Franzoseneinmarsch im Rheinland ihre ebenfalls berühmt gewordene Gemäldesammlung erwerben konnten.

Die Wörlitzer «Franz-Gotik», wie sie von Kunsthistorikern auch genannt wurde, darf also nicht unter jenem retrospektiv-feudalen Blickwinkel des 19. Jahrhunderts gesehen werden. Mit dieser durch die Restaurationsepoche geförderten reaktionären, legitimistischen, anti-aufklärerischen Komponente der Neugotik hat die Dessau-Wörlitzer Frühform noch nichts gemein. Die Hauptwurzel ist doch das Englanderlebnis. Palladianismus und Gothic Revival, gekoppelt mit Ruinen-Romantik, die sich für Franz aus den realen Klosterruinen der englischen Landschaft entwickelte – die klassizistische Ruine war schon aus den Barockgärten überkommen – haben um Dessau-Wörlitz eine Landschaft geprägt, die von ihrem Urzustand her bereits der englischen glich und von der Bebauung her bereits seit Generationen durch die fortschrittlichen Kultivationsmethoden des anhalt-dessauischen Fürstenhauses, besonders durch die entwickelte Schafzucht, wiederum dem Eindruck der englischen Kulturlandschaft entgegenkam. Nach seinem Biographen Reil hat der Fürst von Anhalt-Dessau «kein zweites England» schaffen wollen – wie sehr trotzdem England hier wiedererstanden ist, bestätigen so bekannte britische Reisende wie James Boswell gleich am Beginn des Dessau-Wörlitzer Kulturwerks oder der Diplomat der Befreiungskriege, William Stewart, wenige Jahre vor Franz' Tod mit dem berühmt gewordenen Satz: «Goddam, hier bin ich in England.»

Der Stil der Reiseeindrücke, der zur Stilmischung führen mußte, opfert zugunsten belehrender Momente – das beste Beispiel ist das oben beschriebene Fremdenhaus im Georgium – vielfach die ästhetische Komponente auf. Freilich wußte Reil als der jüngere Zeitgenosse noch, was der spätere und der heutige Wörlitz-Besucher nicht mehr weiß: daß die Dessau-Wörlitzer Bestrebungen keinesfalls nur eine ästhetisierende Übernahme englischer Landschaftsgestaltungen und Baukunst waren, sondern daß hier bewußt ein umfassendes erzieherisches und soziales Programm verfolgt worden ist. Daß es hier – und nur hier – in dieser Tiefe und Breite gelungen ist, macht wiederum die aufgeklärte «Publizität» von Dessau-Wörlitz in seiner Zeit aus.

Diese auf Schritt und Tritt zu verfolgenden «pädagogischen Gestaltungen» geben aber trotz aller Reminiszenzen an das Englanderlebnis den klassizistischen Tendenzen, dem Erbe Winckelmanns, dessen Unterricht die beiden Freunde in Rom genossen hatten, den ausschließlichen Vorrang: Alle klassizistischen Bauten mit ihren zur Geschmacksbildung ausgestellten klassizistischen Sammlungen und Möbeln, auch das von der Fürstin bewohnte Schloß, waren jederzeit den Besuchern zugänglich. Die Sammlungen des Gotischen Hauses dagegen, sosehr sie ihrer Zeit voraus waren, sind dem Besucher ausdrücklich verschlossen gewesen, so als habe Franz, der mit Erdmannsdorff das klassizistische Kunstwollen seiner Winckelmannschen Schulung in Deutschland durchsetzte, sich dieser Sammlungen geschämt. Zwiespältig charakterisiert sie der Klassizist C. A. Boettiger als «höchsten Geschmack im Ungeschmack», und das geschah noch 1797, unmittelbar vor «Ausbruch» der Romantik. (Erst nach Franzens Tod wurde auch das Gotische Haus der Öffentlichkeit zugänglich gemacht.)

Von diesen Sammlungen im Gotischen Haus ist uns verhältnismäßig wenig verblieben. Durch die Fürstenabfindung und auf Grund der Sammlungspolitik des Freistaates Anhalt (vieles war in das im Zerbster Schloß eingerichtete Anhaltische Landesmuseum gelangt, in dem 1945 alles verbrannte) ist das Gotische Haus heute sehr leer geworden, nachdem auch in den Wirren um 1945 noch zahlreiche Stücke verschwanden oder in Privathand gelangten und damit verloren sind. Dieses Schicksal traf auch die Villa Hamilton (auf dem Stein), Schloß Luisium sowie das große Schloß und das Teehaus in Oranienbaum. Von den ausgelagerten Gemälden gingen allein schon den Wörlitzer Sammlungen 45 verloren.

Aus einer Formulierung Reils in seiner Franz-Biographie bastelte der Dessauer Heimatschriftsteller und Chronist Ludwig Würdig eine Erzählung, die fast bis heute die höchst zweifelhafte Quelle bildet für den angeblichen Gegensatz zwischen dem Fürsten als «Gotiker» und Erdmannsdorff als «Klassizisten». Doch wird aus der Sperrung des Gotischen Hauses für den Besucherstrom und der Öffnung des Schlosses, sogar der Privatgemächer des Fürstenpaares, deutlich, daß Franz nur diese klassizistischen Bestrebungen der aufgeklärt-bürgerlichen Kunstrichtung vermitteln wollte. Von hier aus trat der Klassizismus dann auch tatsächlich seinen Siegeszug durch Deutschland an; das vielbesuchte Dessau-Wörlitz beeinflußte nachhaltig seine Entwicklung in ganz Kontinental-Europa.

Aber eben dieses Wörlitz verbreitete dennoch auch den neugotischen Baugeschmack in alle Richtungen. Die beiden Seelen des aufgeklärten Zeitalters, die in der Brust des Bauherrn wohnten, haben auch seinen Architekten, der gewiß der reinste Klassizist war, nicht unbeeinflußt gelassen. Die zu simple Scheidung Neugotik = Franz, Klassizismus = Erdmannsdorff läßt sich bei dem so ineinander verwobenen Gesamtwerk des Freundespaares nicht aufrechterhalten. Für diese Zusammenarbeit ist das Gotische Haus der deutlichste Beleg.

Können wir, was die Kanalfront des Gotischen Hauses anlangt, nur vermuten, daß Erdmannsdorff es war, der vorschlug, die schönste oberitalienische Kirchenfassade, Maria dell' Orto aus seinem geliebten Venedig, zum Vorbild zu nehmen, so sind die Decken im Innern ein deutlicher Beweis für seine engagierte Mitarbeit an diesem Gebäude. Sie gehören neben denen im Luisium zum Besten, was Erdmannsdorff als Innenarchitekt für kleine, intime Kabinette geschaffen hat. Tafel 127 Tafel 128 Tafel VI

Mit der Wahl Maria dell'Ortos für die Kanalfront des Gotischen Hauses (1773) begegnen wir erneut (nach dem Englischen Sitz von 1764) dem sogenannten *«Stil der Reiseeindrücke».*

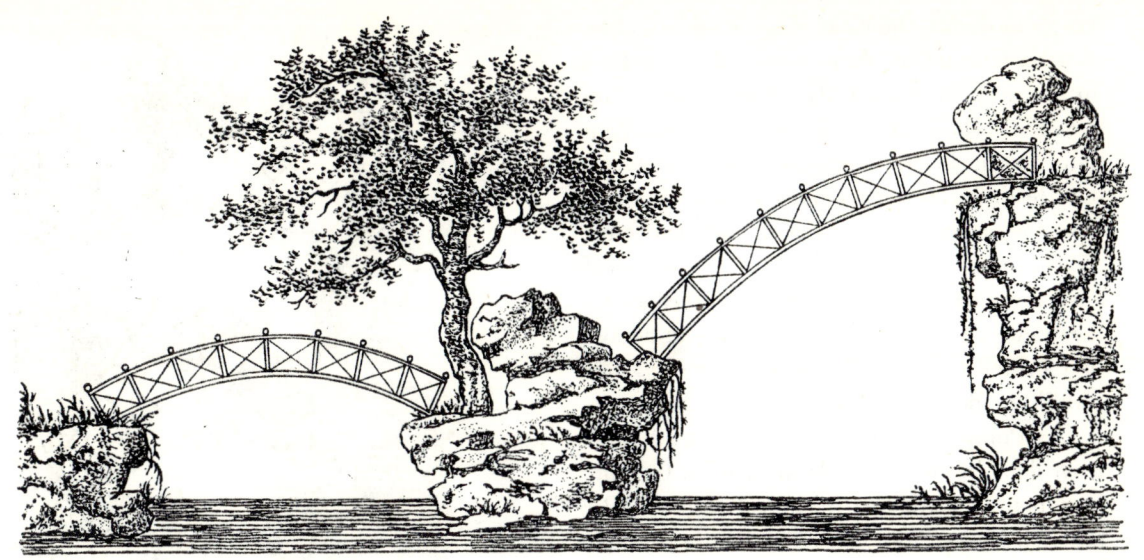

Chinesischer Garten am Oranienbaumer Barockpark: Chinesische Brücke

Immer wieder stoßen wir dann auf zum Teil wenig verarbeitete Wiederholungen von Bauten und Kulturhinterlassenschaften andrer Zeiten und Völker, die Franz und Erdmannsdorff auf ihren Reisen gesehen hatten. Bei so feinfühligen Künstlern kann dieses Kopieren in oft lächerlich verkleinerten Maßstäben nicht Ausdruck mangelnder Erfindungskraft sein: Hier liegt, wie schon angedeutet, ein vorgefaßtes Programm zugrunde. Dafür gibt es ein deutliches Vorbild aus der Antike, auf das sich Franz auch ausdrücklich bezogen hat: die Villa Hadriani bei Tivoli. Dort hatte der von Franz besonders geschätzte Friedenskaiser Hadrian eine solche Stilmischung zum ersten Mal zusammengestellt, indem er die markantesten Bauwerke, die ihm auf seinen weiten Reisen durch das ganze Römische Reich begegnet waren, in einer großen Anlage nachgestaltete. In Wörlitz und im Gartenreich entstand nun eine *pädagogische Provinz* größten Formats: Was die Freunde auf ihren Reisen beeindruckt hatte,

ihre «Landeskinder» jedoch nicht sehen konnten, wurde ihnen en petit sozusagen als plastisches Bilderbuch anschaulich gemacht.

Diese Bildungstendenzen reichen von der Stilschule des Erdmannsdorffschen «archäologischen Klassizismus» (siehe unten) im Außendekor und Kopien von Statuen bis zur gewagten Nachgestaltung der neapolitanischen Landschaft im «Stein». Was die Dessauer an antiken Details nicht selbst gesehen hatten, entnahmen sie den prachtvollen Stichewerken der Engländer über Palmyra und Baalbec von Robert Wood. Direkte Nachbauten sind zum Beispiel Saturntempel und Drusus-Bogen im Georgium, in Wörlitz der Floratempel, Synagoge, Grotte der Egeria, mit Geschmack variiert das Pantheon; der Turm der acht Winde in Mildensee. Im Stein findet sich neben einem antiken Theater und Nachbildungen italienischer Grotten (wobei auch Stourhead stark einwirkte) ein Vulkan, um der Bevölkerung im von der Eiszeit geprägten Flachland nichts Geringeres als

Tafel 109, 110

Tafel 61– 64, 113, 114, 116– 119, VIII, 135, 136

215

das große Naturschauspiel eines Vesuv-Ausbruches nachzuspielen. Zum ersten Mal wurde er an Franz' Geburtstag 1794 bei der Einweihung der Villa Hamilton in Tätigkeit gesetzt und dann jeweils bei Besuchen honoriger Gäste wie des Berliner, Meininger oder Weimarer Hofes (Goethe hat den Fremdling in der Aue einer Zeichnung gewürdigt); aber das Volk war doch auch zugegen in den jederzeit öffentlichen Anlagen, die nie verschlossen waren wie anderswo (der Prater zu Wien öffnete sich erst 1782 dem Publikum, der Ilmpark in Weimar 1783).

Das Pompeji-Erlebnis gewann erst 30 Jahre nach dem Besuch Neapels in Wörlitz Gestalt.[5] Daneben sind mit den (nicht vollendeten) Römischen Bädern und den Kabinetten des Tages und der Nacht weitere Überraschungseffekte in diesen «Wunderfelsen» hineingebaut mit all der Symbolträchtigkeit, die dem Gebildeten des 18. Jahrhunderts geläufig war und die die Dessauer Studienreisenden zum Teil schon in den englischen Gärten vorgefunden hatten oder die sie den Anregungen des vielbewunderten und ihnen persönlich bekannten William Chambers (1726–1796) entnahmen, des Hauptvertreters der «anglo-chinoisen» Richtung.

So unverkennbar diese letztgenannten Einflüsse auf die Wörlitzer Gestaltungen auch sind – ein wirklicher Garten nach der damaligen China-Mode (der auch zwei Zimmer des Schlosses huldigen) wurde weitab von Wörlitz am Rande des Oranienbaumer Barockgartens[52] angelegt mit der Chambersschen Pagode aus Kew-Gardens und dem Chinesischen Haus, mit der typisch chinesischen Kleinteiligkeit in den Sitzen und Brücken. Der selbst gärtnernde und
schriftstellernde geistreiche Charles-Joseph de Ligne ist hell begeistert davon: Franz müsse wohl von Jugend an in Peking gelebt haben, empfindelt er. Daß aber das große Barockparterre nicht angetastet und nicht, wie allerorten,

Oranienbaum, Pagode, 1795–97

englisch oder gar chinesisch gestaltet wurde, zeigt das große historische Verständnis des Schöpfers von Wörlitz, die Achtung und Verantwortung gegenüber einer gewachsenen An-

Seite
218lage und die absolute Stilsicherheit des Dessauer Kreises.

Das Unterrichtende mit dem Praktischen verbunden zeigt sich überall, von der Nachbildung der Hadrianswälle Nordenglands im Luisium bis zur archäologischen Rekonstruktion eines römischen Limes mit Wachtturm und einem Walldurchlaß, wo der Elbdamm die «italienisch-römische» Kulturlandschaft gegen die «Barbarenstürme» vom Norden her abschirmt (der Deich, der nordöstlich des Parkes die Eisdrift des Frühjahrshochwassers abhält).

In dem Bestreben, Bildung zu vermitteln, wird schließlich noch ein Querschnitt durch die Menschheitsgeschichte geboten, etwa die Entwicklung menschlicher Behausungen von Höhle und Wurzelhütte zu Bauernhäusern und Bürgerbauten; mit klassizistischem und gotischem Baustil wird ein weiteres diachronisches Element hereingebracht. Dann findet sich das «Brückenprogramm»: Die Entwicklung von der *Seite*
220,
221 Furt und primitiven Brückenformen und deren Komplizierung und Reichtum an Formen und Funktionen wird aufgezeigt und bis zur neusten Errungenschaft der Ersten industriellen Revolution geführt. Denn auch die berühmte Iron

Chinesischer Garten am Oranienbaumer Barockpark: das Chinesische Haus, 1794–97

Walwachhaus Limesturm, 1799, am Wallknick beim Schönitzer See

Tafel
137,
138 Bridge über den Severn im westenglischen Industriegebiet Coalbrookdale (von Wilkinson erst 1779 erbaut) wird in einer verkleinerten Nachbildung in diesem an Kanälen so reichen Wander- und Lehrpark als krönender Abschluß menschlichen Erfindergeists vorgeführt.[53]

Geschmackbildend wirkten vor allem die Mobiliare und Sammlungsinventare der Schloßgemächer und der Villa Hamilton: die von Erdmannsdorff entworfenen Möbel, die der Tischlermeister Johann Andreas Irmer (1730–1798) ausführte. Wedgwoodware und anderes klassizistisches Geschirr, Figurinen (z. B. Modelle G. Zoffolis) und Dekor taten ein übriges. Bestaunt wurden die kleinen praktischen Erfindungen, etwa ein zu einer Trittleiter ausklappbarer Stuhl, mit dessen Hilfe man auch gleich die höhergelegenen Ausstellungsstücke besehen konnte, aus der Wand herausklappbare Betten

usw., ganz zu schweigen von den technischen Neuerungen: einer Maschine, die in Bleirohren das Wasser bis ins dritte Geschoß, die Wohnzimmer der Bediensteten, hob; Lastenaufzüge, durch die das Brennmaterial ebenfalls mühelos bis ins oberste Geschoß befördert werden konnte. Es wird dabei sehr wohl registriert, daß solche Einrichtungen geschaffen wurden, um dem anderswo so belasteten und verachteten Personal die Arbeit zu erleichtern.

Wir haben den Reichtum der Wörlitzer Sammlungen noch keineswegs ausgeschöpft. Der Antikensammlung im Pantheon[54] steht auf der andern Seite die Südseesammlung gegenüber, die die Forsters 1775 Franz geschenkt haben und für die Erdmannsdorff 1783/84 den kleinen Museumspavillon auf dem Eisenhart *Tafel*
103 erbaute.[55] Also keine klassizistische Einseitigkeit: die Weltoffenheit, der Kosmopolitismus der Dessauer Aufklärung offenbart sich hier. Man sah in den urgesellschaftlichen Zuständen Tahitis nicht nur ein verlorenes Paradies der Freiheit, sondern entdeckte auch ein Stück Kindheit der Menschheitsgeschichte wieder und schloß so den Kreis zu Rousseau und seinem ideologieträchtigen Anruf «Zurück zur Natur».

Nahebei wurde zur gleichen Zeit ein Bibliothekspavillon errichtet. Aus einer wohlberechneten Kollektion konnte der Besucher Lektüre mit in den Garten nehmen – ein Anreiz für jeden, das Erlebnis und den Genuß der Natur mit ernsthaften Studien zu verbinden. «Alle Zonen mußten Weihrauch spenden»: So erfaßt der dänische Dichter Schack de Staffeldt mit *einer* Zeile seines Wörlitz-Sonetts das Gesamtkunstwerk. *Tafel*
103

Hatte man die Engländer in der großräumigen Landesgestaltung erreicht, so übertraf man sie in der Einbringung des pädagogischen Elements, in der Symbolträchtigkeit, der Dichte der Darstellung, vor allem aber im «allgemeinen Wohlstand». Ohne das Englanderlebnis wäre gewiß die «zweite Hadriansvilla» nicht denkbar. Namentlich der große Park der Bankiersfamilie Hoare zu Stourhead ist in Anlage und Bauten das große Vorbild geworden, nicht nur für Wörlitz, auch für Sieglitzer Park und Luisium, wo uns die Quellfassung an Stourhead erinnerte. Aus Stourhead stammt, wie erwähnt, der Englische Sitz; ein «Pantheon», eine Grotte der Egeria, einen Obelisken gibt es, wie in Chiswick, ebenfalls schon in Stourhead. Und von dort sind auch die Grottengestaltungen bis ins Detail der Bogen-Rahmung mit vorspringenden Steinen übernommen und die Art, wie weiße Figuren in Findlings-Blendbögen hineinkomponiert werden. Nimmt man die englischgotischen Kirchtürme der nähern Umgebung dazu (Wörlitz und Riesigk trotz deren Anlehnung an Liebfrauen in Brügge beziehungsweise Königsberg), so meint man doch immer ein «zweites England» zu erblicken, das Inselreich, dessen großen Eindruck und Einfluß auf die Dessauer Reisenden wir oben dargelegt haben. England war in umfassender Weise das Leitbild geworden, auch auf politischem und philosophischem Gebiet, ohne daß man freilich bis ins letzte die Konsequenzen ziehen konnte. Immerhin bekennt Franz im Alter: «Man muß aber die Geschichte dieses Landes und die Entstehung seiner Staatsform genau studieren, was nicht leicht ist, wenn man das alles begreifen und gehörig würdigen will.»

Ebenso getreu, wie sie von England lernten, leisteten die Dessauer ihrem Lehrer Winckelmann Gefolgschaft, der bereits in seinen frühen Dresdner Programmschriften die Nachahmung der griechischen Werke propagiert hatte: Man könne nur groß, ja unnachahmlich werden durch die Nachahmung der Alten. Seine Dessauer Schüler setzten diese These in die Tat um: Durch die Anschaulichkeit der Dessau-Wörlit-

Tafel 105, 106

Tafel XII, 131, 132, 82, *Seite* 166

zer Schöpfungen gelang im Sinne Winckelmanns die Durchsetzung des bürgerlich-klassizistischen Baustils in Deutschland.[56]

Der archäologische Klassizismus nahm seinen Anfang mit dem Greifen-Kandelaber-Fries, den Erdmannsdorff vom Antoninus-Tempel in Rom kopierte und am Nymphäum anbrachte, einer noch recht barocken Anlage, bei der es sich aber gleichwohl um die Umsetzung eines römischen Zentralbaus, des Tempels der Minerva Medica, handelte, der – wie Erdmannsdorff wohl ahnte oder von Winckelmann wußte – möglicherweise auch ein Garten-Nymphäum gewesen sein konnte. Und dieser archäologische Klassizismus zieht sich über die vielen Bauten in Wörlitz hin bis zu der bereits nach dem Tode Erdmannsdorffs auf dem Monument errichteten antiken Säule, die gewissermaßen den Schlußstein eines Bekenntnisses der Klassizisten zur Antike und zu Winckelmann setzt.

«Zu beschreiben ist Wörlitz nicht»: Diese Abbruchformel findet sich in vielen zeitgenössischen Tagebüchern und wird sogar von offiziellen gedruckten Führern benutzt: «Der Leser erwarte nun nicht eine vollständige Schilderung aller schönen und anmuthigen Punkte und eine genaue Angabe aller reizenden Durchsichten ... noch eine Andeutung der Gefühle, welche jeder Punkt im gefühlvollen Wanderer erweckt» (Fuchs 1843). Auch wir müssen uns bei der gebotenen Kürze dahinter zurückziehen und kön-

Folgende Seiten: die «Wörlitzer Brückenhistorie»

A Die Urform: Hornzackenbrücke
B China: Hohe oder Bogenbrücke
C Renaissance: Palladios Stufenbrücke
D Klassizismus/Venedig: Wolfsbrücke
E Barock: Neue Brücke beim Nymphäum
F Barock: Vorgänger von E
G Inkakultur: Sonnenbrücke
H Römisch/Palladio: Friederikenbrücke
I Schweiz/China: Kettenbrücke
K Holland: Drehbrücke (Agnesbrücke)
L Holland: Schloß- oder Zugbrücke
M England: Eiserne Brücke
Außerdem gibt es noch eine Schwimmbrücke und die Hausbrücke (unter dem Forster-Pavillon)

Brücken

A

B

C

D

E

F

Historie

G

H

I

K

L

M

Tafel 115 nen nur wenige Beispiele der wichtigsten Durchsichten, Fächer- und *Rundblicke* andeuten, die sich von erhöhten Aussichtspunkten wie dem Nymphäum, der Luisenklippe, dem Grünen und dem Zedernberg oder von den Brücken ergeben, die Sichtenfächer gehen vor allem von den Sitzen und Gebäuden auf dem Elbwall in den Park hinein.

Tafel 111, *Tafel* 97, 116 Der berühmteste, der bei der Graburne, zeigte außer Neuer Brücke und Kirche auch noch den ganzen Fächer vom Wachhaus zum Pferde über Wurzelhütte, Synagoge, Warnungsaltar/Knöchel-Spielerin/Grünen Berg, Sterbenden Gallier (heute in den Stein versetzt), *Tafel* 127, 113, 112 Gotisches Haus, Kuhstall, Floratempel, Hohe Brücke bis zum Venustempel, im überstreckten Winkel war sicher auch noch das Monument zu sehen. Praktizierte, gestaltete Aufklärung ist es, daß die Synagoge gleichberechtigt neben der Kirche erscheint.

Ein solcher Fächer tut sich auch vom Gotischen Haus unter Franz' Arbeitszimmer nach *Tafel* 102, 93, 94, 104, 113, 112 Norden auf: Rousseau-Insel, Wachhaus Mittelhölzer, Orangerie, Hofgärtnerei, Floratempel, Kettenbrücke/Wohnung des Eremiten, Venustempel, Hohe Brücke, Stufenbrücke, Kuhstall, Monument, Diana. C. A. Boettiger – er weiß es von Rode – spricht von 150 solcher Sitze und Bänke und davon, daß allein der Venustempel «schließender Gesichtspunkt von mehr als 40 Ansichten aus verschiedenen Teilen des Gartens» sei; auf dem See «verändert sich alle zehn Schritte rundherum die Ansicht. Es ist, als wenn man vor einem ungeheuren Operntheater stünde, wo sich die täuschend gemalten Coulissen und Hinterperspektive unaufhörlich anders aus- und ineinanderschöben. Die Tempel, Grotten, mit Baumgruppen besetzte Altarhügel erhalten durch die Bogenbrücken gleichsam beständig neue Rahmen ..., hinter welche sich bei jedem Ruderschlag ein neues Landschaftsge-

mälde schiebt ... Vielleicht», schreibt der vielbelesene Englandkenner weiter, «versteht jetzt in England selbst kein Landschaftsgärtner so meisterhaft die Kunst, durch Mischung von hundertfachem Grün zu schattieren und grün in grün zu malen als Franz ... Man muß aber erst, wie in allen Kunstgegenständen, *sehen* lernen.»

Und auf dieses *Sehen* kommt es an. Anders als die übrigen Künste ist ein Kunstwerk wie Wörlitz vom natürlichen Wachsen, Werden und Vergehen seiner Baum-Individuen abhängig. Es mußte seiner charakteristischen Individualität verlustig gehen, als das Verständnis für diese früheste Phase des deutschen Landschaftsgartens schwand und spätere Generationen glaubten, den weiterentwickelten Stil Pückler-Muskaus nachahmen oder seltenere Exemplare (wie die jetzige Koniferensammlung aus den siebziger Jahren des 19. Jahrhunderts vor dem Gotischen Haus) importieren zu müssen. Dem Publikumsgeschmack zuliebe wurden Massen von Rhododendren eingebracht, die auch schon in England berühmte Gärten wie Stourhead gänzlich überfremdet haben.

Die natürliche Verwachsung des Baumbestands, die späteren Auffassungen entgegenkommt, verstellt heute auch dem Forscher im wahrsten Sinne des Wortes die Sicht. Wieviel ist in diesem Garten früher geschnitten worden! Die alten Stiche zeigen noch die ursprünglich sehr lockere Pflanzung. Mehrere hundert Sichten können doch nur zustande gekommen sein, wenn lediglich einzelne Baumgruppen oder gar nur Solitärs die einzelnen Schneisen voneinander trennten und die wechselnden Ausblicke die Fülle des optisch Erlebbaren begrenzten und zu Bildern rahmten. Die Rekonstruktion ist angelaufen: Noch herrscht die natürliche Verwachsung, noch ist anstelle des ursprünglich lockeren Gewebes vieles wie verklumpt durch wahre Baumpulke, sind sogar trennende Gehölzwände gesetzt worden. Doch sind Venus- und Flora-tempel und der Fächerblick vom Gotischen Haus nach Norden jüngst wieder freigeschlagen worden; sie lassen die von den Parkschöpfern beabsichtigten Wirkungen erkennen.

Soviel kann der Gartenhistoriker aber sagen: Wörlitz ist in der Fülle dieser ideenreichen Sichtbeziehungen das unübertroffene Meisterwerk und hat hierin selbst seine Vorbilder in England weit hinter sich gelassen.

Die Folgen

Die Wörlitzer «Anlagen» sind also kein «Park» wie jeder andere, sondern als Gesamtkunstwerk einmalig in ihrer Widerspiegelung der widersprüchlichsten Strömungen eines unendlich reichen Zeitalters dreier geistiger Generationen: des Sturms und Drangs, der Klassik und der Romantik. Als Klammer dient allen dreien die Aufklärung. Erst in dieser kulturgeschichtlichen Einbettung, umgeben von all den gleichzeitigen allseitigen Leistungen der Dessauer aufklärerischen Reformer, konnte Wörlitz als das «Mekka» (van Kempen), als Wallfahrtsort des reisebegeisterten Zeitalters, als Symbol des unter deutschen Verhältnissen möglichen Fortschritts gelten, der die ganze Skala des gesellschaftlichen Lebens erfaßte. Ein jugendlicher Hauch umgab diese gestaltgewordene Aufklärung in ihren Kunstschöpfungen: «Da war mir, als ginge die Sonne eben auf», schildert Jean Paul Wörlitz, das er wohlgemerkt an einem Sommer*abend* als Luftschiffer Giannozzo erreicht, wo er in dem «wechselnden Garten» niedergeht, «dessen Aussichten wieder Gärten sind ... Alle Tempel blitzten wie vom Morgenlicht – erfrischender Thau überquoll den Boden, und die Morgenlieder der Lerche flogen umher.» Und nun steigert er die Aussage noch ein drittes Mal und deutet sie dreifach ins Gesellschaftliche um:

«Lange sonnentrunkne Perspektiven liefen wie glänzende Rennbahnen der Jugend, wie Himmelwege der Hoffnung hin.»

Wir wollen versuchen, in wenigen Sätzen einen Überblick über die wichtigsten Nachwirkungen «abzureißen» (was doch Stoff genug lieferte für ein eigenes Buch!). Die Forschung steht hier auch noch ganz am Anfang. Die Aufklärung und ihre alles erfassende Auswirkung, die Französische Revolution, haben das Gesicht der kontinentalen Feudalstaaten Europas entscheidend verändert und die bürgerliche Entwicklung befördert. Aber unverkennbar hat auch Dessau in dieses neue Antlitz des Zeitalters wesentliche Züge eingebracht. Der Geist des Dessau-Wörlitzer Kulturkreises wurde durch einen unvorstellbaren Besucherstrom aus aller Herren Ländern nach allen Richtungen hin weitergetragen. Hatte sich auch der Dessauer Reformkurs, das Dessauer Aufklärungszentrum mit all seinen hochgesteckten Zielen und humanistischen Idealen spätestens mit der Französischen Revolution historisch überlebt – als Revolutionsprophylaxe für den deutschsprachigen Raum war dem «Dessauer Weg» noch ein langes ideologisches Nachspiel beschieden –, so überlebten die bürgerlichen *Formen*, die in Dessau gefunden worden waren. Umgab sich das

Revolutionszeitalter in Frankreich schon rein äußerlich mit den Titulaturen der altrömischen Republik, auf deren «Demokratie», deren Volksherrschaft man sich bezog, übernahm die französische Republik im Empire das Formengut der Antike – Karl Marx hat darüber im 18. Brumaire seine Glossen gemacht –, die Formensprache der Kunst hatte für Deutschland lange zuvor Winckelmanns Meisterschüler Erdmannsdorff eingebracht.

Kein Wunder also, daß die Dessau-Wörlitz-Pilger diese bürgerliche Formensprache übernahmen, daß sie sich geradezu damit vollsogen und das berühmte Wörlitz mit seinem «neuen», seinem bürgerlichen Gartenstil, mit seinem Klassizismus, dem Ausdruck bürgerlichen Rationalismus' und schließlich sogar mit seiner Neugotik eine unvorstellbare Ausstrahlung gewann, die, im Laufe der Jahrzehnte vielfach gebrochen, das ganze 19. Jahrhundert anhielt und namentlich auf dem Gebiet des Parkschaffens einschließlich seiner Bauten doch immer wieder «das große Beispiel» (Alfred Hoffmann) durchschimmern läßt.

Dabei spielt es keine Rolle, daß man sich am Ende des Jahrhunderts in Bau- und Gartenschaffen der ursprünglichen Triebkraft des «liberalen Weltentwurfs» gar nicht mehr bewußt war. Mit den Aufgabenstellungen einer neuen Zeit sank Dessaus epocheprägende Ausstrahlungskraft, und sein glänzender Ruhm geriet überraschend schnell in Vergessenheit. Weimars bleibender, durch die Schriftsteller überdauernder Nimbus und die Preußenlegende – wir sprachen davon – verdunkelten die Erinnerung an Dessau-Wörlitz erst in der zweiten Jahrhunderthälfte. Der klarsichtige, im tiefsten Grunde wie sein Vater antifeudale Rode schreibt aber schon unter den ersten Anzeichen der Restauration das bereits zitierte «Dessau fuit»: Spätestens mit Erdmannsdorffs und Franz' Tod ging

die geschichtliche, die gesellschaftliche Entwicklung über den «kleinen Musterstaat» hinweg, sank Dessau ab in eine nachklassisch-bürgerliche biedermeierliche Idylle.

Anders zur Zeit der Stürmer und Dränger: Kaum war das Wörlitzer Schloß eingeweiht, hatten die prominenten Köpfe, folgt man ihren brieflichen Verlautbarungen, keinen sehnlicheren Wunsch, als «ihn (Franz) und sein Zauberschloß zu sehen» (Wieland). Welch befreiende Tat die Abkehr vom «barocken Ungeschmack», wie man damals allzu brüsk, aber mit ideologischem Gehalt formulierte, dieses «Schloß» (1769 bis 1773) war – die Dessauer sprechen nur vom «Neuen Haus», wie auch Schloß Georgium betont nur das «Georgenhaus» genannt wurde –, das läßt sich an den gleichzeitigen Schloßbauten demonstrieren: etwa an Friedrichs II. Monstrebau «Neues Palais» zu Potsdam (1769 vollendet) oder am Ludwigsluster Schloß (1776), das freilich schon eine klassizistischere Haltung aufweist und auf seiner noch barocken Balustrade wenigstens ein aufgeklärtes Bildprogramm zeigt. Johann Joachim Busch, der Erbauer, wurde vom Nachfolger seines Herzogs dann doch nach Wörlitz geschickt und lieferte für das (nicht ausgeführte) Schloß Friedrichsruh einen Entwurf[57], der sich am engsten von allen gleichzeitigen Wörlitz-Nachbauten an die Vorgabe anschloß.

Es sind gerade preußische Autoren, die an allem Neuen in dem von Friedrich II. so höhnisch behandelten, bespöttelten und verachteten Kleinstaat Anhalt-Dessau und seinem «Princillon» regen Anteil nehmen, mehrmals das hochmoderne Wörlitz und das architektonisch retrospektive Neue Palais gegeneinander ausspielen, und die Einschätzung beider Anlagen gipfelt in Sätzen wie: «Sanssouci deucht mir, ist von Werlitz übertroffen» (Rötger 1776). Friedrich entging die Begeisterung seiner Aufklärer für alles «Dessauische» nicht. Er bemerkt einmal bitter, es scheine in Berlin keinen andern Gesprächsstoff zu geben, «als daß sich der Fürst von Dessau ein neues Schloß erbaut» habe: in einem Lande, wo keine Soldaten zu sehen waren, «da der Fürst nur einen Sergeanten hatte, der ein Paar Invaliden kommandirte ... Um so schönere Gärten hatte der Fürst, wie man sie selbst in England nicht findet», so resümiert ein württembergischer Militär anerkennend.

Der erste große Besucher war gleich im ersten Jahre seines Weimarer Aufenthaltes Goethe; beim nächsten Besuch (Mai 1778) zeichnete er das Schloß sogar. Daß er an allen andern Neugründungen der Dessauer den lebhaftesten Anteil nahm, ist am jeweiligen Ort berichtet worden. Das Wörlitzer Schloß «wirkte in einem Augenblick auf ihn, da er sich mit der Baukunst als Gegenwartsaufgabe auseinanderzusetzen hatte» (Gerd Wietek 1951). Sein Interesse für Erdmannsdorff zeigte sich außer in den gegenseitigen Besuchen auch bei einer Begegnung in Leipzig, wo er dem Tagebuch anvertraut: «Ich gewinne viel Terrain in der Welt»; es zeigte sich mit der Aufstellung seiner und Franzens Büste in der Weimarer Bibliothek und nicht zuletzt darin, daß er seinen Baumeister Steiner, wie wir im Theaterkapitel hörten, nach Magdeburg und Dessau schickte, nachdem er bereits zusammen mit dem Hamburger Architekten Arens in jenen neunziger Jahren im Römischen Haus auf der Ilmhöhe die Sieglitzer Solitude nachgebaut hatte. Sie sollte noch viele Vier-Säulen-Tempel inspirierend nach sich ziehen, wo immer Grundbesitzer mit ihren geringeren Mitteln ihre Gutsparke nach Dessauer Vorbildern klassizistisch ausstaffieren wollten. Schon Hirschfelds Theorie der Gartenkunst, eines der großen Vorlagewerke jener Jahrzehnte, bildet eine dem Sieglitzer ähnliche Situation ab, dem genialischen Wehle hat «der

deutsche Garten» die Inspiration zu einer stimmungsvollen Radierung[58] in den «Waldpartien» gegeben.

Die Weimarer Anlagen, vor allem der Ilmpark und Tiefurt, waren zeitlich die ersten Nachfolger auf Dessaus Spuren, Goethe und Anna Amalia von Weimar haben das mehrfach bekannt, und der Dank drückte sich dann auch in dem Denkmal für Franz als den großen Gartengestalter aus, der nach dem Bewußtsein der Zeitgenossen – wir zitierten schon Schadow –, wie der Schönburg-Waldenburgsche Prinzenerzieher G. F. Ayrer 1777 bereits in seinem Reisetagebuch notiert, «Kew nach Wörlitz», das heißt den englischen Stil auf den Kontinent übertragen hatte. Mit Ayrer und seinem Zögling Fürst Otto wird schon auf die Beziehung von Wörlitz, das sie auf ihrer Reise zweimal besuchten, zum großartigen Grünfelder Park und auf die Waldenburgischen Anlagen hingewiesen.

Als historisches Faktum hielt dann J. F. v. Racknitz' «Darstellung und Geschichte des Geschmacks der vorzüglichsten Völker» 1796 Franz' und Erdmannsdorffs Verdienst um die neuere deutsche Kunst fest: «... eine Anlage, die allgemeinen Beyfall fand und dem Geschmacke eine bessere Richtung gab. Diese Anlage ist das Schloß und der Garten zu Wörlitz. Dieser von dem regierenden Fürsten Franz von Dessau nach seiner eigenen Zeichnung und Angabe angelegte Garten war in unsern Gegenden der erste in englischem Geschmack; und indem dadurch der Nachahmungsgeist geweckt wurde, war auch die Gewalt, die bisher der französische Geschmack über die Teutschen gehabt hatte, vernichtet. Auch das in jeder Rücksicht in gutem und edelen Geschmack von dem Hr. von Erdmannsdorff daselbst erbaute und innerlich verzierte fürstliche Lustschloß war eines der ersten, das frey von Schnörkeln und groteskem Geschmack, als Muster eines reinern und edlern

Geschmacks in Arabesken und andern innern Verzierungen diente. Bald folgte man allgemein diesem Beyspiele. So wirkten zwey Männer von Geist aus einer der minder großen aber ruhigen Provinzen auf den Geschmack der Nation.»

Und es gibt kaum einen Hof und keinen Gutspark der Folgezeit, der nicht vom «neuen Stil» Dessauer Prägung beeinflußt worden wäre. Als der häufige Dessau-Besucher Friedrich Wilhelm II. nach Friedrichs II. Tod endlich Preußen dem Klassizismus öffnete, Erdmannsdorff nach Berlin und Potsdam berief und anfänglich einen liberalen Kurs im Sinne der Dessauer Reformen einschlagen wollte, zog er, wie schon erwähnt, auch Johann August Eyserbeck (den Sohn des Dessauer Gärtners) nach Charlottenburg und Potsdam, der hier wie in Bellevue und Rheinsberg große landschaftliche Umgestaltungen schuf sowie den Neuen Garten und die Pfaueninsel anlegte. Sein Bruder Johann Rudolf wurde zur Umgestaltung von Gotha berufen. Schoch der Jüngere gestaltete außerhalb Anhalts nach den oben genannten Gärten Dieskau und Hohenprießnitz noch Braunschweig und den Reilsberg bei Halle.

Die meisten Bauherren und ihre Gestalter sind unmittelbar in den Dessauer Gästebüchern nachweisbar; bei anderen ergibt sich der Besuch aus Briefen oder Tagebüchern und Memoiren, wenn nicht, darf dennoch bei den meisten die Studienreise ins gelobte Gartenland mit seinen bewunderten Bauten vermutet werden.

Zählten wir nur einige der hervorragendsten Beispiele wie Gotha (wo Erdmannsdorff auch einen Tempel erbaute, den Hirschfeld sogleich abbildete), München, Garzau und Gusow in der Mark Brandenburg, Machern in Sachsen, Burgsteinfurt bei Münster, den Bagno, ein Inselgarten wie Wörlitz mit Rousseau-Pappelinsel und Kettenbrücke, oder Lütetsburg im Emsland auf, tun wir Hunderten anderer Gartenschöpfungen

Unrecht, die das große Bemühen zeigen, dem «irdischen Paradies», dem «Eden des Fürsten von Dessau», den «elysischen Feldern» (Goethe), dem «Eldorado», «Arkadien», «Tempe» und wie sonst die mehr oder weniger hochtönenden Emphasen lauten, gleichzukommen («Schildern wohl solche Züge das liebliche Wörlitz?» bespöttelt der Kapellmeister J. F. Reichardt schon 1806 die Wörlitz-Enthusiasten).

Mit Recht hat man von einer «Gartenrevolution» gesprochen, die die Wörlitzer Anlagen für den Kontinent einleiteten. Der große Anstoß war gegeben, auch wenn man in der Folge das Ursprungsland, die Britischen Inseln selbst, besuchte. Hermann Pückler-Muskau, der große Englandreisende, hat die ersten Anregungen für sein Lebenswerk durch die Eindrücke gewonnen, die ihm die großartigste Gartenschöpfung des Kontinents während seiner Schuljahre vermittelte.[59] So ist auch Muskau mit seiner großzügigeren Gestaltungsweise, Branitz und alles, was Pückler sonst in beratender Funktion geschaffen hat, und mithin alle weitere Entwicklung Erbe der Dessau-Wörlitzer Tradition.

Die Dessauer Gartenbewegung erfaßte aber keineswegs nur die Adelssitze – im Gegenteil: Das Bürgertum, das die Verwaltungsspitze in Nicht-Residenzstädten innehatte, suchte in oft mehrfachen Studienreisen Kontakt, wie der Kreis der Leipziger Aufklärer um Bürgermeister Carl Wilhelm Müller, der bei Auflassung der Leipziger Stadtbefestigung einen Park um Leipzig schaffen wollte, wie das auch J. F. Reichardt und Amtsrat Barthels in der Saaleaue um Halle begannen. Den Reilsberg (heute Zoo) legte dabei Schoch der Jüngere an.

Der Schloßbau von Wörlitz hat ebenfalls zahlreiche Nachfolger gefunden. Auch wenn sie sich nicht immer so eng an dieses Vorbild anlehnten wie Johann Joachim Busch mit seinem Entwurf für Friedrichsruh, «so wuchsen überall in Deutschland... Schlößchen empor, die wie vereinfachte Nachbildungen von Wörlitz aussehen» (Harald Keller[60]).

Es gehörte offenbar zum guten Ton, dem Wörlitzer verbürgerlichten Bautyp zu folgen. Herzog Carl Eugen von Württemberg besuchte 1783 mit großem Gefolge Dessau, nahm an einer Senatssitzung des Philanthropins teil und schickte auch sogleich seinen Baukondukteur Ferdinand Heinrich Fischer nach Wörlitz, der ihm schon im folgenden Jahr das kleine Schloß Scharnhausen[60] bei Eßlingen erbaute, da man Wörlitz «von solchem Geschmack fand, daß es alle Erwartungen übertraf: jedes Zimmer flößte uns neue Bewunderung ein; besonders sind die Plafonds von solch unvergleichlich schönem Gusto, daß man fast allein bei dieser Besichtigung stehen bleibt» (von Buwinghausen). So schickte auch Prinz Louis Ferdinand von Preußen G. F. Boumann zum Studium nach Dessau. Doch selbst die fürstlichen Nachbauten blieben weit hinter Wörlitz zurück.

Viele preußische und mecklenburgische Herrenhäuser zeigen den Vier-Säulen-Portikus, der sich in der Bäderarchitektur längs der Ostseeküste, bis Schlesien (Dyherrenfurth möglicherweise unter direkter Beratung Erdmannsdorffs, als er in Breslau weilte), nach Polen (zum Beispiel die Gärten zu Puławy und «Arkadia» bei Warschau der Czatoriskis, die 1785 auch in Dessau waren, nachdem sie zuvor das Philanthropin mit einer Geldspende unterstützt hatten), und sogar bis ins Zarenreich verbreitete. Auch hier steht die Forschung noch am Anfang; wir nennen nur Beispiele aus Litauen, das Schloß Verkiu, das heutige Architekturmuseum unweit Vilnius, von Laurynas Stuoka-Gucevičius, das freilich im 19. Jahrhundert nach einem Brand stark überarbeitet wurde.

Als Stadtarchitekt hatte sich Erdmannsdorff einen solchen Namen gemacht, daß er 1792 für die Neugestaltung des Karlsruher Marktes konsultiert wurde, was er jedoch abschlägig beschied.

Aber nicht nur die Parkanlagen von Gotha, Weimar, Potsdam, Muskau sind große Nachfolger von Wörlitz, sondern die Gartenlandidee im Großen, die im Dessauer «Gartenreich» eine anderwärts nie wieder erreichte Ausformung und Ausdehnung erhielt, faszinierte die Zeitgenossen und die Jüngeren derart, daß der Versuch nicht ausbleiben konnte, sie auch anderswohin zu übertragen, zum Beispiel auf den Raum Berlin-Potsdam, wo eine dessauische Gartenlandschaft die beiden Residenzen verbinden sollte, oder nach Süddeutschland. Ausgeführt wurde davon nicht viel, aber die Gestalter beider Regionen, Friedrich Wilhelm IV. und Lenné beziehungsweise Gustav Vorherr und sein Kreis in Bayern, berufen sich immer wieder auf das «Dessauer Ländchen», und Vorherr hatte keine geringere Zielsetzung, als das ganze Deutschland in einen blühenden Garten nach Dessauer Vorbild umzugestalten. «Die Kunst der Landesverschönerung», wie es nun heißt, wird um diese Zeit von Karl Christian Friedrich Krause zum philosophischen Programm erhoben; der Begriff war aber zuerst in bezug auf Franz, der sie wie kein andrer verstünde, von Matthisson geprägt worden.

Die Dessau-Wörlitzer Kulturlandschaft als philosophisches Programm in einer Zeit, da die Philosophen sich anschickten, die Welt zu verändern: Es konnte unter den gesellschaftlichen Gegebenheiten nur Stückwerk daraus werden. Franz «hat Nachahmer gefunden, aber keiner hat ihn übertroffen» (Reil). Doch ist es erstaunlich, welches Nachleben der Dessauer *Gartenlandidee* und ihrer Ausführung im Gartenreich beschieden war. Für die zeitgenössische Begeisterung stehe eine Briefstelle des Jahres 1804 von dem zu Unrecht heute vergessenen aufge-

227

klärten Romanschriftsteller Wilhelm Friedrich Meyern: Er könne in einer Ebene nicht heimisch werden; «ich kenne nur eine Ebene, die wie ein heiliges Geheimnis immer neu wechselnd dem Auge sich entschleiert – die des Landes Dessau. Aber dort hat ein trefflicher Mann mit festem Sinn für alles Schöne nach diesem innern Gesetze seines Geistes gebildet, was zu bilden war ... Von jeher zeigt sich da, wo der Trieb zum Schönen der herrschende war, die Menschheit in ihrer reinsten Blüte.»

So schließt auch Charles-Joseph de Ligne sein Gartenwerk, als dessen Endpunkt er Dessau-Wörlitz sieht, worauf alle Entwicklung hingelaufen sei; die Gartengestaltung ist zur obersten der Künste avanciert und das probateste Mittel, «Humanität zu üben». Ligne ruft seinen Zeitgenossen zu: *Gärtner, Maler, Dichter, Philosophen: geht nach Wörlitz!*»

Das hier Gestalt gewordene neue Menschenbild der Aufklärung war es, das diese drei geistigen Generationen ansprach, ja geradezu mit den Schauern einer neuen Religiosität erfüllte. Von Winckelmanns Emphasen hörten wir bereits; so dankt auch Gellert mit gefalteten Händen dem Himmel laut für die Gnade, daß er ihm einen solchen Fürsten zum Hörer schicke: eine aufgeklärte Religiosität, wenn diese Contradictio in adiecto erlaubt sei, das Phänomen zu beschreiben, wie der Hochklassik der Fußmarsch von Dessau nach Wörlitz zur Wallfahrt wird und schließlich ein Romantiker wie Wackenroder von «heiligen Tagen» spricht, die er mit Tieck dort verbracht. Und der kritische Tieck korrespondiert dem Freund und verleiht unversehens der «geheimen Religion Deutschlands» Ausdruck: «Erinnerst Du Dich des halben Stündchens, da wir in dem Felsengemache auf den Steinen saßen und durch die Öffnung auf den ruhigen Kanal heruntersahen? Wie lachte alles um uns her, wie milde leuchtete die

Sonne, und in welch liebliches Blau hatte sich der Himmel gekleidet? Gott, was war das für ein Vormittag! *Idealischer* habe ich nie einen erlebt!»

Am unbefangensten drückt es – wir hörten es schon in anderm Zusammenhang – der Heidelberger Universitätsprofessor Johann Friedrich Abegg aus, was die bürgerlichen Aufklärer an Wörlitz begriffen. Er wünscht sich, wie viele andre Besucher, zu diesem großen Erlebnis seine Frau, seine Verwandten und Freunde herbei «zur wiederholten Ansicht des Gartens, den man mit vollem Recht *einen Garten für den Menschen* nennen kann».

Der Dessau-Wörlitzer Kulturkreis vermittelte seinen Zeitgenossen über drei Generationen hinweg gewissermaßen einen Eindruck ewiger Jugendfrische – auch das war eine gesellschaftliche Aussage (es sei an Jean Pauls «Rennbahnen der Jugend» erinnert!). Der Generation der Freiheitskämpfer (Theodor Körner verleiht dem 1810 Ausdruck in seiner kleinen «Reise nach Wörlitz») ist die Wanderfahrt durch das Gartenreich ebenso ein «Zug gegen die Philister», wie es die burschenschaftlichen Studenten der Vormärz-Zeit sahen, die besonders aus Leipzig und Halle (Hölderlin war 1795 zu Fuß von Jena nach Dessau gepilgert!) jedes Frühjahr kamen, wovon uns Heinrich Laube berichtet.

Hören wir zum Schluß zwei Frauenstimmen: Die in Dessau aufgewachsene (spätere Schwiegertochter Goethes) Ottilie von Pogwisch berichtet nach einem Besuch in der Heimat von dem Erlebnis ihrer Reisebegleitung: «Mein liebes Dessau ... hat auf sie alle denselben Eindruck gemacht den es fast auf jeden macht, der es sieht; ein jeder glaubt hier seine Kindheit verlebt zu haben ...»

Welcher Nachklang großer Zeit sich noch in der Enkelgeneration niederschlägt, belege die

Frauenrechtlerin Gabriele Reuter (1859–1941): «Alles, was jung und licht ist in meinen Werken, ist mir durch mein Dessauer Kinderglück geschenkt worden.»

Wie das Resumé eines Zeitgenossen für unser Buch mutet es an, was der Berliner Aufklärer Andreas R. Riem, der entschiedene Gegner der Wöllnerschen Restriktionspolitik und offene Sympathisant der Französischen Revolution, über die Leistung der Dessauer Aufklärung in Relation zum übrigen Deutschland 1796 in Druck gab:

«Das ganze Land ist ein Garten Gottes und die Gegenden um Dessau ein wahres Paradies. Die Chausseen dieses Landes sind die einzigen in ihrer Art ... Kein Fleckchen Land liegt unbenutzt. Sogar die Seiten der Chaussee, das Land zwischen den schönen Baumreihen, hat er armen Unterthanen gegeben ...

Vor mir lag die Residenz, überraschend schön durch sich selbst und die glücklich vertheilten Parthieen der Kunst und einer edlen Architektur. Nirgends habe ich Avenues getroffen, die so mannichfaltig das Auge erfreuen und dem Geiste durch den edlen Geschmack, womit sie angelegt sind, das reizendste Vergnügen gewähren.

Das große Genie eines *Erdmannsdorff*, reich an Erfindungen voll edler Simplicität, glücklich in der Vertheilung, den Anlagen und der Ausführung, in Verbindung des Nützlichen mit dem Schönen ... das Ganze ein Meisterwerk einer glühenden Einbildungskraft, die sich aber allenthalben dem Soliden unterordnet ... Dieses Genie eines wahrhaft großen Mannes schuf so vieles aller dieser reizenden Objekte, über die das Kunstgefühl erstaunt und der glückliche, alles andere vergessende Reisende dem Erfinder dankt.

So bald man in die Stadt kommt, sieht man allenthalben Industrie, Kunstfleiß, Handel und jeden sichtbaren Zweig einer guten Staatswirtschaft ...

Im Dessauischen ist der gemeine Jude ungleich gebildeter als dieselbe Art in Berlin etc. Er ist von heiterer Laune, gesprächig, freundlich und, was man selten findet, gegen den Christen offen und sich mittheilend ...

Sicher schläft unter dem Schutze der Gesetze in einem kleinen Lande der Unterthan; die Stimme des Volks erreicht die Ohren seines Regenten ... Bey Gott! Größer ist der Fürst von Dessau als mancher, der über Millionen gebietet und am Ende des Jahres einen großen Saldo neu contrahirter Schulden hat, indessen jener mit seinem Überschuß seine Unterthanen beglückte. Und welch ein Unterschied zwischen Volk und Volk! Dieses gleicht der Heiterkeit im Gefolge der Grazien; jenes dem Kummer auf einem Leichenstein, der der Geduld entgegen lächelt und der Hoffnung zerbrochenen Anker auf sein Grab pflanzt.»

Ziehen wir ein historisches Fazit: «Revolution von oben?» Ja: Denn natürlich ordnet sich zwischen dem aufgeklärten Absolutismus friderizianischer Prägung und dem später vom Kaiser Joseph II. in Österreich praktizierten aufgeklärten Regiment auch das Reformwerk Anhalt-Dessaus in die Bemühungen ein, durch Flexibilität gegenüber den aufgekommenen bürgerlichen Ideen das auch für Deutschland überlebte Feudalsystem weiterhin erträglich erscheinen zu lassen.

Im Dessau-Wörlitzer Kulturkreis erblickten viele Zeitgenossen mit Recht die unter deutschen Verhältnissen günstigste Alternative, auch wenn sie aus historischer Sicht keine echte Alternative sein konnte. Im Preußen Friedrichs II. herrschten «allenthalben Zwang und Presse» (Spazier). Es kann nur auf die Unmenge der hierzu von Franz Mehring in der Lessing-Legende beigebrachten zeitgenössischen Stimmen verwiesen werden, daß, wie es ein Engländer voll Hohn ausdrückte, der König seinen Untertanen keine andre Freiheit als die des Denkens lasse. Aber es soll doch wenigstens ein entscheidender Brief Lessings die Misere der beiden deutschen Großstaaten schlaglichtartig umreißen. Er schreibt an Nicolai, als dieser über österreichische Zensurmaßnahmen eiferte:

«Sagen Sie mir von Ihrer Berlinischen Freiheit zu denken und zu schreiben ja nichts. Sie reduziert sich einzig und allein auf die Freiheit, gegen die Religion so viel Sottisen zu Markte zu bringen, als man will ... Lassen Sie Einen in Berlin auftreten für die Rechte der Untertanen, der gegen Aussaugung und Despotismus seine Stimme erheben will, und Sie werden bald die Erfahrung haben, welches Land bis auf den heutigen Tag das sklavischste Land Europas ist.»

Der genannte Spazier, geborener Berliner, bemerkt von einem Besuch in seinem «Vaterland» sarkastisch: «ich rannte es mit meinem Gaul so durch als ein Hahn übers Kohlenbecken», und er ist froh, wieder in seiner Wahlheimat zu sein: «Es läßt sich überhaupt besser und freier in Dessau als in den preußischen Landen leben.»

Man hatte es zweifellos in diesem gut verwalteten Kleinstaat mit seinen (ab 1797) 53 000 Einwohnern bei «wohlfeilem» Leben (dazu geringe Abgaben und Mieten) und seinem «allgemeinen Wohlstand» besser. Denn die aufgeklärten, von humanem Engagement getragenen Regierungsintentionen erreichten bei der Intensität, mit der sie betrieben wurden, schneller und in jedem Falle das Individuum Untertan – «Vater» Franz nannte sie seine Kinder, und bei dieser patriarchalischen Bevormundung blieb es denn auch.

Aber in den Großstaaten mit ihren stehenden Heeren und ihrer wachsenden Militarisierung,

namentlich in Preußen mit seiner aufkommenden Bürokratie, mit der stets auch der Schlendergang verbunden ist – noch mehr tritt er im Josephinismus unter den Gegebenheiten des Vielvölkerstaats in Erscheinung –, konnte die Aufklärung den «gemeinen Mann», den «großen Haufen» kaum erreichen. Dazu kamen die «verkehrten Anstalten» und vor allem der «Mangel an Ordnung», den Erdmannsdorff bei seinem langen Berlin-Aufenthalt konstatierte und der den ersten Aposteln der Preußenlegende so übel aufgestoßen ist.

Es ließ sich in der Tat «besser und freier in Dessau leben». Es finden sich viele ähnliche Bemerkungen in den Reisenotizen, auch daß man, wenn die Umstände es erlaubten, gern hier leben wollte: «Und wie könnte es dieser Stadt an willig einziehenden Einwohnern fehlen!» heißt es sogar in den Zeitschriften; und ein andermal berichtet ein Korrespondent, daß Dessau «immer mehr zu einem Sammelplatz von fremden wohlhabenden Familien» werde. Noch 1843 erinnert sich der Biograph des Legationsrats von Lehmann, daß «die vielen Fremden, die sich in jener für Dessau glänzendsten Zeit hier niedergelassen hatten, das Leben ebenso verschönten, wie es ihnen angenehm gemacht wurde».

Das ist der Indikator, daß hier und einzig hier tatsächlich der sonst so idealistische Humanismus der Goethezeit in die Realität umgesetzt wurde. Sonst waren die Deutschen in jener großen Zeit das Volk der Poeten und Denker; der junge Marx hat einmal das Paradoxon konstatiert, daß eigentlich auch Kant mit seiner Philosophie gewissermaßen *die deutsche Theorie der Französischen Revolution* entwickelt habe. Ebenso paradox ist es, daß umgekehrt ein Feudalfürst auf Reformkurs Errungenschaften der bürgerlichen Umwälzung als Praktiker vorweggenommen hatte. Die aufgeklärtesten Zeitgenossen, unter ihnen Wieland und revolutionäre

Denker wie Georg Forster, sahen das so, und ganz bezeichnend ist dafür der Bericht eines deutschen Reisenden, der, von Robespierre befragt, welche Chancen die Revolution in Deutschland habe, entgegnete, die deutschen Fürsten führten sie durch, wie Franz und Carl August von Weimar.

An den gesellschaftlichen Realitäten hatte sich freilich nichts geändert; zu einer Verfassung, wie sie 1816 für Weimar bereits gegeben wurde, kam es im letzten Lebensjahr des Fürsten Franz nicht mehr. Sein konservativer Nachfolger gab sie unter dem Druck der Dessauer Spätaufklärer erst nach der Revolution von 1848, wo Anhalt dann allerdings für die immer noch herrschende Feudalklasse als «Pandämonium» (Hölle) der Demokraten galt. Und so gaben sich auf der andern Seite die fortschrittlichen Kräfte erneut Illusionen hin, die sie an die «royalistisch-konstitutionell-demokratische Farce des kleinen Musterstaats» knüpften und die Karl Marx zur Zielscheibe seines Spottes machte, wenn seine ehemaligen Mitstreiter wie Ruge nun etwa glaubten, die Verfassungsfrage ließe sich nach kleinstaatlichem Dessauer Muster im Großen lösen.

Die aufsehenerregende Verfassung von 1848 wurde denn auch – wie in Preußen – 1852 wieder zurückgenommen, wie Anhalt überhaupt nur noch im Schatten des übermächtig gewordenen Nachbarn dahinvegetierte trotz der Emanzipationsbestrebungen, die sich ein letztes Mal vor der Reichsgründung zeigten. Goethe sagte zu Eckermann am 4. Januar 1824: «Die Zeit aber ist in ewigem Fortschreiten begriffen, und die menschlichen Dinge haben alle fünfzig Jahre eine andere Gestalt, so daß eine Einrichtung, die im Jahre 1800 eine Vollkommenheit war, schon im Jahre 1850 vielleicht ein Gebrechen ist.»

Diese politische Einsicht des größten Zeitgenossen trifft auf Dessau, setzt man die Daten ein, verblüffend genau zu. Und dennoch: Für die Epoche des Dessau-Wörlitzer Kulturkreises 1770 bis 1820 hatte Anhalt-Dessau auf allen Gebieten des politischen, sozialen, erzieherischen und kulturellen Lebens die hochgesteckten Erwartungen erfüllt, welche die Aufklärer von einem vernunftgeleiteten humanen Staatswesen anderwärts nur erträumen konnten. Lassen wir Wekhrlin noch einmal zu Wort kommen: «Nirgends findet man den Mittelpunkt des Einfachen und des Erhabenen so sehr; niemals haben sich Philosophie und Künste in einem kleinern Raum vereinigt. Vielleicht giebt es auf der kultivirten Erde keinen Flek, welcher den Blick des denkenden und empfindsamen Reisenden so sehr verdient; welcher die Einbildungskraft mehr beschäftigt und so viel Gegenstände der Bewunderung enthält ...»

Nach dem Revolutionär sei aber doch dem aufgeklärten Erzieher das letzte Wort gelassen, Schlußbeispiel der einmaligen Rezeption des pädagogischen Dessau-Wörlitz durch die Zeitgenossen (Johann Gottlieb Schummel, 1776): «Es ist in Dessau ein ganz andrer Mensch aus mir geworden ... Man lernt auch hier überall was, man mag kommen, wohin man will.»

Anhang

Literaturanmerkungen

In diesem Anmerkungsteil werden die Quellen in Auswahl
nachgewiesen. Die Titel sind gekürzt. *Abkürzungen:*

DKal — Dessauer Kalender
WBtr. — Wissenschaftliche Beiträge Universität Halle
WZ — Wissenschaftliche Zeitschrift Universität Halle
ZwWuM — Zwischen Wörlitz und Mosigkau. Schriftenreihe
zur Geschichte d. Stadt Dessau u. Umgebung

1 B. A. Sernow in: A. M. Kantor, J. F. Koshina, N. A. Lif-
schiz u. a., Kunstgeschichte des 18. Jahrhunderts, Dres-
den/Moskau 1978, S. 219

2 Walther Schleicher, Leopold Friedrich Franz und der
Fürstenbund 1785, Diss. Jena 1924

3 zuletzt Georg Opitz in: Wiss. Hefte Pädagogische Hoch-
schule Köthen, H. 1/1975

4 Vgl. Ulla Machlitt, Die anhalt-dessauischen Domänen,
Diss. Halle 1971

5 Erhard Hirsch, Pompeji in der Dessauer Nachschöpfung.
In: Beiträge d. Winckelmann-Ges. Bd. 11, Stendal 1982

6 Sibylle Harksen, Erdmannsdorffs Ankäufe von Skulpturen für Berlin und Potsdam. In: Forschungen u. Berichte d. Staatl. Museen Bd. 18 (1977); dies., Die Rom-
reise F. W. v. Erdmannsdorffs 1789/90, in: DKal 1980;
Marie-Luise Harksen, Die Arbeiten von Erdmannsdorff
in Potsdam und Berlin 1786 bis 1789, in: DKal 1974;
Adelheid Schendel in: Erdmannsdorff-Katalog Wörlitz
1986

7 Vgl. die Aufsätze von Hartmut Ross in: Der Dessauer-
Wörlitzer Kulturkreis (1965), in DKal 1965, und von
Horst Engelmann, ebd. 1983

8 William u. Ulrike Sheldon, Im Geist der Empfindsamkeit. In: Osnabrücker Geschichtsquellen 17/1971

9 Günter Hartung, J. F. Reichardt, Diss. Halle 1964

10 Günter Eisenhardt, Beiträge zur Musikgeschichte der
Stadt Dessau, Diss. Halle 1979, und ders., in: Referate
der Dessauer Symposien, H. 1–4 (Dessau 1978–1980);
Lutz Buchmann, F. W. Rust, Diss. Halle 1987

11 Harri Günther, Zur Geschichte der Gärtnerfamilie
Schoch. In: Dessauer Kulturspiegel 1958

12 Vgl. Klopstock, Werk und Wirkung, hrsg. von Hans-
Georg Werner, Berlin 1978, S. 127

13 Rosemarie Ahrbecks drei Basedow-Aufsätze in: Philanthropismus und Dessauer Aufklärung, WBtr. 1970/3
(A 8) und die Hefte 1 und 13 ZwWuM (1969/1975)

14 Georg Opitz, C. G. Neuendorf — Wegbereiter der Einheitsschule. In: ebd. Heft 5 u. W. Schöler (s. Anm. 27)

15 Vgl. G. Opitz, ebd. Heft 1, und ders., Anhalt-Rußland-
Beziehungen, Diss. Halle 1969

16 Ders., ZwWuM Heft 3; Karl Peters, G. U. A. Vieth, Je-
ver 1962; Gerhard Lukas, Vieth, Berlin 1964

17 Walther Schmidt, Henriette Amalie, Lebensbild, Dessau
1937

18 Arina Völker, Medizinalorganisation und Bevölkerungs-
versorgung in den anhaltischen Territorien, Habilschrift
Halle 1983 = WBtr. 1985/18 (E 65)

19 Vgl. Architektur der DDR 1986, S. 417. – Fehldeutung
als «barocker» Grundriß in: Wie die Alten den Tod gebildet. Ausstellungskatalog Kassel 1981, S. 11

20 H. Melchert, Die Entwicklung der deutschen Friedhofs-
ordnungen (Diss. Dresden), Dessau 1929; Erhard Hirsch
in: DKal 1966 und ders., Diss. Halle 1969 I 4c

21 Erhard Hirsch, Kulturgeschichtliche Beziehungen Mit-
teldeutschlands zur «Niederländischen Bewegung» des
17. Jahrhunderts. In: WBtr. 1982/6 (E 43)

22 Zu «Juden-Gröbzig» vgl. auch: Weltbühne 1980, S. 1094
und 1468

23 Erhard Hirsch, Zeitung und Zeitschrift als Erziehungs-
mittel zu bürgerlichem Selbstbewußtsein. In: WBtr.
1982/5 (A 57)

24 Siehe Zerbster Kalender 1974: 1797: Zerbst wird des-
sauisch

25 Erhard Hirsch, Halberstadt und Dessau. In: Gleim-Fest-
schrift, Halberstadt 1969

26 Ders., Naturwissenschaftlicher Unterricht am Philanthropin. In: WBtr. 1979/29 (T 31/3). Vgl. Rosemarie
Ahrbecks Aufsätze (s. Anm. 13) und, noch immer grundlegend: August Pinloche, Geschichte des Philanthropi-
nismus (1889), dt. Leipzig 1914

27 Walter Schöler, Der fortschrittliche Einfluß des Philanthropismus auf das niedere Schulwesen im Fürstentum
Anhalt-Dessau (Diss. Greifswald). Diskussionsbeiträge
zu Fragen der Pädagogik, Heft 7, Berlin 1957

28 (Autorenkollektiv unter Leitung von Joachim Ebert):
Olympia, Leipzig/Wien 1980; Erhard Hirsch, Olympi-

sche Traditionen des Bezirkes Halle. In: WZ 29/1980 G, Heft 4

29 Albrecht Friedrich Heine und Ludwig Grote, Die Chalkographische Gesellschaft, Dessau 1930

30 Ernst-Heinz Lemper: Heinrich Theodor Wehle, Görlitz 1978

31 Kraus ließ 1784 18 Blätter (in 6 Heften) ankündigen; nur drei resp. vier Stiche erschienen. Das Schloßmuseum Dessau besaß bis 1945 14 Vorlagezeichnungen, die (bis auf eine) durch Reproduktionen bekannt sind, dazu eine weitere aus Sammlung Kippenberg (Katalog Nr. 4596)

32 Ernst Jentsch, Der Radierer Carl Wilhelm Kolbe, Diss. Breslau 1920; Maria Bartmuss, Carl Wilhelm Kolbe und sein Schülerkreis (darunter F. Krüger u. J. W. Walkhoff), Ausstellungskatalog Dessau 1937; Ulf Martens, Der Zeichner und Radierer Carl Wilhelm Kolbe, Berlin 1976; Wilhelm Krause. Gedächtnisausstellung (Katalog Dessau 1939)

33 Adolf Stoll, Der Maler Johann Friedrich August Tischbein und seine Familie, Stuttgart 1923; Julie Harksen, Bildnisse der Malerfamilie Tischbein in der Galerie Dessau. In: DKal 1961

34 Johannes Irmscher, Der Philhellenismus in Preußen als Forschungsanliegen. In: Sitzungsberichte der Deutschen Akademie der Wissenschaften Berlin, Klasse für Sprachen 1966 Nr. 2; Ders. in: DKal 1968; Hans Georg Werner, Geschichte des politischen Gedichts in Deutschland 1815–1840, Habilschrift Halle 1966; Günter Hartung, Zum 150. Todestag Wilhelm Müllers. In: DKal 1977

35 Georg Hund-Anschütz, Franz Woltreck, Diss. Würzburg 1923; s. Bartmuss in Anm. 32

36 Julie Harksen, Pferdebilder Hans von Marées. In: DKal 1968

37 Ludwig Grote, Die Brüder Olivier (Forschungen zur deutschen Kunstgeschichte 31), Berlin 1938

38 Friedrich Noack, Das Deutschtum in Rom, Stuttgart/Berlin/Leipzig 1927; s. Bartmuss in Anm. 32

39 Eva-Maria Ziegler, Johann Heinrich Beck, ein Dessauer Maler der Romantik, Diss. Marburg 1942; Julie Harksen, Johann Heinrich Beck. In: DKal 1956

40 Moritz von Prosky, Das Herzogliche Hoftheater zu Dessau, Dessau ²1894; Werner Spielmeyer, Die Bossannsche Schauspieler-Gesellschaft, Diss. Kiel 1924; Helmut Müller, Die Frühzeit des Dessauer Hoftheaters (Diss. Halle 1939), Berlin/Wien/Leipzig 1939 (Theater und Drama Bd. 13); Arno Werner, Artikel ‹Dessau› in: Musik in Geschichte und Gegenwart 3 (1954); Gustav Adolf Hahn, Geschichte des Dessauer Landestheaters und seines Orchesters, Ms. im Stadtarchiv Dessau

41 Rekonstruktion des Schloßtheaters in: Helmut Müller (s. vorige Anm.): Architektur der DDR 1986, S. 414

42 Abgebildet ebd.

43 Abgebildet in: Karl Friedrich Schinkel, Ausstellungskatalog Berlin 1980/1981, S. 121

44 Erhard Hirsch, Dessau-Wörlitzer Kulturlandschaft, ZwWuM Heft 11 (1974); ders. in: Hercynia N. F. 13 (1976), S. 285 ff. und die Aufsätze von A. Bill, L. Reichhoff u. P. Valteich (Kühnau) in: DKal 1984/85/86

45 Aufsätze von Julie Harksen in: Dessauer Kulturspiegel 1955 und Harri Günther in: ZwWuM Heft 2 (1970)

46 Alfred Richard Meyers Büchlein (Berlin 1942) zeichnet dichterisch die Wege nach und von Wörlitz auf.

47 Harri Günther, Der Sieglitzer Berg. In: DKal 1982

48 Ders., Park Georgium, ZwWuM Heft 24 (1983); Wolfgang Paul, Parkbauten im Georgium, in: DKal 1986

49 Ingrid Weibezahn, Geschichte und Funktion des Monopteros, Hildesheim und New York 1975

50 Adolph Hartmann, Der Wörlitzer Park und seine Kunstschätze, Berlin 1913; Kurt Lein, Landschaftspark Wörlitz ¹⁴1983; ders., Bäume und Sträucher im Wörlitzer Park, ⁵1983

51 Werner Hartke, Garzau. Miniaturen zur Geschichte, Kultur und Denkmalpflege Berlins, Nr. 6, Berlin 1982

52 Harri Günther 1973 in: 300 Jahre Oranienbaum

53 Erhard Hirsch, Bildung und Erziehung zur bürgerlichen Kultur. Eine Deutung der Dessau-Wörlitzer Gärten als Kulturpropaganda der Aufklärung und des Klassizismus. In: WZ 27/1978 G, H. 6

54 Eberhard Paul, Wörlitzer Antiken, Wörlitz ²1977; dazu: Bonner Jb. 167 (1967), S. 493 ff.; R. Lullies in: Antikensammlungen im 18. Jh., Berlin 1981, S. 199–209

55 Horst Fiedler / Siegfried Scheibe / Ernst Germer: Georg Forster, Wörlitz ²1975, ³1983 (mit dem Beitrag von Hartmut Ross, vgl. das Literaturverzeichnis); Erhard Hirsch, Georg Forster im Kreise der Dessauer Aufklärer. In: WBtr. 1981/42 (T 42)

56 Erhard Hirsch, Winckelmann und seine Dessauer Schüler. In: Antikerezeption, Schriften der Winckelmann-Gesellschaft Bd. 6, Stendal 1984; ders. in: Mitt. d. Winckelmann-Ges. 49/1985 (Fortsetzung im Druck)

57 Abgebildet in: Gerd Dettmann, Johann Joachim Busch, Rostock o. J., S. 55

58 Abgebildet in: H. Th. Wehle (s. Anm. 30), S. 72

59 Pückler und Dessau vgl. auch Deutsche Literaturzeitung 97/1976, Sp. 1146–1148

60 Abbildung 5 in: Harald Keller, Goethe, Palladio und England. Sitzungsberichte der Bayerischen Akademie der Wissenschaften, Phil.-hist. Klasse, 1971 H. 6

Allgemeine Literatur

Bibliographien zur Geschichte Anhalts: Reinhold SPECHT, 3 Bde, Dessau 1930/1935/1957

zur Kunstgeschichte von Sachsen-Anhalt: Sibylle HARKSEN, Berlin 1966

zur Literaturgeschichte: Andreas Gottfried SCHMIDT, *Anhalt'sches Schriftsteller-Lexikon*, Bernburg 1830

BÖSCHING, Franz, *Der Genius veredelter Naturszenen in Anhalt-Dessau* ... Leipzig 1801 (mit den 23 Stichen von Böttger, s. d.)

BÖTTGER, Johann Gottlieb, *Triumph der schönen Gartenkunst oder malerische Ansichten einiger neuen musterhaften Gartenpartien*, Leipzig 1804

BOETTIGER, Carl August, *Reise nach Wörlitz 1797*, Wörlitz [5/6]1985

BRÜCKNER, Franz, *Häuserbuch der Stadt Dessau*, Dessau 1975 ff.

DÄUMEL, Gerd: *Über die Landesverschönerung*, Geisenheim/Rheingau 1961

ERDMANNSDORFF, Friedrich Wilhelm von, *Kunsthistorisches Journal einer fürstlichen Bildungsreise nach Italien 1765/66*, hrsg. von Ralph-Torsten Speler (in Vorbereit.)

DERS., *3 Ausstellungskataloge Dessau/Wörlitz 1986*

DERS., *Protokollband des Kolloquiums 1986* (im Druck)

DERS., (Festgabe) *Architektur der DDR 1986*, S. 393–437

GERNDT, Siegmar, *Idealisierte Natur*, Stuttgart 1981

GROTE, Ludwig, *Das Land Anhalt*, Berlin 1929

HARKSEN, Marie-Luise, *Die Kunstdenkmale des Landes Anhalt* (Inventar): I. Dessau; II.1 Landkreis Dessau-Köthen; II.2 Wörlitz, Burg 1937–1943

HIRSCH, Erhard, *Progressive Leistungen ... des Dessau-Wörlitzer Kulturkreises.* Diss. Halle 1969

DERS., *«Zierde und Inbegriff des XVIII. Jahrhunderts».* In: Wiss. Beiträge Univ. Halle 1970/3 (A 8)

DERS., *Neugotik. Beitr. z. Stadtgesch.*, Dessau 1987

HOSÄUS, Wilhelm, *Johann Kaspar Lavater in seinen Beziehungen zu Herzog Franz und Herzogin Luise.* In: Mitt. d. Vereins f. Anhaltische Gesch. 5 Dessau 1888

DERS., *Wörlitz*, Dessau [3]1902

JUSTI, Carl, *Winckelmann und seine Zeitgenossen* (1872), Leipzig 1943, II, S. 535 ff.

KADATZ, Hans-Joachim, *F. W. v. Erdmannsdorff*, Berlin 1986

KEMPEN, Wilhelm van, *Dessau und Wörlitz* (Stätten der Kultur 35), Leipzig 1925

DERS., *Die Baukunst des Klassizismus in Anhalt nach 1800.* In: Marburger Jahrbuch für Kunstwissenschaft 4/1928

KORNELI, Peter, *Die Anfänge der Neugotik in Anhalt, Sachsen und Thüringen.*, Diss. Dresden 1962 (Teildruck in: Sächs. Heimatblätter 10/1964)

MRUSEK, Hans Joachim, *Von der ottonischen Stiftskirche zum Bauhaus*, Halle 1967

MÜLLER, Kurt, *Wörlitz. Ein Beitrag zur deutschen Geistesgeschichte.* In: Sachsen und Anhalt 10 (1934)

NEHRING, Dorothee, *Stadtparkanlagen in der ersten Hälfte des 19. Jahrhunderts*, Hannover/Berlin 1979

PILTZ, Georg, *Schlösser und Gärten um Dessau*, Leipzig 1964

REIL, Friedrich, *Leopold Friedrich Franz*, Dessau 1845

RIESENFELD, E. P., *Erdmannsdorff, der Baumeister des Herzogs Leop. Friedr. Franz von Anhalt-Dessau*, Berlin 1913

RODE, August, *Wegweiser durch die Sehenswürdigkeiten in und um Dessau*, 3 Bde, Dessau 1795–1798 (Neuauflage Wörlitz 1814 und 1928; Neuausgabe in Vorbereitung)

DERS., *Das Gotische Haus zu Wörlitz nebst Ergänzungen ...*, Dessau 1818

DERS., *Leben des Herrn F. W. v. Erdmannsdorff*, Dessau 1801

ROSS Hartmut, *Georg Forster und die praktizierte Aufklärung in Dessau-Wörlitz.* In: Georg Forster, Wörlitz 1983

DERS., *Fürst Franz als Repräsentant d. ... aufgekl. Absolutismus.* In: Wiss. Mitt. Historiker-Ges. d. DDR 1986/II/III

DERS./SPELER/TRAUZETTEL/ALEX, *Frühklassizismus in Dessau-Wörlitz*, in: Schallaburg-Katalog 1984, Wien 1984

SPELER, Ralph-Torsten, *F. W. v. Erdmannsdorff*, Diss. Halle 1981; ZwWuM H. 29 (1986)

WÜRDIG, Ludwig, *Ein Gang über die beiden alten Dessauer Friedhöfe*, Dessau 1886

Der Dessau-Wörlitzer Kulturkreis, hrsg. v. Johannes PFORTE u. Hartmut Ross, Wörlitz 1965

Nach hundert Jahren. Zum dankbaren Gedächtnis des Herzogs L. F. Franz 1740–1817, Dessau 1917

Schicksale deutscher Baudenkmale im zweiten Weltkrieg, Bd. 2, hrsg. von Götz ECKARDT, Berlin 1978

Zeittafel
zum Dessau–Wörlitzer Kulturkreis

1724 J. B. Basedow in Hamburg als Sohn eines Perückenmachers geboren

1736 F. W. v. Erdmannsdorff in Dresden geboren

1740 Fürst Franz in Dessau geboren

1756–63 3. Schlesischer Krieg Friedrichs II.

1756 Erdmannsdorffs erster Besuch in Dessau

1758 20. 10. Franz tritt die Regierung seines Ländchens an

1761/62 Erdmannsdorffs erste Italienreise (Bologna, Florenz, Venedig)

1762 Beginn «englischer» Gestaltungen am Vogelherd; ab 1781 setzt sich der Name Luisium durch)

1763/64 Erste Englandreise

1764 Beginn der Wörlitzer Anlagen; Englischer Sitz

1765—67 Große Reise nach Italien (Winckelmann), Frankreich, England

1766 Baubeginn der Armenanstalten, Neuregelung der Armenversorgung

1767 Begründung des Musiklebens, Theaterinteresse regt sich

1767/68 Großer Saal und Luisen-Rotunde im Dessauer Stadtschloß

1769 Neues Palais in Potsdam fertiggestellt; Grundsteinlegung Schloß Wörlitz

1770—72 Hochwasserkatastrophen, Notjahre

1771 Erdmannsdorffs dritte Italienreise; Basedow zieht in Dessau ein

1773 Einweihung des Wörlitzer Schlosses: Einleitung des Klassizismus

1773 Gotisches Haus, Kanalfront; Baubeginn des Drehbergs und des Luisiums

1773—76 Ludwigsluster Schloßbau durch J. J. Busch

1774 24. 9. Erster Auftritt des Liebhabertheaters auf dem Vogelherd; 27. 12. Eröffnung des Philanthropins

1775 Dritte Englandreise; Besuch bei Rousseau in Paris

1776—99 Nationalfeste am Drehberg

1777 Baubeginn der Sieglitzer Solitüde

1779 Schullehrerseminar Wörlitz in Gegenwart Rochows eröffnet

1780 Georgium begonnen. Durch Schubart, Stumpff u. a. verbreitet sich der Nimbus der dessauischen «englischen» Landwirtschaft.

1781 Begründung der Buchhandlung der Gelehrten und der Verlagskasse

1782 Fürstenbund gegen die Expansionsgelüste der deutschen Großmächte
Neugotische Raststätte Haideburg

1779—83 Neugotische Innenausstattung der Dessauer Marienkirche

1784—86 Erweiterung des Gotischen Hauses (Seefront); Schwedenhaus

1785 Göschen übernimmt von Reiche die Buchhandlung der Gelehrten; Franz' vierte Englandreise (mit Rode); Gründung der Hauptschule; Dessauer Schulreform

1786 Gründung der Töchterschule

1787 Dessauische Schulordnung Neuendorfs

1788 Neue Anlage in Wörlitz begonnen (Schoch d. J.); Synagoge Wörlitz

1789—94 Französische Revolution

1789/90 Erdmannsdorffs vierte Italienreise

1790 Basedow stirbt in Magdeburg

1793 Medizinalkommission

1794 Bossannsche Theatertruppe: Begründung des Staatstheaters; Erdmannsdorffs Theater für die Magdeburger Bürgerschaft

1795—1803/1806 Chalkographische Gesellschaft

1796 Rust stirbt

1797 Berenhorsts «Betrachtungen über die Kriegskunst»

1798 Theaterneubau, Erdmannsdorffs Schwanengesang; Neuendorf stirbt: allmähliches Wiedereindringen des Konsistoriums in die Schulangelegenheiten

1799 Napoleon Erster Konsul; jüdische Franzschule eröffnet

1800 Erdmannsdorff stirbt; neugotische Kirche in Riesigk

1804—07 «Monument» in Wörlitz

1804—10 Kirche Wörlitz: Hauptwerk der Neugotik

1805 Nordbundprojekt mit Dessau als Hauptstadt gegen Napoleons Vordringen; Gotisierung der romanischen Kirche zu Pötnitz/Mildensee; Kühnauer Park begonnen

1806 Preußens Niederlage; Napoleon in Dessau; David Fränkel eröffnet die jüdische Töchterschule

1808 Franz' Regierungsjubiläum; erste deutsche Predigt in der Synagoge

1809 Schill beim Fürsten Franz und in Dessau

1812 Turm der acht Winde am Mildensee; neugotische Kirche Vockerode; Napoleons Niederlage in Rußland wird in Dessau jubelnd begrüßt

1813 Freiheitskrieg; Anhalt-Dessau stellt als erster Rheinbundstaat ein Bataillon den Alliierten

1817 Franz stirbt im Luisium; weiteres Vordringen der restaurativen Kräfte

Regenten
des 1603–1863 selbständigen
Fürstentums Anhalt–Dessau

1603—1618 Johann Georg I.

1618—1660 Johann Casimir

1660—1693 Johann Georg II.

1693—1698 (Regentschaft) Henriette Catharina («die Oranierin»)

Verzeichnis der Abbildungen auf den Textseiten

Verzeichnis der Abbildungen auf Tafeln

19 Dessau, Johannbau des Stadtschlosses, Treppe (Ludwig Binder, 1531)

20 Dessau, Luisen-Rotunde in der Südostecke des Stadtschlosses, 1768 (zerstört)

21 Dessau, Stadtschloß, Festsaal nach Osten, 1767 (zerstört)

22 Dessau, Stadtschloß, Festsaal nach Westen (zerstört)

23 Dessauer Bürgerhäuser: Drei Kronen / Goldener Ring / Buchhandlung der Gelehrten, 1574 / Superintendentur, 1760–1763 (alles zerstört)

24 Dessau, Kalandhaus von Schloßbaumeister Peter Niuron, 1570er Jahre (zerstört)

25 Dessau, Haus Kalitsch, 1762, Meister unbekannt (zerstört)

26 Dessau, Franzstraße 12 und 11: Wohnhäuser Berenhorsts, 1763, und Raumers, 1762 (zerstört)

27–34 Bürgerhäuser nach Entwürfen Erdmannsdorffs:

27 Haus Olberg, Franzstraße 44, 1764 (1972 abgerissen)

28 Doppelhaus Poststraße 11/12, 1792/1793 (zerstört)

29 Palais Waldersee, Zerbster Straße 52, 1792–1795 (Vorkriegsaufnahme)

30 Haus Mann, Schloßstraße 9, 1801 (zerstört)

31 Haus Beringer, Schloßstraße 3, 1793 (zerstört)

32 Stallmeisterhaus, Muldstraße 24, 1791–1793 (zerstört)

33 Haus Ponigkau (später Bibliotheksgebäude), Wallstraße 10, 1798/1799 (zerstört)

34 Haus Bose (später Wilhelmspalais), Johannisstraße 13, 1800 (jetzt Haus der Jungen Pioniere)

35 Dessau, Portal der Reitbahn, 1790/91 (1952 abgetragen)

36 Triumphbogen des «Neuen Begräbnisplatzes» zu Dessau, 1788/1789

37 Dessau, Schauspielhaus: Erdmannsdorffs Zuschauerraum. Blick zur Bühne (1798; 1855 ausgebrannt). Gemälde (?) des Dessauer Theatermalers Friedrich Wernecke (verschollen)

38 Dessau, Schauspielhaus, Blick von der Bühne

39 Dessau, Fassade des Schauspielhauses («Altes Theater») von Carlo Ignazo Pozzi, 1818–1822 (Ruine 1965 abgetragen)

40 Dessau, Dietrichspalais, 1747–52. Philanthropinum (jetzt Majakowski-Haus)

41 Erklärung einer Luftpumpe. Kupferstich von Daniel Chodowiecki in Basedows «Agathokrator», 1771

42 Basedows «philanthropische Gottesverehrung» im Betsaal des Philanthropins. Kupferstich von Daniel Chodowiecki für Basedows Gesangbuch des Philanthropins, 1776. Leipzig, Museum der bildenden Künste

43 Hauptgebäude des Philanthropins: Modell für den Anschauungsunterricht im Institut. Rekonstruktion (Original abgebildet in: Mitteilungen der Gesellschaft für deutsche Erziehungs- und Schulgeschichte 16/1906). Dessau, Oberschule Philanthropinum

44 Reste des Naturalienkabinetts des Philanthropins. Ebenda

45 Modell zur Demonstration der Wirkung eines Blitzableiters. Aus dem Anschauungsmaterial des Philanthropins. Ebenda

46 Modell einer Dessauer Flußbadeanstalt. Aus dem Anschauungsunterricht des Philanthropins. Ebenda

47 Botanik. Kupferstich von Johanna Dorothea Philipp, geb. Sysang, nach einer Zeichnung von Christian Hinrich Wolke aus Basedows Elementarwerk, Dessau 1774, Tafel XXI 3

48 Naturkunde. Kupferstich, wie vor. Abb., Tafel XXI 2

49 Geometrie und Physik. Kupferstich, wie vor. Abb., Tafel XCI

50 Dessauer Turngeräte auf einem Kupferstich in der «Gymnastik für die Jugend» von Johann Christoph Friedrich GutsMuths, Schnepfenthal 1793

51 Der Drehberg. Tuschzeichnung von Frédéric le Bert de Bar, 1786. Dessau, Staatliche Galerie Schloß Georgium

52 Federballspiel. Kupferstich von Johann David Schleuen in Basedows Elementarwerk, Dessau 1774, Tafel VI

53 Kühnauer Park. Blick auf Kirche, 1828–1830, und Schloß, um 1750, von Carlo Ignazio Pozzi biedermeierlich-klassizistisch überarbeitet. Kupferstich von Adolf von Heydeck, nach einem Gemälde des Herzogs Leopold Friedrich, 1835

54 Kühnauer Park, sogenanntes Rittertor mit den beim Abbruch des Mosczinska-Gartens in Dresden angekauften barocken Skulpturengruppen von Lorenzo Matielli, links Venus und Mars, rechts Theseus und Ariadne, um 1745. 1976 magaziniert; sollen kopiert werden

55 Georgium, Sphingenportal, nach 1780. Kolorierter Kupferstich von Friedrich Salathé, 1823

56 Georgium, Vasenhaus, um 1785. Aufnahme um 1900

57 Georgium, Jonischer Tempel (Monopteros) und «Römische Ruinen» (Saturntempel), um 1780

58 Georgium, Fremdenhaus, Nordfassade, um 1783

59 Georgium, Fremdenhaus, Südfassade

60 Vicenza, Palazzo Thiene. Nach Gábor Hajnóczi, Andrea Palladio, Budapest und Leipzig 1980

61 Georgium, Römische Ruinen (Saturntempel, «Sieben Säulen»), um 1780

62 Rom, Saturntempel am Forum Romanum. Radierung von Domenico Montagù in Jean Barbaults Stichwerk Les plus beaux monuments de Rome ancienne, Rome 1761

238

122 Der Stein, Vulkanausbruch. Aquatinta von Wilhelm Friedrich Schlotterbeck nach Karl Kuntz, 1800, herausgegeben von der Chalkographischen Gesellschaft zu Dessau

123–126 Schloß Wörlitz: Bibliothek / Speisesaal / Festsaal / Musikzimmer

127 Wörlitzer Anlagen: Gotisches Haus, Kanalfront, 1773

128 Venedig, Maria dell'Orto. Stahlstich von G. A. Troitzsch nach P. Ahrens. Stich und Druck der KunstAnstalt des Oesterr. Lloyd in Triest, um 1850

129 Lübeck, Heiligen-Geist-Hospital (1280). Das «Stangengerüst» und der Dachreiter lieferten eine der Anregungen für die Gartenfront des Gotischen Hauses

130 Wörlitzer Anlagen, Gotisches Haus, Gartenfassade, 1785/1786

131 Vockerode, neugotische Dorfkirche, 1809–1812

132 Riesigk, neugotische Dorfkirche, 1797–1800

133 Dessau, Marienkirche, neugotische Emporeneinbauten, 1779–1783

134 Mildensee-Pötnitz, romanische Konventskirche, neugotisch restauriert in den Jahren 1804–1805

135 Mildensee, Turm der acht Winde («Napoleonsturm»), 1809–1812 (gedacht als Grablage des Fürstenhauses nach Aufgabe des Drehbergs)

136 Athen, Turm der acht Winde = Horologium (Uhrturm). Stich und Druck des Oesterr. Lloyd in Triest, um 1850

137 Wörlitzer Anlagen, Eiserne Brücke über den Georgskanal, 1791

138 Coalbrookdale in Shropshire. Ironbridge über den Severn. National Building Record, Whithall

Fotonachweis: Institut für Denkmalpflege Berlin / Meßbildstelle 23, 32, 39, 70, 87 · Institut für Denkmalpflege, Außenstelle Halle 20–22, 25, 37, 38, 58, 79 · Museum der bildenden Künste Leipzig 41, 42 · Staatliche Museen Berlin (DDR) 88 · Stadtarchiv Dessau 61 · Martin-Luther-Universität Halle-Wittenberg, Hochschulbildstelle: 2–9, 29, 31, 50–53, 62, 69, 82, 86, 106, 114, 117, 119–122, Detlef Brandt II–V, VII–XII, 57, 59, 75, 76, 81, 85, 90, 93–97, 99, 101 bis 105, 107, 108, 110, 112, 116, 118, 123–125, 130–132, 135, 137 sowie das Porträt des Fürsten Franz auf dem Einband. Michael Kröber 27, 82, 84, Uta Lindner/Tintemann 43–46, Uta Zeitlmeier/Thomas 36, 40, 100, 111, 113, 115, 126, 127 · Klaus G. Beyer, Weimar I · Volkmar Herre, Leipzig VI sowie Aufnahmen auf dem Einband · Hermann Hildebrandt, Dessau (1898–1974) 17, 19, 65, 71, 72, 74 · Ulrich Richter, Halle 68, 91, 92 · Foto-Theiß, Dessau 64. Alle übrigen Fotos entstammen dem Archiv des Autors.

Abbildungen auf dem Einband:

Vorderseite: Friedrich Wilhelm von Erdmannsdorff. Siehe Farbtafel I

Fürst Leopold Friedrich Franz von Anhalt-Dessau. Kopie des Maron-Bildes (1766) von Wilhelm Hartkopf (1862 bis 1918), Schloß Wörlitz

Schloß Wörlitz. Ausführungszeichnung von Erdmannsdorff, 1769. Dresden, Institut für Denkmalpflege

Rückseite: Die Wörlitzer Anlagen. Zustandsplan, um 1780 vor Beginn der Neuen Anlage. Ebenda

Verzeichnis der Karten und Pläne

Dessau um 1830. Nach dem um 1845 ergänzten Stadtplan Gerhard Ulrich Anton Vieths

Anhalt 1797. Nach: Mitteldeutscher Heimatatlas (= Atlas des Saale- und mittleren Elbegebietes), herausgegeben von Otto Schlüter und Oskar August, Leipzig 1958/61; die Territorialentwicklung Anhalts bearbeitet von Johannes Wütschke

Das Gartenreich. Nach der von Herbert Fahnert als Beilage zu Carl August Boettiger, Reise nach Wörlitz 1797 (ab 3. Auflage) gezeichneten Karte

Kühnauer Park. Gezeichnet nach der Karte in: Johannes Grape, 900 Jahre Anhaltischer Dorfgeschichte, Dessau 1904

Luisium. Nach dem Zustandsplan von Rudolph Eyserbeck, um 1790, in der Staatlichen Galerie Schloß Georgium Dessau

Sieglitzer Park. Nach dem Zustandsplan von Rudolph Eyserbeck, um 1790, ebenda

Die Wörlitzer Anlagen. Die westliche Hälfte nach dem ältesten Zustandsplan von Johann Christian Neumark, gestochen von Israel Salomon Probst, 1784 (Beilage zu Rodes Führer 1788, Floragarten ergänzt)

Georgium, vordere (südliche) Partie (Schloßbezirk). Umzeichnung des von Rosmaesler gestochenen Plans von Dietrich Klewitz, 1796; ältester Zustandsplan als Beilage zu Rodes Beschreibung von Georgenhaus

Georgium, hintere (nördliche) Partie (Beckerbruch und Wallwitzberge). In größerem Maßstabe als der Schloßgarten, ebenfalls nach dem Plan von Dietrich Klewitz

Stadtplan von Dessau um 1830

1:10000

Die mit * versehenen Buchstaben und Ziffern kennzeichnen Bauten u. ä., die im Buch als Abbildungen im Text oder auf Tafeln wiedergegeben sind.

*A Philanthropin (Dietrichspalais) : Tafel 40
*B Betsaal des Philanthropins : Tafel 42
 C Altes Philanthropin
 D Hans Jürges Stadtpalais
*E Kalitsch-Haus : Tafel 25
 F Liebhabertheater
 G Olivier-Haus (vormals Gräfin Anhalt)
 H Erdmannsdorffs Wohnhaus
 I Bernhard-(Reina-)Palais (Gemälde-Galerie)
 K Rathaus
 L Töchterschule
*M Hotel Goldener Ring : Tafel 23
*N «Buden» (Cornelis Ryckwaert) : Tafel 18
*O Hofkammer : Tafel 18
 P Moses Mendelssohns Geburtshaus
 Q Leopolddank-Stift («Spittel») : Museum
 R Hotel Stadt Rom
 S Waisenhaus
*T Jüdische Franzschule : Abb. S. 78
*U Raumer-Haus : Tafel 26
*V Berenhorst-Haus : Tafel 26
 W Krankenhaus

Erdmannsdorff-Bauten :

*1 Branconi-Palais (1796) : Abb. S. 33
*2 Bose-Haus (Wilhelmspalais, 1800) : Tafel 34
*3 Poststraße 11/12 (1792/93) : Tafel 28
*4 Waldersee-Palais (1792—95) : Tafel 29
*5 Stallmeisterhaus (1791—93) : Tafel 32
*6 Reitbahn (1790/91; 1794—98 Theater) : Tafel 35
*7 Marstall (1792) : Abb. S. 34
 8 Muldbrücke (1796/97)
*9 Brückenhäuser (1796/97) : Tafel 71/72
*10 Berenhorsts Gartenhaus (um 1790) : Abb. S. 165
*11 Kuhhäuschen (Chausseehaus; 1793) : Abb. S. 161, 165
*12 Pavillons Elbe und Mulde (1774/75) : Tafel 70
*13 Lustgarten (1775) : Tafel 69 und Abb. S. 164
*14 Orangerie (1794) / Hauptwache (1805) : Tafel 69
*15 Beringer-Haus (1793) : Tafel 31
*16 Schloßstraße 9 (1800/01) : Tafel 30
*17 Eugens-Pyramide (um 1780) : Tafel 66
 18 Orangerie des Erbprinzlichen Gartens (um 1780?)
*19 Theater (Schauspielhaus; 1798, Vorbau 1820/22) : Tafeln 37—39
*20 Bibliotheksgebäude (Ponigkau-Haus; 1798/99) : Tafel 33
*21 Neuer Begräbnisplatz (1787) : Tafel 36
*22 Olberg-Haus (1764) : Tafel 27
 23 Neues Gelatstift (1704/05)
*24 Armenanstalten (1766—70) : Abb. S. 31

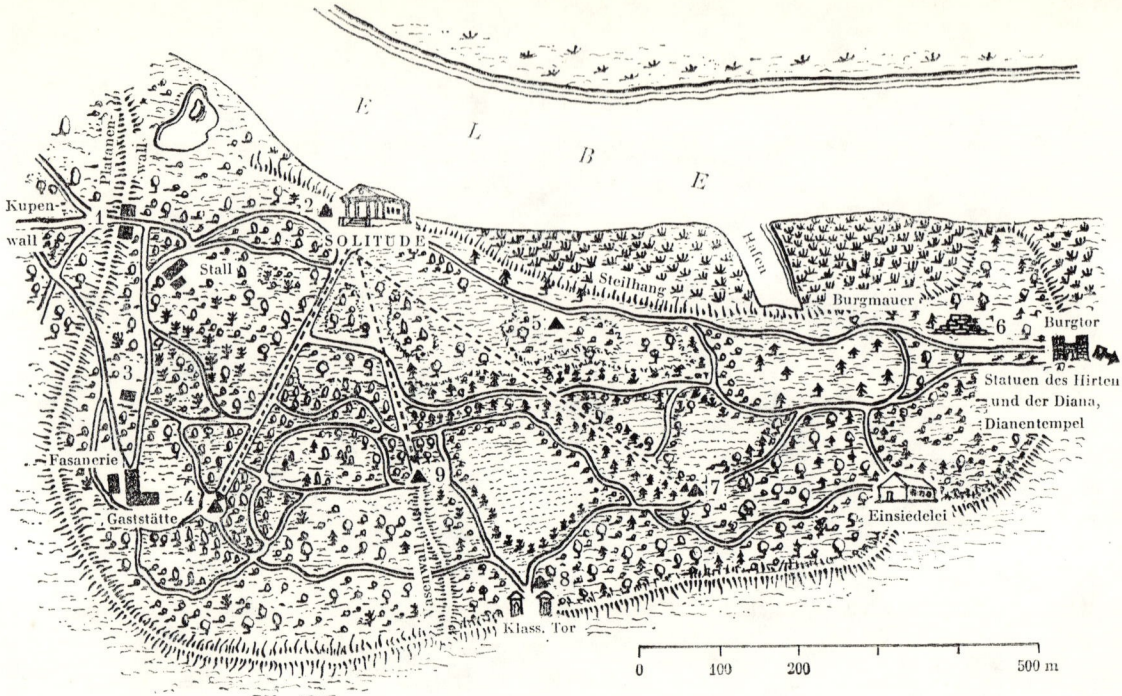

Sieglitzer Park

Die Wörlitzer Anlagen

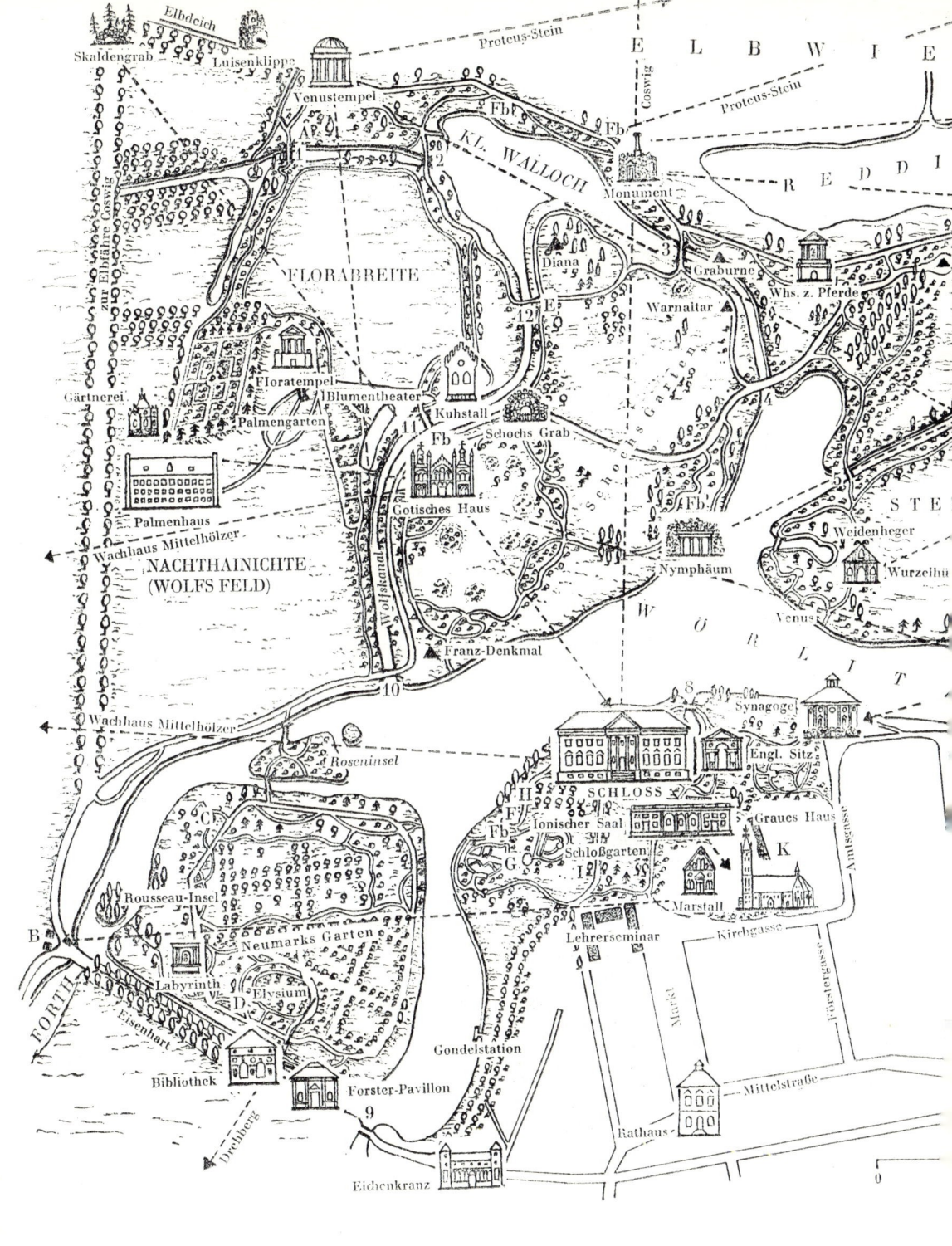

E L B E

TREIT WERDER

Wallwitzburg

Waldersees Sitz

Berenhorsts Sitz

STILLER PLAN-WIESE

zum Kornhaus

Elbpavillon

zur Franz-Statue und Eugens-Pyramide

Fasanerie
(Stadtgärtnerei)

Fürstensitz

Rosenhäuschen

Vorderer Sitz

Vasenhaus

Fürstenplatz

Straße von Dessau nach Roßlau

1 Wilhelminen-Vase
2 Rundaltar
3 «Kleopatra»
4 Zippus
5 Fleschens Sitz
6 Vase
7 Die drei Inseln
8 Insel mit dem
   Hermaphroditen
9 Amor
10 Athena Promachos
11 Turmruinen-Sitz
12 Statue
13 Altdeutsche
   Gräber
14 Bevern-Vase
15 Widderkopf-Altar
16 Franz-Statue

0   100   300 m

Georgium, hintere (nördliche) Partie

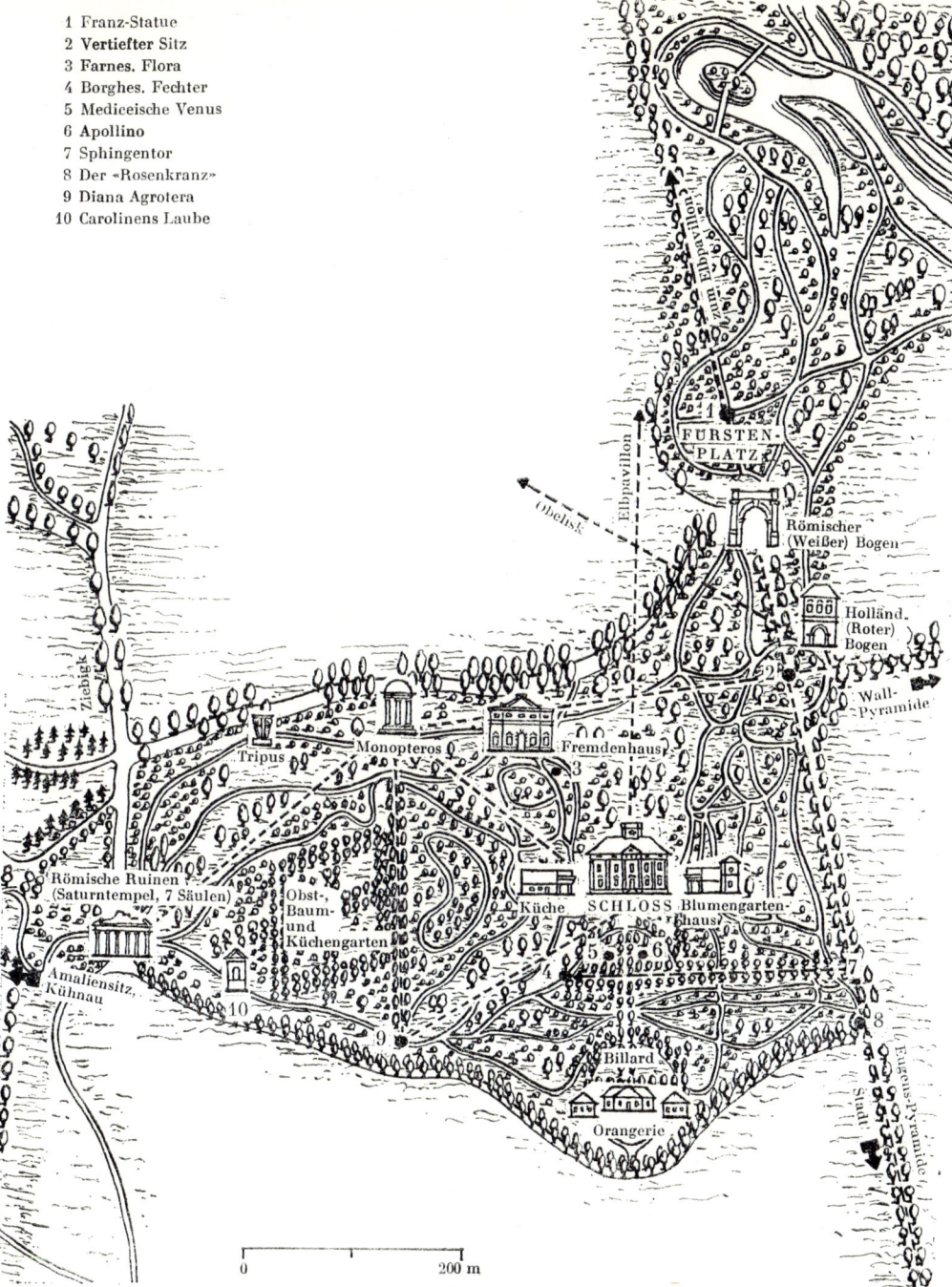

1 Franz-Statue
2 **Vertiefter** Sitz
3 Farnes. Flora
4 Borghes. Fechter
5 Mediceische Venus
6 Apollino
7 Sphingentor
8 Der «Rosenkranz»
9 Diana Agrotera
10 Carolinens Laube

0   200 m

Georgium, vordere (südliche) Partie

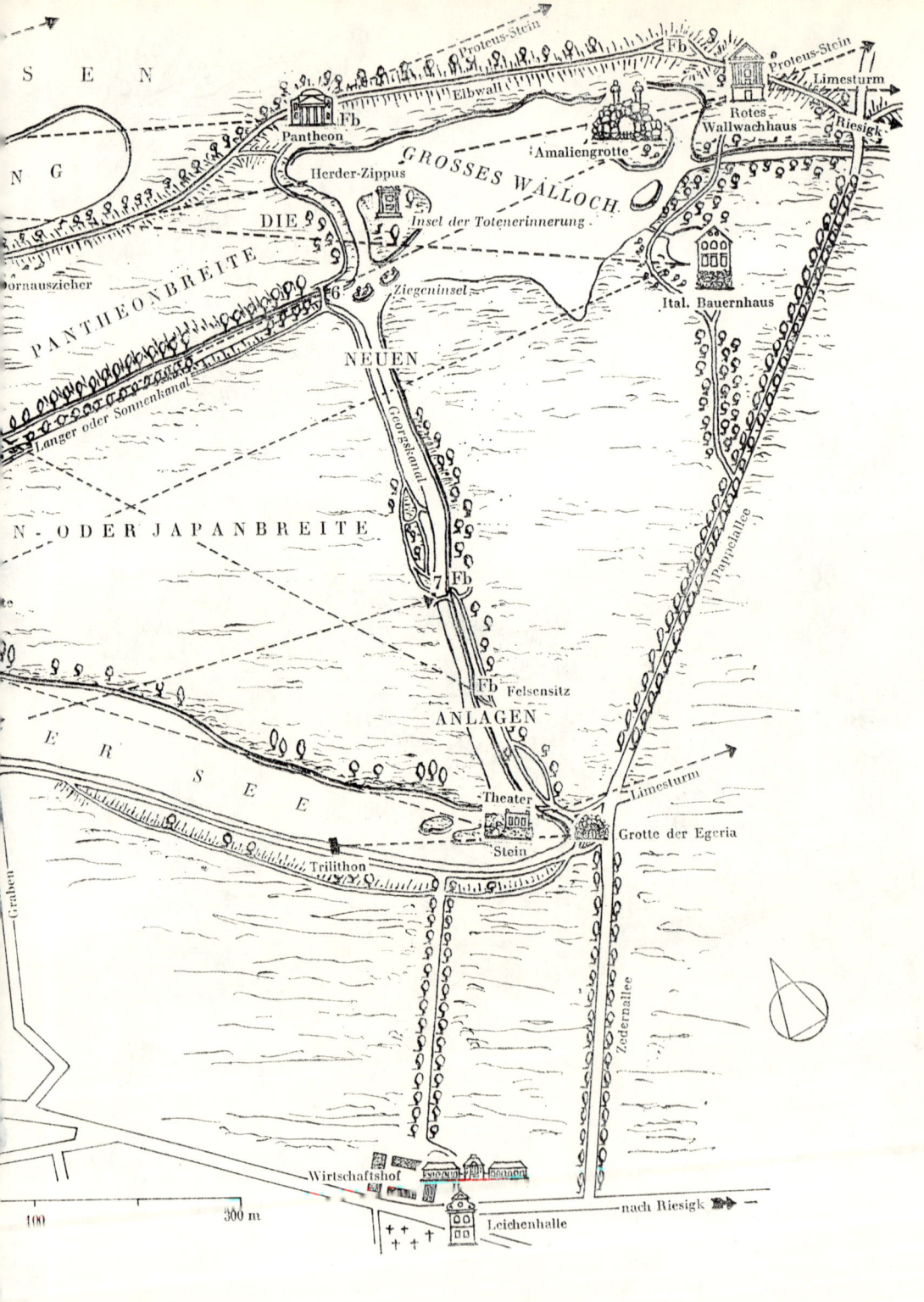

S E N

N G

Proteus-Stein

Fb

Elbwall

Proteus-Stein

Limesturm

Pantheon

Fb

Rotes
Wallwachhaus

Riesigk

Amaliengrotte

Herder-Zippus

GROSSES WALLOCH

DIE

Insel der Totenerinnerung

Dornauszieher

PANTHEONBREITE

6

Ziegeninsel

Ital. Bauernhaus

NEUEN

Langer oder Sonnenkanal

Georgskanal

N - ODER JAPANBREITE

7 Fb

Pappelallee

Fb Felsensitz

ANLAGEN

E R S E E

Limesturm

Theater

Graben

Stein

Grotte der Egeria

Trilithon

Zedernallee

Wirtschaftshof

nach Riesigk

100

300 m

Leichenhalle

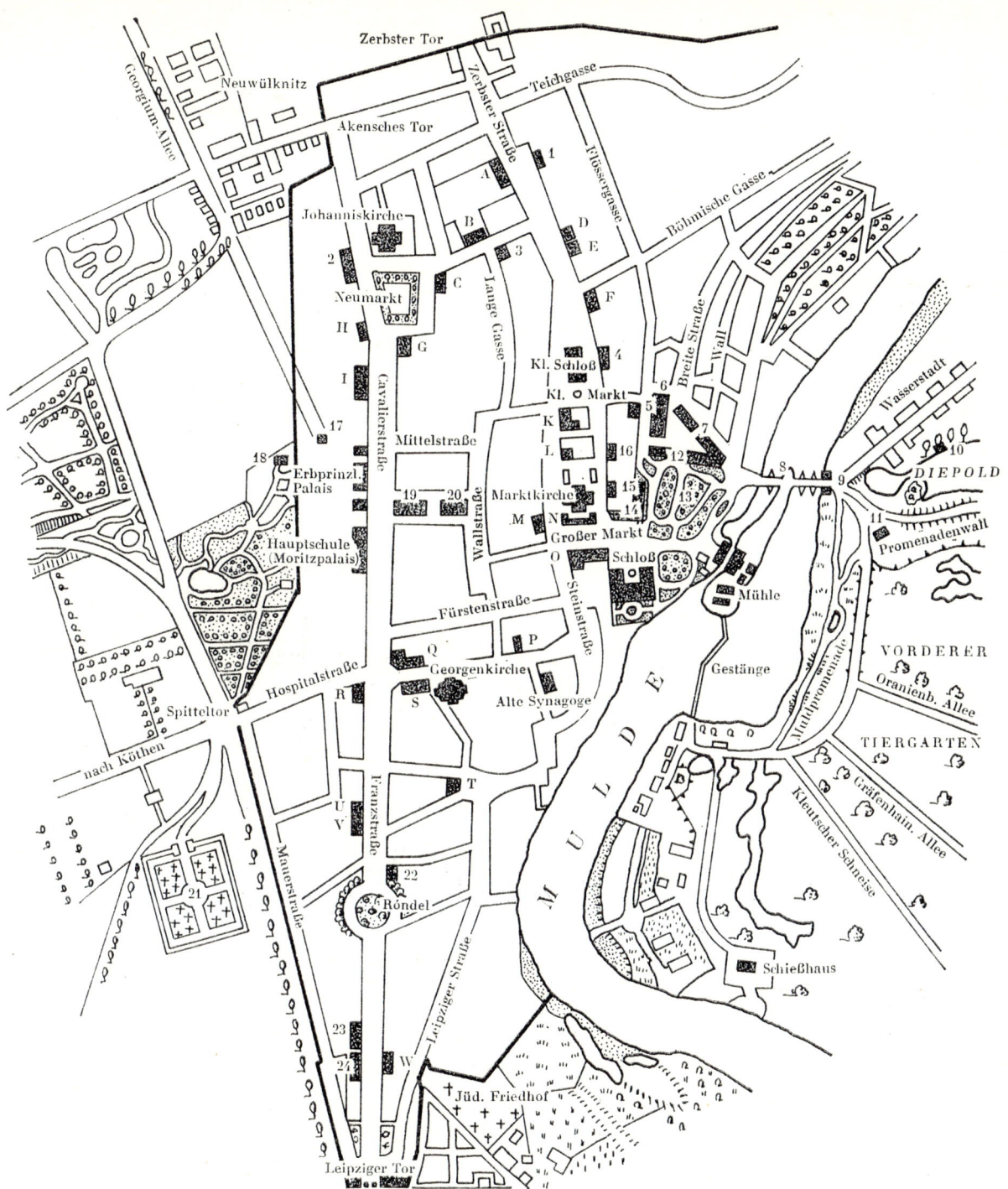

Zerbster Tor

Neuwülknitz

Teichgasse

Akensches Tor

Zerbster Straße

Flössergasse

Böhmische Gasse

Johanniskirche

A

B

D

E

Breite Straße

Wall

Wasserstadt

2

3

C

F

Neumarkt

Lange Gasse

H

G

4

DIEPOLD

I

Kl. Schloß

6

17

Kl. Markt

5

7

Mittelstraße

K

L

16

12

8

9

18

Erbprinzl.
Palais

Wallstraße

19

20

Marktkirche

15

13

11

Promenadenwall

M

N

14

Hauptschule
(Moritzpalais)

O

Schloß

VORDERER

Steinstraße

Großer Markt

Fürstenstraße

Mühle

Oranienb. Allee

Hospitalstraße

Q

P

Georgenkirche

Gestänge

TIERGARTEN

Spitteltor

R

S

Alte Synagoge

Muhlpromenade

Gräfenhain. Allee

nach Köthen

M U L D E

Kleutscher Schneise

Franzstraße

T

U
V

Mauerstraße

21

22

Röndel

Schießhaus

W. Leipziger Straße

23

24

W

Jüd. Friedhof

Leipziger Tor

247

Das Gartenreich (1762—1825) *(Erklärungen zu nebenstehender Karte)*

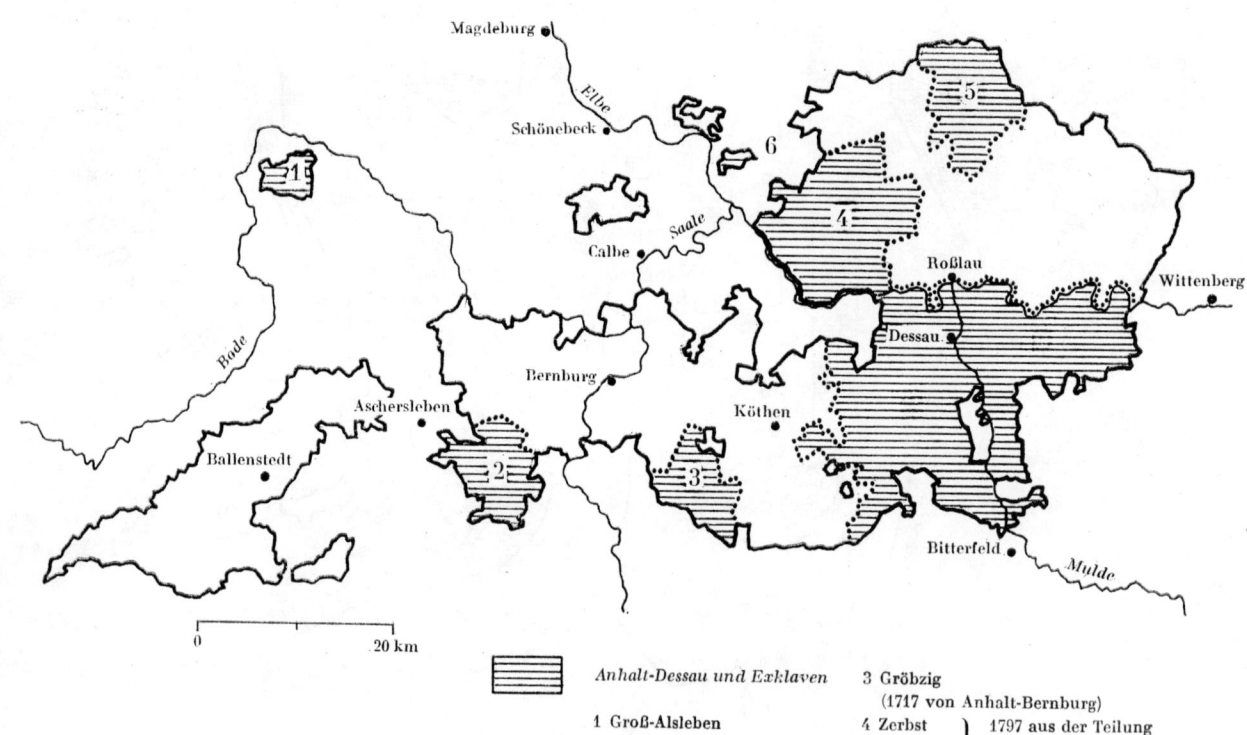

▦	Landschaftsgärten
↓↓↓	Gestaltete Auenlandschaft
♀♀♀	Forsten, an den Straßen gestaltet
⌒	Hauptstraßen des Gartenlandes
••••	Alleepflanzungen
⌒⌒	Landesgrenze
■	Parkbauten des Kulturkreises
♪	Schloßbauten des Kulturkreises
♫	Neugotische Kirchenbauten des Kulturkreises

Whs. Wachhaus
1 Weinberghaus
2 Whs. Hugos Sitz
3 Elbpavillon
4 Elbzollhaus
5 Elbhaus

6 Wallwitzburg
7 Whs. Berenhorsts Sitz
8 Whs. Pyramide
9 Erdmannsdorff-
  Friedhof

10 Schloß und Lustgarten
11 Turm der acht Winde
12 Luisen-Mausoleum
13 Schwedenhaus
14 Whs. Dianentempel

15 Neugotischer
  Gasthof Vockerode
16 Rauhes Whs.
  (Eremitenkapelle)
17 Drehberg

18 Whs. Berting
19 Whs. Mittelhölzer
20 Whs. Zum Pferde
21 Rotes Wallwachhaus
22 Whs. Limesturm
23 Whs. Rehsen

Anhalt-Dessau und Exklaven

1 Groß-Alsleben
  (1669 aus Senioratsbesitz)
2 Sandersleben-Freckleben

3 Gröbzig
  (1717 von Anhalt-Bernburg)
4 Zerbst
5 Nedlitz
6 Gödnitz

1797 aus der Teilung
Anhalt-Zerbsts
an Dessau gefallen

Anhalt 1707

248

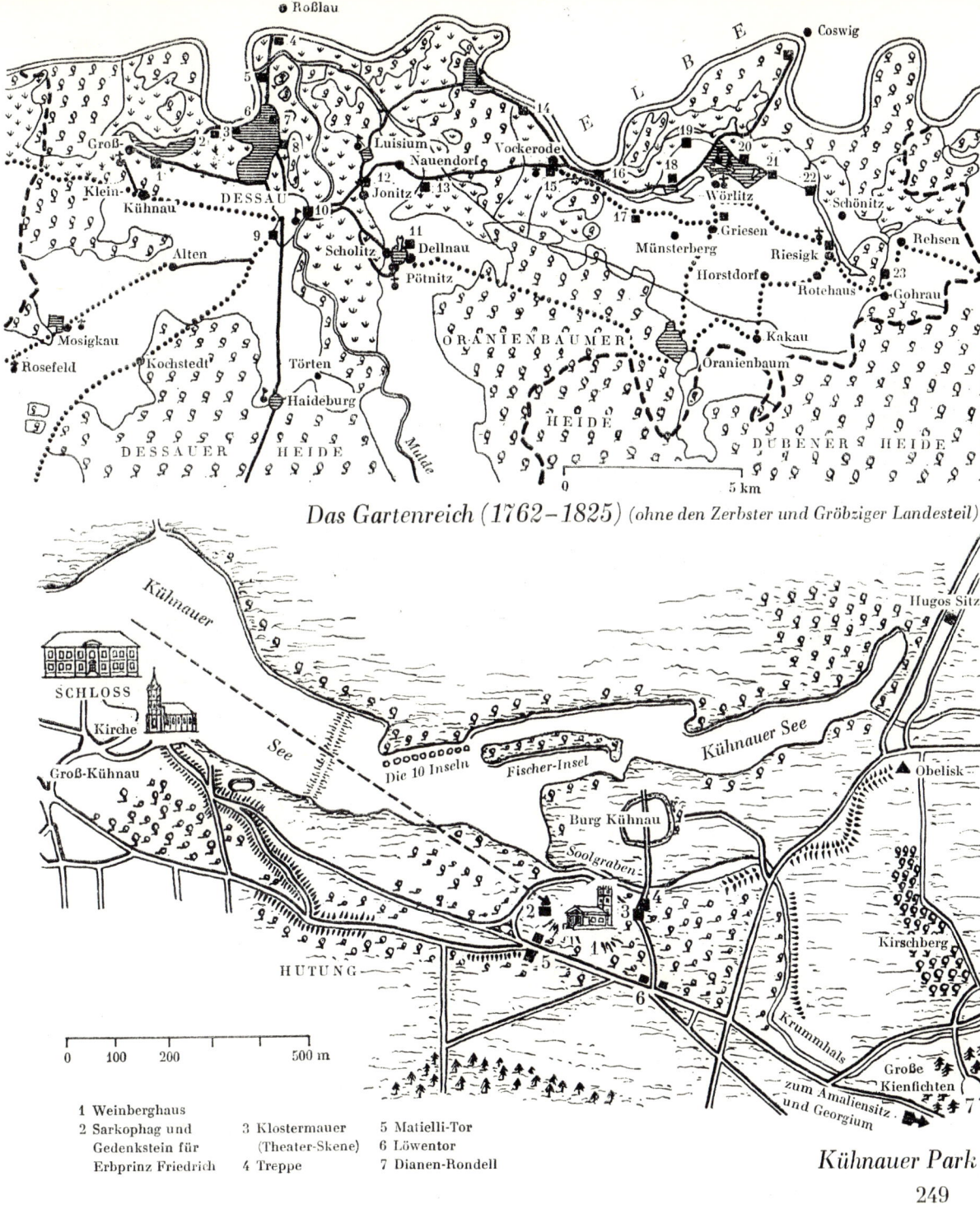

Das Gartenreich (1762–1825) *(ohne den Zerbster und Gröbziger Landesteil)*

Roßlau

Coswig

ELBE

Groß

Luisium
Nauendorf
Vockerode

Klein-
Kühnau
DESSAU
Jonitz
Wörlitz
Schönitz

Alten
Scholitz
Dellnau
Pötnitz
Griesen
Münsterberg
Riesigk
Rehsen

Mosigkau
Horstdorf
Rotehaus
Gohrau

Rosefeld
Kochstedt
Törten
ORANIENBAUMER
Kakau

HEIDE
Oranienbaum

Haideburg
DUBENER HEIDE

DESSAUER HEIDE
Mulde

0   5 km

Kühnauer

Hugos Sitz

SCHLOSS
Kirche
See

Kühnauer See

Groß-Kühnau
Die 10 Inseln
Fischer-Insel
Obelisk

Burg Kühnau
Soolgraben

2
3 4

HUTUNG
1
5
Kirschberg

6

Krummhals

Große
Kienfichten
zum Amaliensitz
und Georgium
7

Kühnauer Park

1 Weinberghaus
2 Sarkophag und
   Gedenkstein für
   Erbprinz Friedrich
3 Klostermauer
   (Theater-Skene)
4 Treppe
5 Matielli-Tor
6 Löwentor
7 Dianen-Rondell

249

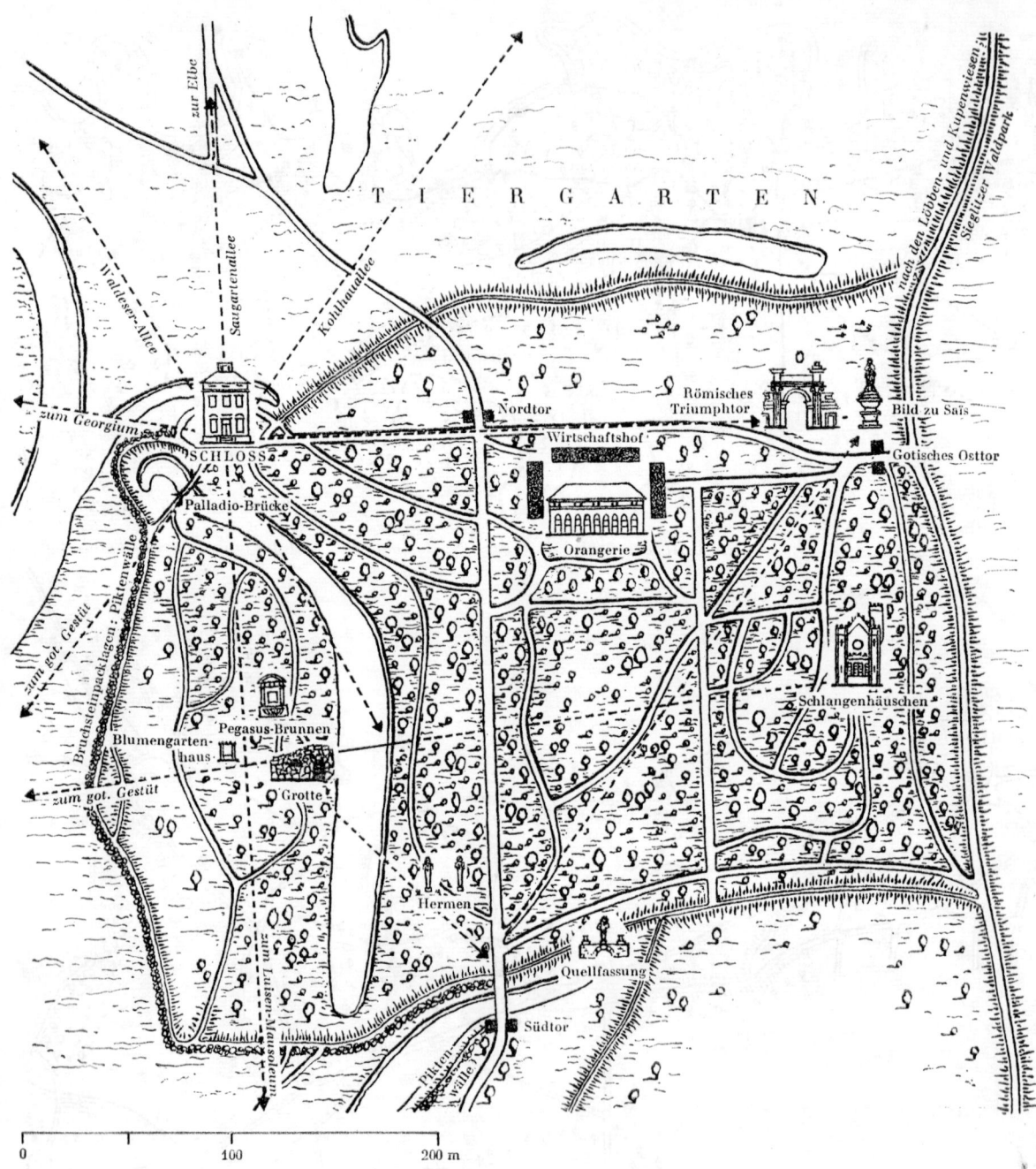

TIERGARTEN

zur Elbe

Waldieser-Allee

Saugartenallee

Kohlhauallee

zum Georgium

SCHLOSS

Palladio-Brücke

Brudsteinpacklagen: Piktenwälle

zum got. Gestüt

Pegasus-Brunnen

Blumengarten-haus

Grotte

zum got. Gestüt

zum Luisen-Mausoleum

Hermen

Nordtor

Wirtschaftshof

Orangerie

Römisches Triumphtor

Bild zu Saïs

Gotisches Osttor

Schlangenhäuschen

Quellfassung

Südtor

Pikten-wälle

0   100   200 m

Luisium

250